LES GÉNIES DE L'ARNAQUE

AUX ÉDITIONS ALBIN MICHEL

Tragédies à la une
La Belle Époque des assassins, par Alain Monestier

Possession
L'étrange destin des choses

Issue fatale
75 histoires inexorables

Destins sur ordonnance
40 histoires où la médecine va du meilleur au pire

Ils ont vu l'au-delà
60 histoires aux frontières du réel

Journées d'enfer
60 récits des tréfonds de l'horreur au sommet du sacrifice

Le Carrefour des angoisses
60 récits où la vie ne tient qu'à un fil

L'Enfant criminel

Les Amants diaboliques

L'Empreinte de la bête
50 histoires où l'animal a le premier rôle

Je me vengerai
40 rancunes mortelles

(suite page 263)

PIERRE BELLEMARE
Jean-Marc Épinoux
Jean-François Nahmias

LES GÉNIES DE L'ARNAQUE

Documentation : Gaëtane Barben

Albin Michel

Les faits et les situations dont il est question dans ce livre sont réels.
Cependant, pour des questions de protection et de respect de la vie privée, certains noms de lieux et de personnes ont été changés.

Avant-propos

Pourquoi avons-nous une certaine indulgence pour les arnaqueurs ? Cela viendrait-il du fait que nous aimions être trompés ? Ah ! ne protestez pas, nous aimons être trompés ! Regardez les magiciens, les manipulateurs de cartes ! Dès l'instant où vous admirez la disparition de l'as de pique et le retour miraculeux du dix de trèfle, c'est qu'au fond de votre cœur, il y a un tricheur qui sommeille.

Le mensonge peut être considéré comme un jeu ou bien comme une simple politesse : « Merci pour cette délicieuse soirée... votre petit garçon nous a beaucoup amusés ! », alors que le dîner était infect et les enfants infernaux. Sur la route du retour vous n'aurez pas de mots assez durs pour décrire la nullité de celui-ci et la bêtise de celle-là alors que vous avez semblé écouter avec beaucoup d'intérêt leurs propos.

Dès lors que le mensonge est parfois nécessaire aux bons rapports sociaux, nous comprenons mieux nos indulgences à l'égard des grands escrocs. En allant bien au-delà de nos petites dissimulations, les belles crapules qui réussissent à se faire remettre en toute confiance des sommes fabuleuses ou des rivières de diamants nous inquiètent mais nous amusent car ils arrivent à leurs fins en faisant preuve d'une grande psychologie. Utiliser nos faiblesses, notre vanité, notre orgueil, bien sûr notre naïveté mais aussi parfois nos mauvaises intentions. « Tel est pris qui croyait prendre », c'est le sommet de l'arnaque, le chef-d'œuvre de l'escroquerie.

En voici quelques-unes !

Pierre Bellemare

Dans le sens de l'épaisseur

Tous les faussaires vous le diront et, si vous ne fréquentez pas ces gens-là, tous les spécialistes de la monnaie vous le confirmeront : le plus délicat dans l'imitation d'un billet, c'est le papier. Outre le filigrane, les responsables des banques centrales veillent à ce qu'il soit d'une composition chimique extrêmement complexe qui le rende infalsifiable.

À moins, évidemment, d'utiliser le papier des billets eux-mêmes. Cela suppose d'abord que toutes les coupures aient le même format. Ce n'est pas le cas chez nous, mais c'est le cas aux États-Unis. Il est donc théoriquement possible de décolorer un billet de un dollar et d'imprimer dessus l'image d'un billet de cent dollars. Mais théoriquement seulement, car la chose a été prévue et les encres sont trop résistantes pour être effacées.

Et pourtant deux hommes y sont arrivés, deux hommes qui furent sans doute les deux plus grands faux-monnayeurs de tous les temps : Baldwin Bredell et Arthur Taylor. Pour cela, ils ont utilisé un procédé aussi génial qu'infaillible : couper les billets en deux dans le sens de l'épaisseur… Oui, vous avez bien lu : dans le sens de l'épaisseur !

En cette année 1897, Baldwin Bredell et Arthur Taylor ont respectivement vingt-trois et vingt-six ans. Ils travaillent tous les deux chez un imprimeur de titres et d'actions de Philadelphie.

Ils sont l'un et l'autre d'origine modeste. Ils n'ont pas fait d'études, mais ils ont des dons exceptionnels. Baldwin Bredell est un génie de la mécanique, Arthur Taylor est un dessinateur hors pair. Ils sont déjà considérés comme les meilleurs graveurs de titres du pays.

Or, les titres et les actions, tout comme les billets, ne doivent pas être copiés. C'est, avec les timbres, ce qui se rapproche le plus de la monnaie. Et la réputation de Baldwin Bredell et Arthur Taylor est telle qu'elle parvient à l'oreille de gens peu recommandables...

William Jacobs est fabricant de cigares. C'est du moins sa dernière activité en date, car avant il en a exercé beaucoup d'autres, aussi louches que lucratives. Il invite les deux jeunes gens chez lui et, à l'issue d'un bon dîner, leur lance négligemment :

– Il y a une fortune à faire en faisant de la fausse monnaie.

S'ils sont également doués professionnellement, Baldwin Bredell et Arthur Taylor ont un caractère très différent. Baldwin est un garçon déluré que rien n'effraie, Arthur est au contraire timide et bourré de principes. Ce dernier se lève vivement de table.

– Nous ne sommes pas des malfaiteurs !

Mais Baldwin le retient par le bras.

– Laisse parler monsieur. Il n'y a pas de mal à l'écouter.

Le fabricant de cigares poursuit donc avec un sourire :

– Voilà, les gars : vous aurez tout le matériel qu'il faut. J'avance les frais. Pour des artistes comme vous, n'est-ce pas excitant ? Car c'est une vraie œuvre d'art que vous allez réaliser ! Et quand on sera riches tous les trois, vous arrêterez et vous ferez ce que vous voudrez.

Baldwin Bredell ignore la mine offensée de son compagnon.

– Quand commençons-nous ?

– Tout de suite. Je vais vous acheter un atelier de gravure. Vous allez vous y installer...

Baldwin finit par triompher des principes d'Arthur et tous deux se mettent à leur compte. Malgré leur jeune âge, leur renommée est telle qu'ils ont aussitôt des clients et ils n'éveillent nullement les soupçons en achetant tout ce qui est nécessaire à la fabrication de faux billets, puisque ce sont également les produits nécessaires à leur profession.

Ils fixent leur choix sur la plus grosse coupure, le billet de cent dollars à l'effigie du président Monroe. Pour parfaire leurs connaissances, ils ont une idée aussi simple qu'efficace. Ils se rendent à Washington et visitent comme de simples touristes la fabrique de billets de la Monnaie. Les spécialistes qu'ils sont enregistrent mentalement les moindres détails et c'est admirablement documentés qu'ils rentrent à Philadelphie.

Ils se mettent aussitôt au travail. Arthur Taylor, dessinateur remarquable, parvient à reproduire le billet à la perfection. Baldwin Bredell, génie de la machine, dessine les plans d'une presse semblable à celle qu'ils ont vue à Washington et la fait fabriquer grâce à l'argent du marchand de cigares. Tout est bientôt prêt, mais il reste un problème, qu'ils savent le plus épineux de tous : le papier.

Ils ont beau multiplier les mélanges de chiffons et de fil de soie, les tremper dans toutes sortes de bains de produits chimiques, ils n'arrivent pas à reproduire exactement le papier des dollars : il est trop brillant ou pas assez, trop mou ou trop cassant. Bien sûr, il ne s'agit que de nuances minimes et avec la gravure faite par Bredell et la machine conçue par Taylor, ils pourraient fabriquer une fausse monnaie de bonne qualité, capable de tromper tout le monde suffisamment de temps pour qu'ils soient riches. C'est d'ailleurs ce que vient leur dire William Jacobs, qui commence à s'impatienter.

– Qu'est-ce que vous attendez, les gars ? Ils sont très bien, vos billets. J'ai déjà dépensé une fortune, moi…

Mais Baldwin et Arthur ne veulent rien entendre. C'est d'ailleurs de sa faute : il a choisi des artistes, pas de simples faussaires.

– Ils sont très bien, mais ils ne sont pas parfaits. Vous nous avez demandé une œuvre d'art, vous aurez une œuvre d'art.

– Et si vous n'y arrivez pas ?

– On y arrivera…

Les jours, les mois ont passé… Arthur Taylor jette avec un soupir de découragement un mélange qui s'est avéré, encore une fois, défectueux, quand Baldwin Bredell lui dit brusquement :

– Cela ne marchera pas comme ça. Il n'y a qu'un moyen pour le papier : utiliser les billets eux-mêmes.

Arthur hausse les épaules :

– C'est impossible. On a déjà essayé.

Ils ont déjà, en effet, tenté à plusieurs reprises de décolorer des billets de un dollar par un procédé chimique compliqué, mais sans y parvenir : le dessin subsistait de manière très pâle.

– C'est parce que le papier est poreux et que l'encre a imprégné le cœur même du billet. Mais si on coupe le billet dans le sens de l'épaisseur, on pourra le décolorer parfaitement.

– Dans le sens de l'épaisseur ! Tu es fou ?

– Non. Je crois que j'ai trouvé un truc. C'est tout simple ! Regarde…

Baldwin Bredell prend un billet de un dollar et se met à l'ouvrage. Et le regard d'abord sceptique d'Arthur Taylor devient fixe. Ses yeux se chargent de stupéfaction.

– Mais, mais… Ça marche !

Oui, ça marche !… Mais c'est tout ce qu'on sait sur le procédé de Baldwin Bredell pour couper un billet en deux dans le sens de l'épaisseur : il marche. Le reste est, aujourd'hui encore, un secret. Par la suite, les deux complices ont tout avoué à la police, mais elle s'est bien gardée de divulguer quoi que ce soit. Par la suite également, pendant des dizaines d'années, d'autres faux-monnayeurs, au courant de cette histoire, ont essayé de faire la même chose. Ils n'y sont jamais parvenus…

Après cette opération, le travail n'est pourtant pas fini. Comme Baldwin l'avait prévu, les deux moitiés du billet, fines comme du papier à cigarettes, deviennent, une fois plongées dans le bain à décolorer, parfaitement vierges. Mais vont-elles supporter le poids de la presse, qui va y imprimer l'image du billet de cent dollars à l'effigie de Monroe ?… Eh bien, oui ! Malgré leur extrême minceur, elles résistent au traitement.

Ce n'est pas encore tout. Il faut, à présent, recoller les deux moitiés. Mais l'ingéniosité des deux garçons est sans limites. Ils mettent au point une colle à base d'eau et de poudre de riz blanc, incolore, très adhésive et qui ne raidit pas le papier. Cette fois, l'opération est terminée. Ils n'ont plus qu'à laisser sécher une nuit entière.

Et lorsqu'ils reviennent le lendemain matin, c'est le miracle ! Ils ont sous les yeux un authentique billet de cent dollars. Ils décident de tenter aussitôt l'épreuve de vérité. Ils vont dans une banque pour faire de la monnaie. Le caissier examine attentivement la coupure, car il y a très peu de billets de cent dollars, somme tout à fait considérable à l'époque. Mais à l'issue de son examen, il leur remet sans sourciller dix billets de dix dollars. C'est gagné !

Les jours suivants, Arthur Taylor et Baldwin Bredell répètent l'opération avec cent billets de un dollar et, lorsqu'ils ont en leur possession dix mille dollars, ils sont si contents d'eux-mêmes qu'ils décident de prendre des vacances sans prévenir William Jacobs. Avec leurs cent billets de cent dollars en poche, ils vont s'offrir ce dont ils rêvaient depuis longtemps : une virée dans le sud du pays.

Quand, un peu plus tard, le marchand de cigares vient prendre de leurs nouvelles, il trouve la porte de l'imprimerie close, mais il n'ose pas se mettre à leur recherche. Il a bien trop peur qu'ils aient été arrêtés. Il attend et les jours passent…

Six mois plus tard, les services du Trésor américain reçoivent un billet de cent dollars envoyé pour vérification par une banque de Philadelphie : le sceau rouge est un peu trop pâle. Mais il s'agit sans doute d'une erreur d'impression, car à part cela tout est parfait, y compris le papier.

C'est ce que vont conclure les experts, lorsque l'un d'eux, particulièrement méticuleux, fait à tout hasard tremper le billet dans de l'eau chaude pour voir si les couleurs tiennent, et il a la surprise de sa vie : le billet se sépare en deux dans le sens de l'épaisseur !

Il court trouver son supérieur, William P. Hazen, le chef

du Service secret, qui est chargé, avec le FBI, l'autre police fédérale, de la protection du Président et de la fausse monnaie. Ce dernier pâlit lorsqu'il voit les deux moitiés du Monroe et court à son tour chez le secrétaire au Trésor, Judson Gage :

– Nous sommes en présence d'un faussaire comme on n'en a jamais connu !

– Combien y a-t-il de faux billets en circulation ?

– Impossible de le savoir.

– Il faut que vous l'arrêtiez tout de suite, sinon c'est la catastrophe !

Mais c'est plus facile à dire qu'à faire et William P. Hazen n'arrive à rien... Alors, le secrétaire au Trésor Gage prend une décision inouïe : il fait retirer de la circulation tous les billets de cent dollars ! Il y en a pour vingt-six millions. La nouvelle fait évidemment sensation dans le pays et c'est un terrible aveu d'impuissance pour le gouvernement.

Une personne comprend tout de suite ce que cela signifie : le marchand de cigares Jacobs. Il se précipite à l'imprimerie. Il y trouve Baldwin Bredell et Arthur Taylor, qui viennent de rentrer de voyage.

– Vous m'avez roulé ! Vous m'avez trahi !

– Calmez-vous. On voulait juste faire une expérience. Elle est réussie, non ? Vous l'avez, votre œuvre d'art...

William Jacobs se radoucit. Quand on a à sa disposition de tels génies, il faut les ménager.

– D'accord. Mais vous allez vous mettre tout de suite sur le nouveau billet de cent dollars à l'effigie de Lincoln. Ne faites plus que cela.

– Et les clients ?

– Proposez-leur des tarifs assez élevés pour qu'ils renoncent. Vous n'en aurez plus un seul. Faites vite ! Travaillez nuit et jour.

– OK. C'est vous le patron...

Quelques mois ont encore passé. Le secrétaire au Trésor Gage a destitué le chef du Service secret Hazen et le nouveau titulaire, John Wilkie, mène l'enquête avec acharnement. Avec discernement aussi. Il a compris qu'il n'y avait que des graveurs et des imprimeurs professionnels pour obtenir un tel résultat. Il fait surveiller ce milieu et ne tarde pas à apprendre que Baldwin Bredell et Arthur Taylor, établis à Philadelphie, demandent des prix de nature à décourager les clients. Or, le premier faux billet venait de Philadelphie.

Une enquête approfondie découvre qu'ils sont en relation avec Jacobs, fabricant de cigares, qui a déjà eu affaire avec la justice. C'est suffisant pour qu'ils soient arrêtés. Baldwin Bredell nie avec la dernière énergie et avec d'autant plus d'assurance qu'ils ont eu le temps de cacher leurs planches à billets, mais Arthur Taylor, plus faible et tenaillé depuis le début par le remords, ne tarde pas à avouer.

Baldwin avoue à son tour. Les deux complices disent même tout aux policiers, y compris la manière de couper les billets en deux, qui va devenir aussitôt un secret d'État. Ils indiquent aussi, contre la promesse d'une peine légère, l'endroit où ils ont caché leurs planches.

Lorsque leur avocat, E. Semple, vient les voir dans leur cellule – car ils partagent la même cellule –, il est furieux contre eux. C'est un vieux routier, au courant de toutes les ficelles, et il enrage de leur naïveté.

– Vous n'auriez jamais dû leur remettre les planches !

– Mais ils nous ont dit que cela nous vaudrait l'indulgence.

– Ils vous ont eus ! C'est l'inverse. Quand il s'agit de faussaires exceptionnels comme vous, le gouvernement n'a qu'un souci : récupérer leur matériel. Et pour cela, il est prêt à transiger. Vous auriez pu obtenir le sursis. Maintenant, il faut vous attendre au maximum !...

Un silence accablé suit cette révélation. Mais soudain, Baldwin Bredell se met à sourire.

– De combien de temps pourriez-vous retarder notre procès ?

– En utilisant toutes les astuces, environ un an. Pourquoi ?

Baldwin ne répond pas.

– Vous pourriez nous donner un peu d'argent de poche pour qu'on améliore notre ordinaire ? Un gros billet si vous avez.

L'avocat Semple ne cherche pas à comprendre.

– Vingt dollars, ça ira ?

– Oui, ça ira. Merci maître...

Une fois leur défenseur parti, Baldwin expose son projet à son complice :

– On va fabriquer des faux billets dans notre cellule.

– Ici ? Tu es dingue ! Avec quoi ?

– On aura tout ce qu'il faut. Ma mère est très forte. Elle nous apportera le matériel dans son corset…

C'est ainsi que commence une aventure absolument unique dans l'histoire de la fausse monnaie. Jour après jour, au fil des visites, Baldwin et Arthur se font remettre par l'intermédiaire de Mme Bredell mère tous les outils et liquides nécessaires. Ils travaillent à tour de rôle, l'un des deux restant l'oreille collée contre la porte, prêt à donner l'alerte au moindre bruit.

Baldwin découpe dans le sens de l'épaisseur des billets de un dollar, opération sans problème pour lui depuis longtemps, et les décolore, mais c'est Arthur qui rencontre les plus grandes difficultés. Pour reproduire le billet de vingt dollars, il est, en effet, indispensable d'en avoir d'abord une photogravure, qui s'obtient à l'aide d'un volumineux appareil photographique.

Qu'à cela ne tienne ! Face à ce problème, les deux jeunes gens font preuve encore une fois de génie. Ils exposent une des faces du billet sur une plaque enduite de gélatine et le soleil va faire la photo. Mais pour que l'image soit uniforme, ils déplacent la plaque sensibilisée pendant toute la journée, de façon que les barreaux de la fenêtre ne fassent pas d'ombre et que la lumière soit toujours régulière.

Après quoi, Arthur Taylor n'a plus qu'à graver la plaque avec les outils que lui a fait passer la maman. Quant à la presse, c'est un bloc de fonte de plus de trois livres qui en fait office, toujours véhiculé par le corset de Mme Bredell, dont l'obésité devait quand même se remarquer… Et le tour est joué ! Quelques jours plus tard, Arthur et Baldwin ont cent billets de vingt dollars, qu'ils chargent la toujours dévouée maman d'écouler…

Ils demandent alors à être reçus par le procureur.

– Nous ne vous avions pas tout dit. Nous avions une autre presse qui fabriquait des billets de vingt dollars.

– Je n'en crois pas un mot.

– Vérifiez. Vous verrez bien !

Le procureur vérifie par acquit de conscience et, ô stupeur, on découvre dans des banques de Philadelphie des faux billets de vingt dollars, qui n'ont pas la perfection de ceux de cent, mais qui sont tout de même remarquablement exécutés...

Malheureusement pour eux, Baldwin et Arthur jouent de malchance. Le billet que leur avait remis leur avocat était tout récent et son numéro prouvait qu'il avait été émis après leur emprisonnement. Les policiers doivent donc se rendre à l'évidence : ils ont fabriqué des faux dollars dans leur cellule ! Et, sans parvenir à dissimuler leur admiration, ils leur demandent :

– Mais comment avez-vous fait ?

Baldwin Bredell et Arthur Taylor n'ont plus rien à cacher. Ils racontent leur exploit, qui fait sans conteste d'eux les plus grands faux-monnayeurs de tous les temps.

Nul ne sait si c'est également par admiration que les jurés se sont montrés indulgents. Toujours est-il qu'ils ont été condamnés à la peine la plus légère qu'ils pouvaient espérer pour ce genre de délit : sept ans de prison...

À leur sortie, tous deux ont connu des destinées bien différentes. Arthur Taylor, le timide, le tourmenté, ne s'est jamais remis de l'aventure. Il est mort prématurément dans les années vingt. Mais Baldwin Bredell, qui avait gardé le meilleur souvenir de leur épopée, a fait une très belle carrière de graveur et il s'est éteint en 1952, à l'âge de soixante-dix-huit ans.

Il y avait bien longtemps qu'on l'avait oublié, mais sa mort n'est peut-être pas passée inaperçue de tout le monde. Bien qu'après ses exploits il ait mené une vie parfaitement honnête, il était discrètement surveillé par la police. Et lorsqu'il a définitivement fermé les yeux, les responsables de la monnaie américaine ont dû pousser un grand soupir de soulagement : son secret resterait à jamais ignoré. Car jusque-là, ils tremblaient qu'il lui prenne l'idée d'aller se confier à quelque jeune faussaire, aussi doué qu'ambitieux, et de lui dire :

– Couper un billet en deux dans le sens de l'épaisseur, c'est tout simple ! Regarde...

Rue de Paradis

Maria Braga, un paquet devant elle, a l'air vivement impressionnée. Maria Braga est une petite femme boulotte de soixante ans environ. Elle est vêtue d'une robe de couleur sombre sur laquelle se détache une croix en or incrustée de diamants.

Si Maria Braga est impressionnée, c'est que le décor environnant a de quoi frapper. C'est une petite pièce en rotonde sans fenêtre dont le mur et le plafond sont peints en bleu ciel. Un éclairage indirect très doux distille une ambiance de rêve. Au sol, s'étale une moquette blanche qu'on dirait faite de coton hydrophile tant elle est épaisse. Une petite table ronde au centre est recouverte d'un tapis blanc avec des étoiles d'or. Une musique suave à base de violons et de harpes s'échappe en sourdine d'on ne sait où…

Mais le plus extraordinaire, c'est la femme qui est assise en face de Maria. Elle est vêtue d'une sorte de vêtement indien ou antique composé de voiles bleus superposés. Elle a une trentaine d'années et un visage qu'on ne peut pas oublier : des yeux d'une couleur indéfinissable tirant sur le gris, des traits énergiques mais harmonieux, une bouche sensuelle et une longue chevelure noire qui lui descend jusqu'aux épaules.

Maria Braga prend la parole d'une voix qui résonne étrangement en raison de la configuration particulière des lieux.

– Comme c'est beau, madame da Silva ! Je ne m'attendais pas à cela.

La femme aux voiles répond avec un sourire :

– Appelez-moi Leonora.

L'émotion de Mme Braga redouble.

– C'est vrai ? Je peux ?

Leonora da Silva accentue son sourire.

– Comme tous les propriétaires... De même que, comme tous les propriétaires, vous avez le droit désormais de venir ici.

Maria Braga se penche vivement vers son interlocutrice :

– L'esprit vous a parlé ?

– Oui. Ici même, hier soir. Il m'a décrit votre maison. C'est un rêve, un palais !

Les yeux de Maria s'allument :

– Il y a plus de trois pièces ?

– Non, trois pièces, ma chère Maria, mais immenses. Chacune d'elles est une cathédrale... Et une vue !

Maria Braga est de plus en plus excitée :

– Ah ! C'est bien situé alors ?

Leonora da Silva se lève en faisant voltiger ses voiles.

– Idéal ! C'est l'endroit le plus demandé. L'esprit lui-même n'en revenait pas. Ma chère, vous aurez une des plus belles maisons du paradis.

Elle met la main à son décolleté et en retire une clé en caoutchouc mousse bleu, qu'elle tend avec grâce.

– Votre clé...

Maria reste bouche bée... La clé, le décor, la musique : elle est éperdue de béatitude. Elle s'exclame :

– Cela donne envie de mourir !

Leonora da Silva s'approche de la table au tapis étoilé.

– Rien ne presse, ma chère Maria. Maintenant que vous savez ce que votre âme aura là-bas, vous ne pouvez que passer une vie heureuse sur cette terre.

Maria Braga montre à Leonora le paquet devant elle.

– Voilà. Trois millions d'escudos. Un million par pièce. Voulez-vous vérifier ?

Leonora da Silva a un geste ample du bras qui soulève ses voiles.

– L'esprit n'a pas besoin de vérifier. L'esprit sait tout... Ah, une dernière chose : n'en parlez à personne. Sinon l'esprit se fâcherait et votre belle maison disparaîtrait...

Elle esquisse un mouvement rapide des deux mains...

– Comme cela : en fumée !

Maria a l'air apeurée devant cette terrifiante éventualité.

– Vous pensez bien que j'ai fait attention. Mon mari n'est au courant de rien. J'ai vendu tous mes bijoux.

Elle baisse la tête vers sa robe.

– Sauf la croix, bien entendu. Je me suis dit que si on veut aller au paradis...

Leonora da Silva conduit sa visiteuse vers une porte qui ne se distingue pas du reste du mur.

– Vous avez bien fait, ma chère.

Elle fait disparaître le paquet de billets sous ses voiles.

– Réjouissez-vous, maintenant vous faites partie des propriétaires du paradis...

C'est ainsi que, en ce 16 janvier 1963, Leonora da Silva, une des voyantes les plus en vue de Rio de Janeiro, vient de vendre pour trois millions d'escudos – environ trois cent mille euros – un F 3 au paradis !

Après avoir raccompagné sa cliente jusqu'à la porte de sa luxueuse villa des environs de Rio, Leonora monte s'enfermer dans sa chambre. Avec un soulagement visible, elle se débarrasse de ses voiles bleus et court enfiler un jean et un tee-shirt. Elle allume une cigarette, va chercher un verre de whisky dans un petit bar mural et revient vers les billets qu'elle avait laissés sur sa coiffeuse. De son index droit, elle commence à compter chaque liasse avec méticulosité... C'est à ce moment qu'on frappe à la porte. Dérangée en pleine comptabilité, Leonora demande d'une voix rogue :

– Qu'est-ce que c'est ?

– C'est Antonia, madame. Il faut que je vous parle.

Antonia Carvallo est la bonne de Leonora da Silva. Qu'est-ce qu'elle lui veut ? Comment ose-t-elle la déranger ainsi dans sa chambre ? Leonora lance vivement :

– Je suis occupée ! Fichez-moi la paix !

Mais derrière la porte, la voix insiste :

– C'est urgent et important, madame. Il faut que je vous parle... du paradis.

Surprise, Leonora fait disparaître les billets dans un tiroir de sa coiffeuse et va ouvrir. Antonia Carvallo est une brunette de vingt-cinq ans plutôt insignifiante, mais qui affiche en cet instant un air effronté. Elle entre dans la pièce et s'assied sans gêne sur le lit.

– Il faut que je vous fasse un aveu, madame. Il m'arrive d'écouter aux portes. Tout à l'heure, c'est ce que j'ai fait et j'ai tout entendu.

Leonora da Silva toise sa domestique. Elle projette dans sa direction la fumée de sa cigarette.

– Bon. Vous écoutez aux portes. Eh bien, je vous renvoie. L'affaire est réglée. Je descendrai faire votre compte quand j'aurai terminé.

Antonia a un regard furieux.

– Madame a tort. Madame fait semblant de ne pas avoir compris. Et si j'allais raconter tout ça aux policiers, hein ? Ou alors c'est trois cent mille escudos. Juste le dixième de ce que vous a donné l'autre folle.

Pour toute réponse, Leonora da Silva lui expédie une gifle retentissante. Antonia pousse un cri et s'enfuit. Elle dévale l'escalier jusqu'au rez-de-chaussée, sort dans le jardin, se plante sous la fenêtre de Leonora et lui lance d'un ton de défi :

– Vous ne l'emporterez pas au paradis, madame da Silva !

L'inspecteur Enrique Jabor a le plus grand mal à comprendre cette jeune femme gesticulante, qui semble visiblement sous le coup d'une intense émotion.

– Bon. Vous me dites que Leonora da Silva est un escroc... Qui c'est ça, Leonora da Silva ?

– Mon ancienne patronne. Elle habite une villa tout à côté d'ici. Vous devez y aller.

L'inspecteur Enrique Jabor regarde Antonia avec une grimace.

– Et cette histoire de paradis, vous pouvez me répéter ? Je n'ai pas bien saisi.

– Eh bien, elle vend le paradis. Ce n'est pas une escroquerie, ça ?

De toute évidence, l'inspecteur doute de plus en plus de l'équilibre nerveux, voire mental, de son interlocutrice.

– Donc, vous venez porter plainte.

– Oui. C'est cela. Je porte plainte.

– Parfait. Que vous a fait Mme da Silva ?

– À moi, rien. Mais...

L'inspecteur Jabor se lève et prend sans ménagement la jeune femme par le bras.

– Alors, si on ne vous a rien fait, vous ne pouvez pas porter plainte. Au revoir, mademoiselle.

Écumante de rage, Antonia s'en va en lançant :

– Je reviendrai !

L'inspecteur Enrique Jabor, en voyant disparaître cette folle, est persuadé du contraire. Et pourtant il se trompe. Car, malgré sa fureur, Antonia Carvallo conserve toute sa logique. Si elle ne peut pas porter plainte elle-même, elle doit trouver quelqu'un qui puisse le faire à sa place, c'est-à-dire une des victimes. Et elle en connaît une...

Eleazar Braga, directeur de la Banca do Rio, n'a pas l'habitude d'être dérangé dans son bureau. Pourtant, il a reçu immédiatement cette inconnue lorsqu'elle a annoncé à sa secrétaire qu'elle avait des nouvelles graves concernant sa femme.

Antonia Carvallo entre directement dans le vif du sujet.

– J'étais la bonne de Leonora da Silva.

Ce nom fait passer une brusque inquiétude sur le visage d'Eleazar Braga.

– La voyante ? Qu'a-t-elle demandé encore à ma femme ?

– Elle lui a tourné la tête comme aux autres. Lorsque je l'ai appris, j'ai essayé de m'y opposer, mais c'était trop tard. Bref, Leonora da Silva lui a vendu pour trois millions d'escudos une maison de trois pièces au paradis.

Le banquier, qui, comme tous les membres de sa profession, a les pieds sur terre, surtout lorsqu'il s'agit d'argent, frise l'apoplexie. Il reprend enfin ses esprits.

– Et... avec quoi a-t-elle payé ?

– En vendant ses bijoux. Alors, qu'allez-vous faire ?

La réponse d'Eleazar Braga est celle qu'attendait Antonia et elle le remplit d'une joie féroce.

– Je vais porter plainte, pardi !

31 mars 1963. Leonora da Silva comparaît devant le tribunal correctionnel de Rio de Janeiro sous l'inculpation peu commune d'avoir vendu le paradis par lots de maisons individuelles à de trop crédules clients de son cabinet de voyance.

Eleazar Braga, mari de Maria Braga, et qui a porté plainte en son nom, occupe le banc de l'accusation. La salle est comble, ainsi qu'on peut l'imaginer. Curieux et journalistes se bousculent pour assister à cette affaire unique en son genre. Leonora da Silva, comme toutes les grandes vedettes soucieuses de leur standing, se fait attendre. Elle paraît enfin...

Il y a un « oh ! » de plaisir. Chacun sent, rien qu'à son aspect, qu'elle est bien décidée à se défendre et que la partie est loin d'être perdue pour elle. Elle se tient très droite, du haut de sa grande taille, sculpturale dans sa robe noire. Elle regarde alternativement les juges et son accusateur d'un air de défi.

Le président prend la parole.

– Leonora da Silva, vous êtes accusée d'avoir vendu à cinq personnes différentes des « maisons du paradis » de deux à cinq pièces, pour un prix de deux à cinq millions d'escudos. Qu'avez-vous à répondre ?

Leonora parle d'une voix forte, presque éclatante.

– Rien. Il n'y a rien à répondre puisque c'est vrai.

– Donc, vous reconnaissez avoir abusé de la confiance de ces gens ?

Leonora da Silva a un mouvement d'épaules qui secoue sa crinière noire.

– Absolument pas. J'ai réellement vendu ces maisons.

– Mais elles n'existent pas.

– Si. L'esprit me les a décrites et j'ai pu en faire un tableau fidèle à chacun de mes clients.

Le président commence à s'énerver.

– Cessez de vous moquer du tribunal !

Mais Leonora tient tête.

– Vous m'avez l'air de bien connaître le paradis, monsieur le président. Vous y êtes allé, sans doute...

Il y a des rires dans la salle.

– Et vous en êtes revenu ?

Le président doit s'égosiller pour faire revenir le silence. Il tente de reprendre l'avantage.

– Enfin, on ne peut pas vendre de l'inconnu, de l'inexistant.

Leonora da Silva a un sourire.

– Bien sûr que si. Sinon, il faudrait condamner l'Église qui accepte des dons pour le repos des âmes.

Cette fois, le président commence à perdre pied.

– Ce n'est pas la même chose.

– Et pourquoi ?

– Parce que ce n'est pas pareil... Enfin, il est prouvé qu'avec cet argent, vous vous êtes acheté des bijoux, une villa de luxe.

Leonora ne se démonte pas pour si peu.

– Et alors ? Les biens de ce monde ne peuvent aller qu'à l'intermédiaire avec le ciel. Que fait le prêtre avec l'argent des messes ? Il s'achète de quoi manger, de l'essence pour sa voiture, une paire de souliers neufs. Le principe est exactement le même.

Le président cède sous la logique inébranlable du raisonnement. Il fait une dernière tentative.

– Et ces clés en caoutchouc mousse bleu ? Vous n'allez pas me dire que c'était sérieux ? Qu'elles ouvraient bien la porte de ces « maisons » ?

Avec un sourire condescendant, Leonora da Silva porte le coup final.

– Un symbole, monsieur le président, un symbole. Dès qu'on entre dans le domaine de la mystique et de la religion, tout devient symbolique.

La cause est entendue. Après une rapide délibération, Leonora da Silva est relaxée de l'accusation d'escroquerie, puisqu'il est établi qu'elle n'a pas trompé ses clients, même si l'objet de la transaction était de nature très particulière. Et la voyante se retire sous les vivats, tandis que Mme Braga et les autres « propriétaires du paradis », qui n'ont jamais cessé d'y croire, se précipitent pour la congratuler…

Par la suite Leonora da Silva a jugé bon de se faire oublier. Mais dans le fond, qu'y avait-il à lui reprocher ? Tous ces gens avaient imaginé, avaient presque vu leur petit pied-à-terre au milieu des nuages et, depuis, ils y vivaient par la pensée. Cette habitation radieuse, ils l'avaient devant les yeux en permanence et elle illuminait leur vie. Bien sûr, c'était cher, mais ils avaient les moyens, et puis la poésie, le rêve et tout simplement le bonheur, cela n'a pas de prix.

Le clown qui devint roi

Les Balkans évoquent aujourd'hui de terribles réalités, dont les moyens d'information se font quotidiennement l'écho. Et il faut reconnaître qu'il en a presque toujours été ainsi. Cette partie de l'Europe, habitée par des peuples si divers et souvent antagonistes, a, tout au long de son histoire, été déchirée par les rivalités et les conflits.

Pourtant, dans cette suite de sang et de larmes, il y a une exception, un énorme éclat de rire, l'une des plus inimaginables escroqueries de tous les temps, réalisée avec un culot invraisemblable.

En 1913, l'Albanie est en pleine agitation politique, une agitation qui est elle-même la conséquence de la crise qui secoue toute la région. Il y a d'un côté la Grèce, la Serbie et le Monténégro, de l'autre la Turquie, sans compter l'Italie et la Russie, qui viennent compliquer la situation.

Sans entrer dans les détails, ce qui importe pour notre histoire, c'est qu'en 1912, à la suite d'un soulèvement, l'Albanie est devenue indépendante. Elle s'est détachée de la Turquie, alors puissance occupante. Mais si elle est indépendante, elle n'a toujours pas de souverain. Depuis quelques mois déjà, les grandes puissances, réunies à Londres, discutent avec âpreté du sujet. En fait, elles sont d'accord pour donner à l'Albanie un roi européen tout comme elles l'ont fait le siècle précédent pour la Grèce, mais elles s'opposent vivement sur la nationalité du futur chef d'État. Sera-t-il français, anglais, allemand ?... Autour du tapis vert, on discute interminablement.

Il se trouve que les Albanais, dont visiblement les négociateurs de Londres se soucient fort peu, ont eux aussi un avis sur la question. Ils n'ont aucune envie d'avoir à leur tête un souverain étranger et, comme ils sont presque tous musulmans, ils aimeraient bien avoir un roi de leur religion. Ils ont même un nom précis en tête : Halim Eddine, le neveu du sultan de Constantinople.

Le général Essad Pacha, le chef de l'armée albanaise qui exerce provisoirement le pouvoir, est lui aussi de cet avis. Seulement, est-ce que la Turquie, contre laquelle le pays vient de se soulever, acceptera cette solution qui équivaut à une réconciliation ? C'est tout le problème.

Donc, les Albanais, à la fois heureux et embarrassés de leur nouvelle indépendance, attendent et – ô miracle –, le 8 août 1913, le général Essad Pacha reçoit un télégramme laconique qui le comble de joie : « Prince Halim Eddine arrive. »

Inutile de dire que dans la population, dès que la nouvelle est connue, c'est la liesse. L'Albanie va avoir le roi qu'elle souhaitait. Le futur souverain doit arriver le 10 août 1913 à Durazzo, le port de Tirana.

Aussi, le jour prévu, il y a sur le petit port une foule considérable. Les Albanaises et les Albanais sont là en masse dans leurs habits de cérémonie, à la fois chatoyants et pittoresques. Chacun a avec soi des roses, qu'on se prépare à effeuiller pour en jeter les pétales au passage d'Halim Eddine. Devant, se tient Essad Pacha, en grand uniforme, accompagné des responsables de la petite armée et de tous les notables du pays.

Enfin le bateau, qui est d'ailleurs le paquebot régulier faisant la liaison entre Constantinople et Venise avec escale à Durazzo, arrive à quai. Sur la passerelle on distingue une silhouette qui descend d'un pas martial. C'est lui, c'est Halim Eddine, leur prince, leur futur roi !

Au fur et à mesure qu'il s'avance, on le voit mieux. Halim Eddine est de haute taille. Sous son grand fez rouge, ses cheveux déjà gris encadrent un visage plein de majesté. Sa superbe moustache à la gauloise ajoute encore à son aspect imposant. Halim Eddine est habillé en général. Sa poitrine est couverte de décorations qui étincellent au soleil et est barrée d'un magnifique cordon multicolore qui ressemble à un arc-en-ciel. Derrière lui, se tient un Turc en robe de soie, avec un turban sur la tête.

Dans la population albanaise, un frisson d'émotion a passé. Halim Eddine est encore plus beau qu'on ne le pensait. Déjà les bouquets de roses commencent à s'agiter et les premiers cris à retentir.

Essad Pacha s'approche du neveu du sultan. À vrai dire, il n'en mène pas large. Quelle va être la réaction du futur souverain, appartenant à une nation qu'il a lui-même combattue ? Est-ce qu'il va bien vouloir le garder comme chef des armées ?

Une fois devant Halim Eddine, Essad Pacha se prosterne et, sans un mot, lui tend son épée de commandement. Mais Halim Eddine montre dès cet instant toutes ses qualités de souverain. Il refuse l'épée, invite le général à se relever et lui donne solennellement l'accolade.

Dans la foule, c'est le délire. Au milieu des pétales de roses et des hourras, les deux hommes se dirigent vers le carrosse qui les attend, suivi à distance respectueuse du Turc qui accompagne Halim Eddine. Et tout le long du trajet de Durazzo à Tirana, la future capitale, c'est l'enthousiasme populaire le plus total. Arrivé au palais des gouverneurs d'Albanie, Halim Eddine, après avoir salué une dernière fois Essad Pacha, se fait conduire à ses nouveaux et luxueux appartements privés et s'y enferme avec le Turc, qu'il a présenté comme son homme de confiance.

Essad Pacha et les dignitaires albanais se congratulent. Ils sont enchantés. Quelle prestance, quelle allure, quelle majesté en un mot ! Et puis, Halim Eddine a l'air très bien disposé vis-à-vis d'eux.

Mais ils seraient certainement beaucoup moins satisfaits s'ils voyaient ce qui se passe derrière les portes de l'appartement. Car les deux hommes, qui ont retiré leur fez et leur turban, sont en train de rire. Un rire qu'ils ne peuvent plus contrôler, une jubilation qui les fait pleurer, qui les suffoque. Ils se roulent sur les sofas et les coussins de soie en se tenant les côtes.

Et il faut les comprendre. Il n'est pas donné à tout le monde de devenir roi et homme de confiance du roi, surtout quand on exerce respectivement la profession de clown et d'avaleur de sabres !

Les deux hommes qui sont en train de se tordre de rire dans le palais des gouverneurs d'Albanie n'en sont pas à leur coup d'essai. La vie qu'ils ont menée jusque-là a été plutôt du genre mouvementé…

Le futur roi, qui est donc clown, s'appelle Otto Witte. Il est allemand, il a la quarantaine et a derrière lui une carrière bien remplie. Il a fait la connaissance de son acolyte, un compatriote du nom de Max Schlepsig, plusieurs années auparavant dans une prison de Barcelone. Otto Witte purgeait tout banalement une peine pour escroquerie mais le motif de l'incarcération de Max Schlepsig était moins ordinaire. Il avait tenté d'étrangler un matador qui, de son côté, avait essayé de le tuer avec son épée de corrida. Tout cela pour une jolie Française qui, pendant la bagarre, avait préféré partir avec un Anglais.

Donc, les deux Allemands sympathisent et décident de s'évader ensemble de la manière la plus sûre, c'est-à-dire en payant leurs gardiens. À partir de là, ils ne se quittent plus et ils parcourent le monde dans un cirque, l'un comme clown, l'autre comme avaleur de sabres. Mais un beau jour, ils décident d'améliorer leur ordinaire plutôt maigre de saltimbanques et, pour cela, ils profitent de toutes les occasions.

C'est ainsi que, quelques années plus tard, Otto et Max suivent en Afrique un prince hongrois qui les engage avec lui dans sa partie de chasse comme… bouffons. Le travail, si l'on peut parler de travail, n'est pas très enthousiasmant, plutôt désagréable même, mais il a l'avantage d'être fort bien payé.

D'ailleurs, la partie de chasse se termine mal. Le prince hongrois et toute son expédition tombent nez à nez avec des cannibales qui les massacrent avant de les manger. Seuls les deux Allemands s'en sortent en exécutant un éblouissant numéro d'avaleurs de feu qui convainc sans équivoque les indigènes de leur qualité divine et ils repartent comblés de cadeaux.

Rentrés en Europe, ils reprennent leur place dans un cirque en agrémentant leur existence de quelques actions d'éclat. La plus remarquable se passe en 1911. C'est le moment où *La Joconde* a été volée au Louvre et où toutes les polices européennes sont à sa recherche. Avec une belle assurance, Otto et Max se font passer pour les voleurs. Et ils en vendent à prix d'or une mauvaise copie à un marchand grec de Venise.

Mais tout cela, ce ne sont que des hors-d'œuvre. C'est en 1913 que les deux hommes décident de tenter leur coup le plus audacieux. À ce moment-là, ils sont avec leur cirque à Tirana et c'est en lisant les journaux du pays que leur vient l'idée de génie. Car la photo d'Halim Eddine, le prince tant convoité des Albanais, qui s'étale partout en première page, présente une ressemblance frappante avec Otto Witte. Il suffirait à celui-ci de se teindre les cheveux en gris et de se mettre une moustache à la gauloise pour devenir son parfait sosie.

Les deux complices n'hésitent pas : ils vont s'emparer du trône d'Albanie ! Pour cela, ils restent encore deux mois dans le pays. Otto Witte apprend les quelques rudiments d'albanais qu'un prince turc se doit normalement de posséder. Ils se font envoyer de Vienne deux costumes d'opérette, l'un de général de fantaisie, l'autre de Turc. Ils vont à Salonique attendre au passage le bateau de Constantinople à Durazzo et demandent à un ami de Constantinople d'envoyer le télégramme officiel annonçant à l'Albanie la venue du prince Halim Eddine.

Otto et Max ont cessé de rire dans leur immense appartement royal. D'abord parce qu'ils n'en peuvent plus, et ensuite parce qu'on vient de frapper à la porte. C'est le général Essad

Pacha qui, respectueusement, vient les convier au festin préparé pour eux. Ils le remercient de cette gentille attention et font honneur aux dix-huit services du repas. Pourtant, à peine la dernière bouchée avalée, ils rentrent en toute hâte vers leur appartement. C'est qu'il y a un ennui dans ce pays : les musulmans ne boivent pas d'alcool. Heureusement, ils ont tout prévu et ils ont dans leurs bagages une quantité de schnaps suffisante pour tenir un siège.

Otto et Max trinquent interminablement toute la nuit et ils se mettent d'accord sur les deux objectifs prioritaires du futur souverain : premièrement constituer le harem, car il n'y a pas de roi musulman sans harem, deuxièmement, se faire remettre les clés du trésor albanais. Ensuite, après avoir trinqué une dernière fois, ils s'endorment, résolument confiants dans l'avenir…

Le lendemain, après un petit déjeuner tellement fabuleux qu'ils ne peuvent pas en ingurgiter plus du quart, ils font leur entrée dans la grande salle du palais. Il y a là, conscients de l'importance historique du moment, tous les dignitaires du pays et tous les cadres de l'armée avec, à leur tête, Essad Pacha. Ce dernier déclare d'une voix à la fois émue et solennelle :

– Prince, vous n'ignorez pas que le peuple albanais est impatient de vous voir monter sur le trône, au lieu d'un infidèle français, allemand ou anglais. C'est pourquoi nous vous demandons humblement d'accepter d'être notre roi. Ce serait pour nous un grand honneur, ce serait une preuve de votre sagesse et une bénédiction d'Allah.

Absolument imperturbable, le « neveu du sultan » lisse sa superbe moustache grise à la gauloise, puis caresse son magnifique cordon multicolore. Le silence est gêné, pesant, chacun des assistants a conscience que le sort de l'Albanie est en train de se jouer.

Enfin, Halim Eddine prend la parole, dans un mauvais albanais, mais que tout le monde juge très méritoire pour un prince turc.

– Votre demande m'honore considérablement, mais je me sens bien indigne de l'accepter…

Il y a un moment de flottement et de désappointement. Le prince reprend la parole :

– Toutefois, puisque telle est la volonté d'Allah, je ne me déroberai pas à mon devoir. J'accepte de devenir votre souverain et je fixe mon couronnement à après-demain.

Un murmure de satisfaction a parcouru les dignitaires et quelques applaudissements hésitants ont éclaté spontanément. Mais le futur souverain les fait taire d'un geste.

– Maintenant, écoutez-moi. Voici mes premières décisions. D'abord, au nom d'Allah tout-puissant et miséricordieux, le général Essad Pacha, qui reste bien entendu chef des armées, va préparer la mobilisation générale, car je déclare la guerre au Monténégro. Deuxièmement, j'ai décidé de choisir pour mon harem non pas quelques princesses étrangères, mais des filles du peuple albanais. Je tiens à dire que je ne souhaite pas de femmes de la noblesse, mais seulement celles qui incarnent la beauté légendaire des Albanaises. Troisièmement, le général Essad Pacha devra me mettre au courant des finances du pays, afin que je puisse récompenser chacun de vous selon ses mérites.

Alors là, c'est le délire. Malgré les protestations agacées du futur souverain, toute l'assistance éclate en bravos et, quand les nouvelles sont connues dans la population, elles sont accueillies avec le même enthousiasme.

C'est la déclaration de guerre au Monténégro qu'on acclame le plus. Il faut préciser que les Monténégrins catholiques sont les ennemis héréditaires des Albanais musulmans. Malheureusement, entre autres défauts, les Monténégrins ont celui d'être beaucoup plus nombreux que les Albanais et leur armée est bien trop puissante pour qu'on songe à les attaquer. Mais si c'est Halim Eddine, le neveu du sultan, qui leur déclare la guerre, cela veut dire que toute la Turquie est derrière. Le rapport des forces est totalement inversé. Ce n'est ni plus ni moins que la fin du Monténégro !

Les Albanais se répandent dans les rues de Tirana en tirant des coups de feu en l'air. On acclame Halim Eddine tant qu'on peut. Et puis cette idée si touchante, si généreuse, de prendre de simples filles du peuple dans son lit ! On en est ému jusqu'aux larmes...

Et le 13 août 1914, c'est le jour de gloire : le couronnement du premier roi d'Albanie. Les dirigeants du pays ne tarissent pas d'éloges à son sujet. Halim Eddine, dans sa sagesse inspirée sans nul doute par Allah, a choisi de se faire couronner sous un nom européen : Otto Ier. Les puissances qui discutent à Londres seront sensibles à la concession et on n'aura rien à redouter d'elles...

À l'occasion du sacre d'Otto Ier, les chefs de tribus de tout le pays sont descendus de leurs montagnes. Car l'Albanie est encore divisée en de multiples petits pouvoirs locaux qui s'affrontent depuis des siècles. Mais pour la première fois, ils sont tous là, avec leur longue barbe noire, leur cartouchière sur la poitrine et leurs habits de cérémonie : pantalons bouffants et chaussures à pompons.

Après la cérémonie religieuse dans la grande mosquée, a lieu un festin sans précédent. Des quartiers entiers de bœuf, des moutons, des agneaux de lait rôtissent dans un fabuleux méchoui. Il y a aussi les poissons les plus fins, les truites des lacs et les saumons des rivières, renommés dans tous les Balkans.

Le roi Otto Ier et son homme de confiance mangent avec un appétit qui ravit les invités. Mais tout en faisant bombance, le nouveau souverain se met sans plus attendre à ses royales fonctions. Avec beaucoup d'attention et de patience, il écoute ses invités, les chefs de tribus, qui viennent se plaindre à lui. Comme ils sont en vendetta perpétuelle depuis plusieurs siècles, chacun a une liste impressionnante de griefs envers ses rivaux. Mais Otto Ier, en fin politique, a une façon absolument infaillible de régler les différends : il donne à tout le monde de l'or, puisé, évidemment, dans le trésor albanais.

Les assistants sont éberlués et ravis, d'autant qu'Otto Ier étend ses largesses à tous les dignitaires du pays et même aux soldats de sa garde qui reçoivent chacun dix pièces d'or.

Otto Ier d'Albanie et son homme de confiance ne s'attardent guère au festin de couronnement. Ils ont décidément beaucoup de mal à s'habituer à ces banquets où on ne peut pas boire une goutte d'alcool et ils ont hâte de retrouver leur provision de schnaps.

Mais en arrivant au palais, c'est tout autre chose qu'ils découvrent : les candidates au harem royal sont là, qui attendent leur bon vouloir. C'est une véritable bousculade, une marée féminine, que les gardes contiennent à grand-peine.

La constitution du harem royal étant désormais la tâche prioritaire, Otto Ier décide de s'y consacrer séance tenante et il fait savoir à Essad Pacha qu'il lui laisse d'ici là la responsabilité des affaires.

Pour ceux qui ignorent comment s'effectue la constitution d'un harem, voici la méthode qu'Otto Ier et son homme de confiance ont mise au point.

En premier lieu, Max Schlepsig procède, dans une des chambres du palais, à la « présélection » des candidates. Ensuite, il conduit celles qui ont passé l'examen de manière satisfaisante dans la chambre du souverain, pour la seconde épreuve, dite « sélection définitive ». Et tout cela dure deux jours, ou, pour être plus précis, deux jours et deux nuits, pendant lesquels nul n'a le droit de déranger Sa Majesté et son homme de confiance...

Mais les plus belles choses ont une fin.

Dans la nuit du 15 août, Essad Pacha reçoit un télégramme du véritable Halim Eddine, déclarant en substance qu'il n'a pas été à sa connaissance proclamé roi d'Albanie. Un tel retard dans l'information peut paraître invraisemblable, mais à l'époque et surtout dans les Balkans plongés dans un état de guerre perpétuel, les nouvelles mettaient plusieurs jours pour arriver.

Bref, en pleine nuit, rouge de colère et écumant de rage, Essad Pacha, suivi de la garde, force les portes de l'appartement royal. C'est évidemment pour trouver le souverain et son homme de confiance dans la galante compagnie qu'on imagine.

Cette fois, Otto Witte a peur. Les hommes d'armes sont autour de lui, menaçants, et Essad Pacha hurle des injures. Mais notre homme en a vu d'autres. Avec un sang-froid peu commun, il s'adresse aux gardes :

– Arrêtez ce traître !

Et il pointe le doigt vers Essad Pacha.

– Il est payé par le Monténégro pour empêcher la guerre. Au nom de l'Albanie, je vous ordonne de l'arrêter ! N'avez-vous pas confiance en votre roi ? Est-ce que je ne vous ai pas prouvé ma générosité ?

Les soldats hésitent. Ils ne savent rien. Ils ne sont pas au courant de la supercherie. Quand Essad Pacha les a entraînés, ils ont cru à une révolution de palais. Et maintenant, voici que le roi leur désigne Essad Pacha comme un traître à la solde du Monténégro, leur roi qui les a si bien traités en leur donnant dix pièces d'or à chacun.

Alors, avec un bel ensemble, les soldats changent de camp. Otto Witte a même beaucoup de mal à les empêcher de couper sur-le-champ la tête du chef de l'armée pour lui prouver leur attachement. Et le malheureux Essad Pacha, roué de coups, se retrouve dans le plus humide cachot du palais.

Mais le vent a tourné, Otto et Max sont trop avisés pour ne pas s'en rendre compte. Avec l'aide des jeunes Albanaises, qui, elles, sont décidément entièrement de leur côté, ils se déguisent en femmes et c'est sous le voile des musulmanes qu'ils quittent discrètement le palais.

Arrivés à Durazzo, ils n'ont aucun mal à convaincre un pêcheur de sardines italien de les emmener jusqu'à Bari. Il faut dire qu'ils ont encore avec eux une bonne partie du trésor albanais.

Après cet exploit, sans aucun doute unique, Otto Witte et Max Schlepsig, qui ont vite dépensé ce qui leur restait d'or, sont retournés tous les deux dans un cirque, l'un comme clown, l'autre comme avaleur de sabres.

Mais, pendant longtemps, pour se faire un peu d'argent ou tout simplement pour se faire plaisir, Otto Witte a posé devant les photographes dans son grand uniforme d'Otto Ier d'Albanie, avec son fez rouge, ses décorations fantaisie et son cordon arc-en-ciel sur la poitrine, dans une martiale attitude, sur les marches de sa petite roulotte.

Otto Witte est mort le 13 août 1958, quarante-cinq ans jour pour jour après son couronnement. Et l'on peut être certain d'une chose : s'il avait effectivement régné, il n'aurait pas vécu aussi longtemps.

Un sou est un sou, ou le voleur de centimes

– Un sou est un sou !

– Je le sais bien, monsieur Durand. Mais nous vous avons donné satisfaction. Nous avons recrédité votre compte de cinq centimes.

– Cela ne suffit pas. C'est extrêmement grave. J'exige une enquête !

– Enfin, monsieur, gardons le sens de la mesure…

– En matière de comptabilité, le mot « mesure » n'a aucun sens. Une erreur de cinq centimes ou une erreur de cinq millions, c'est pareil. C'est qu'il y a quelque chose d'anormal… Alors, vous la faites, cette enquête ?

– Franchement, monsieur Durand, nous n'avons pas le temps.

– Eh bien, vous le regretterez ! Soldez mon compte. Je quitte votre établissement.

Pour la première fois, le directeur de la banque se départit de sa courtoisie.

– Avec plaisir ! Et contrairement à ce que vous dites, nous ne vous regretterons pas.

M. Durand a un petit sourire et rétorque de sa voix assez haut perchée :

– Vous ne m'avez pas compris. Quand je dis « vous le regretterez », c'est qu'il va y avoir des suites. Vous allez entendre parler de moi !

Le directeur hausse les épaules et effectue les opérations nécessaires au solde du compte. M. Durand examine soigneusement les chiffres qu'on lui remet et les compare avec ses propres chiffres, qu'il a apportés. Il faut dire que c'est son métier. Ou plutôt, ça l'était. M. Durand, soixante-cinq ans, est, en ce début de l'année 1990, comptable à la retraite, après quarante ans de loyaux services dans un grand magasin parisien…

M. Durand, satisfait de ses vérifications, signe le solde de tout compte et part sans saluer avec l'argent qui lui est dû, comprenant, entre autres, une petite pièce ronde et dorée : les cinq centimes dont il a été recrédité grâce à son obstination.

En le voyant disparaître, le directeur pousse un soupir de soulagement. Il se croit débarrassé d'un vieil enquiquineur, pour employer un mot convenable. Il se trompe du tout au tout. M. Durand n'avait pas menti : il va entendre parler de lui. Et de quelle manière !

– Enfin, monsieur, vous n'allez pas me dire que vous portez plainte pour le vol de cinq centimes ?

– Je suis venu précisément pour cela.

L'inspecteur Lucchino, du commissariat principal du 15e arrondissement, ne sait pas s'il doit se mettre à rire ou se fâcher.

– Soyons sérieux ! D'ailleurs, à ce que j'ai cru comprendre, la banque vous les a rendus, vos centimes.

– La restitution d'une somme volée n'annule pas le délit. Je porte plainte. Veuillez l'enregistrer.

– Vous croyez que je n'ai que cela à faire ?

– C'est votre dernier mot ?

– Oui. Maintenant, disparaissez !

Cette fois, M. Durand ne menace pas. On ne menace pas un policier. Il réplique simplement, d'une voix calme, quoique un peu haut perchée :

– Parfait…

Un mois a passé. L'inspecteur Lucchino est reçu à sa demande par le directeur de la succursale dont M. Durand fut l'ex-client. Le banquier tombe des nues quand il apprend l'objet de sa visite.

– Vous n'allez pas me dire que... ?

– Si. Il a pris un avocat et entamé une procédure. Nous sommes obligés de donner suite.

– Il va payer des honoraires d'avocat pour cinq centimes !

– Que voulez-vous ? C'est à cela qu'il occupe le temps et l'argent de sa retraite. Nous n'y pouvons rien.

Le directeur pousse un soupir.

– Bien, que voulez-vous savoir ?

– Cette erreur de cinq centimes, quelle personne de votre succursale a pu la commettre ?

– Cela ne vient pas de chez nous, mais du siège central. Il s'agit d'intérêts sur comptes rémunérés. C'est là-bas qu'ils sont calculés.

– Par combien de personnes ?

– Oh, un tout petit nombre.

– Et ici, ils ne sont jamais vérifiés ?

– Totalement impossible, cela prendrait trop de temps... Je vais vous montrer.

Le banquier fait apparaître un compte sur son ordinateur et entreprend de recalculer les intérêts à l'aide de sa calculette. Cela lui prend deux bonnes minutes... Non, trois, car il recalcule de nouveau. Et puis quatre, car il recalcule encore.

– Ce n'est pas vrai !

– Qu'est-ce qui se passe ?

– Il... il manque cinq centimes...

Il y a un silence. Le banquier et le policier se regardent. Ils viennent de penser à la même chose, une chose effarante, qui donne le vertige. C'est l'inspecteur Lucchino qui reprend la parole.

– Combien de calculs de ce genre fait-on par jour au siège central ?

– Je ne sais pas. Plus de dix mille, peut-être vingt...

– Et vingt mille fois cinq centimes, cela fait cent mille centimes par jour, mille francs. Trente mille francs par mois !

Au siège de la banque centrale, le responsable de l'informatique ne prend pas du tout à la légère la visite de l'inspecteur Lucchino. Il a été prévenu par le directeur de la succursale et il a déjà fait sa propre enquête.

– Combien de personnes s'occupent des comptes rémunérés ?

– Trois, mais j'ai des soupçons sur l'un d'eux, le dernier arrivé : Patrick Chevalier.

– Vous avez découvert quelque chose dans sa comptabilité ?

– Non. C'est un génie de l'informatique. Si c'est lui, il a dû mettre au point un système pratiquement indécelable... En fait, ce qui me chiffonne, c'est qu'il vient de s'acheter une voiture neuve.

– Vous trouvez cela suspect ?

– Le problème, c'est que je me demande avec quoi. Il a son compte chez nous et il n'y a eu aucun mouvement de capitaux correspondant à cet achat.

– Il a peut-être un compte dans une banque concurrente.

– Il n'y verse pas son salaire, en tout cas. Il est viré sur le nôtre.

– C'est peut-être l'argent de sa femme ?

– Il est célibataire.

– Alors, un héritage, un cadeau, une petite amie généreuse...

– C'est possible. Je vous donne l'information pour ce qu'elle vaut. Parce que découvrir le piratage informatique, ce sera difficile et cela risque de lui donner l'alerte...

Le responsable communique même à l'inspecteur le nom du concessionnaire qu'en homme décidément méticuleux, il avait relevé sur la plaque d'immatriculation. Le policier se décide à l'appeler au téléphone sans plus attendre.

Au bout du fil, son correspondant n'a pas l'air surpris.

– C'est au sujet de cette vente ? Je m'y attendais un peu...

– Qu'est-ce qui s'est passé ?

– La personne a payé en liquide. Uniquement des billets de deux cents francs.

– Et qu'avez-vous fait ?

– Nous avons vérifié les billets. Ils étaient bons.

– Vous ne nous avez pas prévenus ?

La voix du concessionnaire est courtoise mais ferme.

– Il n'y a pas de loi qui interdise de payer en espèces. C'est au contraire le refus de vente qui est un délit…

L'épilogue a lieu quelques minutes plus tard dans le même bureau… Sommé de s'expliquer, Patrick Chevalier tente d'abord de nier, puis il finit par avouer avec un sourire beau joueur.

– Je ne pensais pas me faire avoir à cause d'un vieux râleur. Cela prouve que l'ancienne école a encore du bon.

– Comment avez-vous fait ?

Patrick Chevalier se lance dans toute une série d'explications techniques que nous ne reproduirons pas, tant à cause de leur complexité que pour ne pas donner des idées à d'éventuels émules.

En gros, il avait créé une procédure informatique pour qu'à chaque opération de calcul d'intérêts, cinq centimes soient automatiquement versés sur un compte secret. Il conclut avec une visible fierté :

– Ce compte-là, personne ne pouvait le retrouver, personne ne pouvait y avoir accès !

L'inspecteur Lucchino lui pose la question qu'il attendait :

– Et vous ?

– Je m'étais fabriqué une carte bleue sur ce compte. Toutes les semaines, j'allais le vider à la billetterie…

Ainsi s'est terminée, grâce à la perspicacité et l'obstination d'un comptable à la retraite, la carrière du jeune et brillant voleur de centimes… À l'heure actuelle, il paraît que les banques, au courant de cette histoire, ont pris des dispositions pour que la chose soit impossible.

Alors un conseil : si vous découvrez qu'il manque cinq centimes sur le montant de vos intérêts, avant de vous précipiter à votre agence pour solder votre compte ou au commissariat pour porter plainte, refaites votre calcul…

La femme de Martin Guerre

Parmi toutes les formes d'arnaques, l'arnaque par excellence, l'arnaque absolue, pourrait-on dire, est l'imposture, l'acte qui consiste à se faire passer pour quelqu'un d'autre, à prendre son identité. Si l'escroc ment, triche, falsifie, une fois son méfait terminé, il redevient lui-même. L'imposteur, lui, n'a pas cette possibilité. Il ne fait qu'un avec son mensonge, il vit son mensonge, il *est* son mensonge. Il a choisi une fois pour toutes de renoncer à sa personnalité pour celle qu'il a inventée et il doit continuer à l'incarner jusqu'au bout, quelles que soient les conséquences.

Des imposteurs, il y en a eu à intervalles réguliers dans l'histoire. Le plus souvent, ils ont usurpé l'identité de grands personnages décédés dans des conditions mystérieuses. Pourtant, l'exemple le plus remarquable du genre a eu lieu au XVIe siècle, dans un obscur village français, au sein d'une tout aussi obscure famille de paysans. Alexandre Dumas en a tiré un beau récit et, plus récemment, le cinéma s'en est emparé avec un égal bonheur : il s'agit de l'histoire de Martin Guerre.

Pourtant ni l'un ni l'autre n'ont, à notre avis, suffisamment mis l'accent sur ce qu'il y a de plus émouvant dans cette extraordinaire aventure vécue. L'imposteur peut tromper tout le monde, sauf son conjoint. La femme de Martin Guerre a forcément su dès le début la supercherie et elle a choisi d'être complice. Elle a aimé, elle a espéré, elle a tremblé, elle a tout partagé avec l'imposteur... Pour le meilleur et pour le pire.

10 janvier 1539. À Artigat, dans les environs de Toulouse, on célèbre un mariage entre deux enfants. La fiancée, Bertrande de Rois, a dix ans ; le fiancé, Martin Guerre, originaire d'Hendaye, au Pays basque, en a onze. C'est l'oncle de Martin, Pierre Guerre, qui a trouvé ce moyen pour se débarrasser d'une bouche à nourrir. Pierre Guerre, bien qu'il soit l'homme le plus riche de son village, est un avare notoire. Il a recueilli Martin à la mort de ses parents et il estime qu'à présent cela suffit. Son neveu se nourrira sur la dot de Bertrande.

Ce genre de mariage n'est pas commun. À l'époque, il n'existe que dans la haute noblesse pour des raisons diplomatiques, sauf précisément dans certaines régions du Sud-Ouest où convoler en bas âge est une coutume locale. Le curé d'Artigat a pourtant hésité à célébrer cette union contraire au droit canon, le but du mariage étant la procréation. Mais il s'est laissé convaincre, sans doute par une généreuse donation de Pierre Guerre. Quoi qu'il en soit, la fête est réussie et, au soir, quand on met au lit les époux, ils s'endorment sagement…

Neuf années ont passé… Les deux enfants ont grandi, mais pas du tout de la même manière. Bertrande est devenue une superbe brune épanouie, qui respire la santé et la joie de vivre, mais Martin n'a fait qu'enlaidir. Il est malingre, contrefait et une maladie de peau, l'acné vraisemblablement, l'a couvert de cicatrices. Au moral, il ne vaut pas mieux : il est renfermé, hésitant, nigaud. Et pour couronner le tout, il est impuissant ! Bertrande est tout aussi vierge qu'à dix ans. Martin a d'ailleurs beaucoup de chance qu'elle soit aussi pieuse et sage que belle, car elle repousse sans faiblesse les jeunes gens du village, qui, connaissant son infortune, tournent autour d'elle.

La situation devient tout de même intolérable pour la jeune femme, qui supplie le curé de lui venir en aide. Ce dernier lui conseille de manger à jeun une fouace bénite, meilleur remède en pareil cas. Sinon, elle devra songer à se séparer de Martin, la non-consommation du mariage étant un cas de divorce reconnu par l'Église…

Il ne sera pas nécessaire de recourir à cette extrémité. À peine Bertrande a-t-elle mangé sa fouace que son mari retrouve sa virilité comme par miracle et, neuf mois plus tard, elle accouche d'un garçon : Sanxi.

Mais, à partir de là, ce sont d'autres soucis qui l'accablent. Martin a trop bien recouvré sa vigueur. Il devient volage, infidèle. Après plusieurs aventures passagères, il a une liaison affichée avec Rose Martin, la fille de l'apothicaire. Délaissée, bafouée, Bertrande se rebelle et, à l'issue d'une scène plus violente que les autres, Martin Guerre s'en va ; il prend la route de Toulouse avec son baluchon sur l'épaule. Bertrande pense à un mouvement de colère passager. Elle attend un mois, deux mois, trois mois : rien ne se passe… On la plaint beaucoup pour ce mariage qui ne lui aura apporté que des souffrances. Mais on lui dit : « Il reviendra. Tôt ou tard, il reviendra… »

Huit années ont encore passé… On a depuis longtemps cessé de donner à la malheureuse Bertrande, si lâchement abandonnée, de faux espoirs. On la plaint de tout cœur, car, si elle n'a plus d'époux, elle n'est pas veuve et ne pourra jamais se remarier. C'est d'autant plus injuste qu'elle a toutes les qualités. Elle fait preuve d'une vertu irréprochable et élève seule son fils d'une manière qui suscite l'admiration de tous.

Et c'est alors qu'un beau matin de printemps, sur la route de Toulouse, des paysans d'Artigat en train de travailler aux champs voient arriver un homme buriné par le soleil et tout couvert de barbe. Il y a un cri :

– Mais c'est Martin Guerre !

L'homme se dirige vers le groupe. On l'interpelle :

– C'est bien toi, Martin ?

– Par Dieu, oui, Guillaume. C'est bien moi !

– Mais où étais-tu ?

– À la guerre, pardi ! Dans le Nord. J'ai fait le siège de Saint-Quentin.

On l'entoure, on le bouscule. Il appelle tout le monde par

son nom, demande à chacun des nouvelles de sa famille. On le presse de questions. Il parle beaucoup et donne mille détails sur ses campagnes. On est surpris, car Martin Guerre était peu liant et taciturne. On lui en fait la remarque. Il a un grand rire.

– C'est la guerre ! La guerre, ça vous change un homme !

Il ajoute, d'un ton différent, ému :

– Bertrande va bien ?

– Elle t'a attendu. Elle est plus belle que jamais.

– Et Sanxi ?

– Ton fils est un fier gaillard. Tu ne le reconnaîtras pas...

Martin Guerre se dirige sans hésitation vers sa maison et, devant les villageois qui s'attroupent, c'est le grand moment d'émotion. À sa vue, Bertrande manque de se trouver mal. Il s'avance vers elle, les bras tendus :

– Bertrande !...

Elle a un instant d'hésitation et court vers lui. Après de longues effusions, elle lui prend la main.

– Viens voir comme notre fils a grandi...

Dans le petit village d'Artigat, le bonheur des Guerre fait plaisir à voir. Comme ils ont changé tous les deux ! Martin est métamorphosé. La vie de soldat l'a dégrossi, rendu sociable et bon compagnon avec tout le monde. Il n'y a qu'une chose qui étonne un peu : il ne comprend plus le basque, alors qu'avant, lorsqu'un de ses compatriotes était de passage au village, il s'exprimait volontiers dans cette langue avec lui. Il explique que, dans la lointaine Picardie, au contact de tous ces Français du Nord, il a oublié son parler natal.

Mais rien n'égale la transformation de Bertrande. Elle qui n'avait connu jusque-là que des chagrins s'épanouit dans sa vie de couple retrouvée. D'autant que Martin, sans doute pour se faire pardonner son attitude passée, est le plus attentionné et le plus aimant des maris. Pour mettre un comble à ce bonheur, elle donne naissance à une fille, neuf mois après le retour de Martin.

Dans ce tableau idyllique, il n'y a qu'une ombre, l'oncle, Pierre Guerre. Au début, comme les autres, il a accueilli avec joie le retour de Martin. Il a bien ri avec lui, lorsque ce dernier lui a rappelé en plaisantant les corrections qu'il lui donnait étant enfant, mais tout a changé quand, plus tard, il a été question d'argent.

Après le départ de Martin, Pierre Guerre avait repris à son compte l'exploitation de la propriété du couple et il ne veut pas rendre un sou des sommes qu'il a gagnées pendant tout ce temps. Il explique qu'il a subvenu à l'entretien de Bertrande et de son fils et qu'il est quitte. Martin Guerre ne veut rien entendre, exige son dû et, comme le vieux grigou refuse tout net, il lui intente un procès, qu'il gagne. Pierre Guerre doit lui verser quatre cents livres par année d'absence, soit trois mille deux cents livres.

C'est maintenant que l'affaire Martin Guerre va commencer, et cela uniquement à cause de la rapacité d'un paysan qui veut récupérer son argent...

Pierre Guerre paie les trois mille deux cents livres – comment faire autrement ? Mieux : il reconnaît ses torts et accepte la réconciliation que lui propose son neveu. Mais ce n'est qu'une feinte. Il veut gagner du temps pour préparer sa contre-attaque.

Car une idée fantastique lui est venue : l'homme qui a su si bien lui tenir tête et gagner son procès n'est pas Martin Guerre. Il lui ressemble, il a la même voix, les mêmes attitudes, il sait tout de sa vie, mais ce n'est pas lui. Martin était lourdaud, bête et timoré ; Martin avait toujours tremblé devant lui, il ne se serait jamais comporté avec cette assurance. Celui qui occupe la maison des Guerre, partage le lit de Bertrande et lui a donné une fille est un imposteur. Il le démasquera !

Et, apparemment contre toute raison, avec une patience et un acharnement incroyables, le vieux Pierre Guerre commence son enquête. À Artigat, rien à faire, tous ont reconnu Martin et sont prêts à jurer que c'est lui. Il faut donc voir plus loin. La chance le sert. Dans un bourg voisin, l'aubergiste lui fait une étonnante révélation. Un ancien soldat de passage, à qui il avait dit que Martin Guerre était de retour chez lui, s'était écrié :

– Impossible ! Il est toujours dans le Nord et il a une jambe de bois. Il a laissé la sienne au siège de Saint-Quentin.

Il n'en faut pas plus pour que Pierre Guerre revienne à Artigat et traite publiquement son adversaire d'imposteur. Il s'ensuit une violente bagarre, mais Bertrande s'interpose vivement.

– Qui mieux que moi pouvait le reconnaître ? C'est mon mari !

Tout le monde est du même avis et le vieil avare, mauvais perdant de surcroît, est éconduit avec indignation... Ce n'est pourtant pas cela qui va le faire renoncer. Il continue à parcourir la région et, cette fois, il découvre un élément de taille. L'homme qui est venu à Artigat ressemble à s'y méprendre à un habitant de Sagias, un village des environs. Il s'agit d'Arnaud du Thil, un vaurien qui avait eu des démêlés avec la justice et qui avait choisi de s'enrôler dans l'armée pour fuir les ennuis.

Pierre Guerre revient à Artigat, en cachette de Martin cette fois, et il a une longue conversation avec Bertrande. Nul ne sait ce qu'il lui a dit précisément, mais il a certainement joué avec ses sentiments religieux. Il n'ignore pas qu'elle est très pieuse, qu'elle a, en particulier, une peur terrible du diable et de la damnation éternelle. Or, elle sait que celui qui partage sa vie n'est pas Martin. Elle vit sciemment avec lui dans le péché...

Toujours est-il qu'il lui fait signer une plainte officielle, adressée au juge de Rieux, dont dépend le village d'Artigat : « Demande à l'encontre dudit Arnaud du Thil à faire double amende honorable à Dieu et à Bertrande de Rois, tête et pieds nus, en chemise, tenant une torche ardente dans ses mains, disant que faussement et témérairement, il l'a abusée, trahie et circonvenue en prenant le nom de Martin Guerre, son vrai mari. Ce dont il se repent et lui verse en dommages et intérêts deux mille livres. »

À Artigat, c'est un coup de tonnerre, une bombe, la vie qui s'arrête ! Le soi-disant Martin Guerre est arrêté et emprisonné à Rieux... La suite est consignée dans les registres de la justice.

Le juge, devant qui le prévenu est conduit, ne sait absolument pas quoi penser d'une affaire aussi extraordinaire. Il interroge l'homme et les réponses qu'il reçoit sont dites avec une assurance parfaite.

– Quels sont les noms de votre père et de votre mère ?

– Antonio Guerre et Maria Torreada.

– Sont-ils encore vivants ?

– Mon père est mort le 15 juin 1530 et ma mère ne lui a survécu que trois ans et douze jours.

– Vous souvenez-vous de la date de votre mariage ?

– Le 10 janvier 1539.

– Qui assistait à la cérémonie ?

– Ma belle-mère, mon beau-père, mon oncle, mes sœurs, maître Marcel, notre voisin et sa fille Rose, un autre voisin, Claude Perrin, qui s'enivra, le poète Giraud, qui composa des vers en notre honneur.

– Quel prêtre vous a unis ?

– Le vieux curé Pascal Guérin, que je n'ai pas retrouvé à mon retour.

Tout cela concorde parfaitement avec les détails figurant dans le dossier. Le juge se tait et c'est au tour de Martin Guerre de poser ses questions.

– Comment se fait-il que ma femme ait attendu deux ans pour s'apercevoir que je n'étais pas son mari ? En fait, c'est mon oncle qui a réussi à la terroriser. À mon retour, mon oncle a-t-il hésité à me reconnaître ? C'est lui qui a manigancé toute cette machination pour se venger du procès qu'il a perdu.

Le juge de Rieux est plus que perplexe. Contrairement à ce qui se pratique trop couramment à l'époque, il refuse d'appliquer la question à l'accusé. Il a de fortes chances d'être innocent et pourrait passer de faux aveux sous la torture. Il semble effectivement, au contraire, que ce soit son oncle, cet avare de mauvaise foi, comme le prouve sa condamnation au procès, qui ait inventé cette histoire.

Le juge se veut scrupuleux. Il fait même preuve d'une conscience professionnelle rare. Il fait venir pas moins de cent cinquante témoins. Et le résultat est proprement stupéfiant : tous reconnaissent l'accusé, seulement ils ne lui donnent pas la même identité ! Les quarante habitants d'Artigat convoqués reconnaissent Martin Guerre et ceux de Sagias, au nombre de cent dix, affirment qu'il s'agit d'Arnaud du Thil, ajoutant qu'il est parfaitement capable d'une telle mystification. De tout cela, on peut retirer une certitude : Martin Guerre et Arnaud du Thil sont sosies. Mais lequel des deux a été arrêté ?...

Le juge multiplie les interrogatoires, espérant que le prévenu va finir par avouer ou commettre une maladresse qui le perdra. Il fait effectivement un aveu, mais pas celui qu'il attendait.

– J'ai menti : je ne me suis pas enrôlé dans les troupes du roi de France, mais du roi d'Espagne. Voilà ma faute. J'en suis suffisamment puni par les maux que j'endure aujourd'hui.

Le reste des interrogatoires est sans effet. L'accusé a réponse à tout.

– Comment expliquez-vous la déclaration du soldat qui dit que Martin Guerre a perdu une jambe ?

– J'ai effectivement été blessé à la jambe et on a parlé d'amputation. J'ai fini par me rétablir...

Mais le juge de Rieux va tout de même se décider pour la culpabilité et cela en raison de deux témoignages. On arrive à retrouver le seul membre vivant de la famille d'Arnaud du Thil, un vieillard. Celui-ci s'approche de lui en tremblant.

– Mon neveu !

– Qui êtes-vous ?

– Mais ton oncle, Carbon Barreau, l'ancien soldat. Tu ne me reconnais pas ? Je t'ai fait jouer sur mes genoux.

– Et qui suis-je, selon vous ?

– Mais Arnaud... Arnaud du Thil !

Le juge se tourne vers l'accusé :

– Qu'avez-vous à répondre ?

– Que ce vieillard est fou ou qu'il a touché de l'argent pour me perdre...

C'est peut-être pourtant le second témoignage qui va peser le plus lourd : celui du cordonnier d'Artigat.

Il avait, comme tout le monde, reconnu Martin Guerre et il était venu le dire devant la justice, mais depuis, il s'est souvenu d'un détail : après son retour, l'époux de Bertrande lui a commandé une paire de souliers...

– Voilà, monsieur le juge. Martin Guerre se chaussait à douze pointures et maintenant sa chaussure n'en fait plus que neuf.

Le corps peut changer. Il peut maigrir, il peut rapetisser en se tassant sur lui-même, mais un pied qui rétrécit, cela n'existe pas ! Le juge de Rieux rend donc sa sentence : « Arnaud du Thil est déclaré convaincu d'imposture et, comme tel, condamné à être décapité. Après quoi, son corps sera déchiré en quatre quartiers pour être exposé au quatre coins de la ville. »

Ce n'est pas fini... Le condamné fait appel au Parlement de Toulouse et l'appel est accepté. Il est transféré dans un cachot sinistre de la prison de la grande ville, mais Bertrande, qui n'a cessé de le soutenir, lui fait porter des provisions en cachette de sa famille.

Au procès, les juges entendent vingt-cinq témoins. Dix disent qu'il s'agit de Martin Guerre, huit que c'est Arnaud du Thil, les sept autres ne se prononcent pas. Entretemps, l'oncle d'Arnaud est mort ; quant au cordonnier d'Artigat, il a admis qu'après huit ans d'absence, il a pu se tromper sur l'ancienne pointure de Martin Guerre.

Le grand moment est l'audition de Bertrande. Elle arrive bouleversée à la barre. Le regard qu'elle adresse à l'accusé est chargé de crainte, mais aussi d'amour. Celui-ci lui lance d'une voix forte :

– Je t'adjure solennellement, toi Bertrande, ma femme, de prêter ici serment sur le Christ que je suis un imposteur et un faussaire !

Elle s'évanouit sans dire un mot. C'est ce fait qui sera décisif. L'impression est telle dans l'esprit des juges que l'accusé est acquitté... À la sortie de l'audience, Bertrande est là qui l'attend, avec des vêtements neufs. Elle se jette dans ses bras. Ils rayonnent tous les deux. Elle a gagné ! Ils ont gagné !

Ils rentrent à Artigat et reprennent leur vie d'avant. Au village, à présent, on n'est plus absolument certain que l'époux de Bertrande soit Martin Guerre. Mais est-ce vraiment important ?

On les aime bien tous les deux et ils sont si heureux ensemble. Ils ne font de tort à personne. Il faut les laisser tranquilles.

Si, ils font du tort à quelqu'un et ce quelqu'un est moins décidé que jamais à les laisser tranquilles ! Pierre Guerre, qui a perdu en appel, a été condamné aux dépens. Il va devoir payer de très lourds frais de procédure, ce qui porte sa rage à son paroxysme. D'ailleurs, le problème n'est plus là. Ce n'est plus seulement une question d'intérêt, il s'agit de haine pure et simple. Il veut la peau de cet homme, et il l'aura !

Il sait que, pour cela, il n'y a qu'un seul moyen. Réunir de nouveaux témoignages ne servirait à rien : on en a trop entendu, ils ne seraient pas pris en considération. Non, son seul espoir est de retrouver son neveu, le véritable Martin Guerre. Il n'a pas la moindre idée de l'endroit où il se trouve, mais il part à sa recherche. Contre toute raison, malgré son grand âge, il prend la route...

Et il réussit ! Il le découvre quelque part en Espagne – il ne voudra pas dire où – et il revient avec lui à Artigat. La ressemblance est hallucinante : même visage buriné, même yeux noirs, même nez aquilin ; on dirait des jumeaux. La seule différence est que l'arrivant a une jambe de bois. Sa sœur Inès se jette à son cou.

– Oui, c'est mon frère, je le reconnais ! L'autre est un monstre qui m'a trompée.

Bertrande s'évanouit à sa vue. Quand elle reprend connaissance, elle ne peut que balbutier :

– C'est bien toi. J'ai été abusée.

Mais l'autre secoue la tête avec un air mauvais.

– Ma sœur, mon oncle ont pu se tromper, mais pas une épouse. Tu m'as déshonoré !

Pierre Guerre agit. Avec l'aide de quelques villageois, il s'empare de l'autre Martin Guerre, le ligote et le conduit à Toulouse où il est de nouveau emprisonné. Son procès va se rouvrir...

Mais les choses sont loin d'être jouées. Devant le président du Faure, qui instruit de nouveau cette affaire décidément hors du commun, l'accusé se défend comme un beau diable.

– Je suis Martin Guerre ! Mon oncle est allé trouver mon sosie en Espagne. Il est prêt à tout pour me perdre.

Ce n'est pas invraisemblable et le président du Faure fait arrêter aussi l'unijambiste. Il commence son interrogatoire par lui. Il fait un récit identique à celui qu'on a déjà entendu. Il s'est engagé dans les troupes espagnoles. Il a été blessé au siège de Saint-Quentin et amputé d'une jambe. Il est resté dans la région, puis est allé en Espagne où son oncle l'a retrouvé.

Ensuite, a lieu la confrontation entre les deux hommes. C'est un moment extraordinaire, hallucinant ! Les deux sosies, que seule distingue une jambe de bois, s'interrogent mutuellement sur le passé de Martin Guerre et le doute n'est pas permis : celui qui connaît le mieux sa vie est celui que Pierre Guerre accuse d'être Arnaud du Thil ; l'autre, l'unijambiste, se trompe, confond, bafouille. C'est l'homme aux deux jambes qui a le dernier mot. Il pointe un doigt accusateur vers son vis-à-vis :

– Pourquoi ne serait-ce pas toi Arnaud du Thil, dont on parle tant et que mon oncle a fini par retrouver ?...

Le procès a lieu une seconde fois devant le Parlement de Toulouse, en l'absence des deux hommes. On entend uniquement les témoins. Au début, les juges sont hésitants, mais l'unanimité des habitants d'Artigat, qui affirment tous que c'est bien l'unijambiste qui est Martin Guerre, après avoir reconnu Arnaud du Thil, emporte leur décision. Arnaud du Thil « sera livré aux mains de l'exécuteur, qui lui fera faire des tours par les rues et les carrefours d'Artigat et, la corde au cou, l'amènera devant la maison dudit Martin Guerre où une potence sera dressée. Il y sera pendu et étranglé, après quoi son corps sera brûlé ».

La sentence est lue au condamné dans sa cellule. Il est couvert de chaînes. Il ne dit rien. Cette fois, c'est bien fini. Il n'y a plus d'appel, plus de recours possible.

Les juges du Parlement de Toulouse s'en tiennent là. Ils ne

cherchent pas à savoir ce qui s'est passé. Pourtant, le mystère demeure entier. Comment Arnaud du Thil, s'il s'agit bien de lui, a-t-il pu savoir tant de choses sur Martin Guerre et monter une supercherie aussi fantastique ? Comment a-t-il pu tromper tout un village, toute une famille ?

Mais s'ils n'ont pas cette curiosité, un homme l'a à leur place. Le juge de Rieux, qui avait condamné la première fois Arnaud du Thil, vient le trouver dans sa cellule.

– Mon ami, de toute manière vous êtes perdu. Votre seul espoir d'être en règle avec votre conscience est d'avouer. Êtes-vous bien Arnaud du Thil ?

Il y a un moment de silence et la réponse vient.

– Oui.

– Comment avez-vous connu Martin Guerre ?

– Au siège de Saint-Quentin. Il était dans l'armée espagnole comme moi. On a fraternisé parce qu'on était du même pays et qu'on a été frappés par notre ressemblance.

– C'est Martin qui vous a parlé de lui ?

– Oui. Il m'a raconté toute sa vie. C'était un homme amer. Il en voulait à sa femme, à sa famille, à son village. Il m'a raconté des tas de choses sur les uns et les autres et comme j'ai une mémoire excellente, j'ai tout retenu.

– Quand l'idée de votre mystification vous est-elle venue ?

– Je n'avais rien prémédité, je vous le jure. Je rentrais à Sagias et je passais près d'Artigat, quand j'ai entendu un paysan crier : « Voilà Martin Guerre ! » Chez moi, je n'étais qu'un vaurien, sans le sou, sans famille et sans femme, alors la tentation a été trop forte…

– Et Bertrande ?

– Je l'ai trompée, comme les autres.

Le juge n'insiste pas. Ce sera d'ailleurs l'attitude qu'adoptera la justice. Bertrande Guerre ne sera pas poursuivie pour adultère et la fille qu'elle a eue avec Arnaud du Thil sera légitimée pour n'avoir pas à subir les conséquences d'une faute qui n'était pas la sienne.

L'exécution d'Arnaud du Thil eut lieu peu après à Artigat. Promené dans les rues, en chemise, pieds nus, la corde au cou, sous les huées des villageois qui ne lui pardonnaient pas, à présent, de les avoir trompés, il fit preuve du plus grand courage. Après l'amende honorable devant l'église, il fut conduit à la potence, érigée juste devant la maison des Guerre, qui avait été si longtemps la sienne. Sous les yeux de l'unijambiste qui souriait sur le seuil, on lui passa la corde au cou et son corps fut jeté sur le bûcher dressé à côté. Pendant des jours et des jours, la maison resta imprégnée de l'odeur de fumée...

Bertrande s'était cachée pour ne pas assister au supplice. Sa vie était terminée, tout comme celle d'Arnaud. À moins d'appeler une vie l'existence aux côtés du vrai Martin Guerre, rentré aussi niais et insignifiant qu'il l'avait toujours été et, de surcroît, rendu méchant par l'infirmité et la trahison de sa femme...

Car Bertrande l'avait bel et bien trahi. Malgré la clémence de la justice à son égard, il ne peut y avoir de doute sur ce point. Arnaud du Thil, grâce à sa ressemblance avec Martin et à ses confidences aurait pu donner le change quelques jours, à la limite quelques semaines, mais pas plus. Ce n'est que grâce à Bertrande qu'il a pu réussir. Bertrande, qui a forcément su à quelque détail intime qu'il ne s'agissait pas de son mari, a décidé de tout faire pour garder l'homme que le destin lui envoyait. Jour après jour, elle lui a appris tout ce qu'elle pouvait sur Martin Guerre. Il n'y a que le basque qu'elle n'a pas pu lui enseigner, parce qu'elle ne le connaissait pas.

Bien sûr, elle avait des remords, elle était parfois traversée de terribles tourments. Il s'agissait d'un adultère, même si son mari était peut-être mort sans qu'elle le sache, et Pierre Guerre a su profiter d'un de ses moments de faiblesse.

Mais par la suite, l'amour – car elle aimait cet homme – l'a définitivement emporté. Elle s'est battue pour lui de toutes ses forces. Après des années de souffrances, elle avait enfin la vie de femme dont elle avait rêvé. Et il en était exactement de même pour Arnaud du Thil. Lui, le vaurien, le voyou, avait trouvé auprès de Bertrande une paix et un équilibre qu'il n'aurait jamais crus possibles. Il n'était plus le même, il était devenu honnête homme, bon époux et bon père.

Arnaud et Bertrande étaient faits l'un pour l'autre et n'aspiraient qu'à un bonheur tranquille. Ils ont été à deux doigts d'y parvenir, mais la rapacité d'un vieil avare ne l'a pas permis.

L'histoire de Martin Guerre est une histoire triste

Malheureux en amour...

23 décembre 1962. Il y a beaucoup de gens qui se pressent, ce matin-là, sur un quai du Havre, dans l'attente du paquebot *Sainte-Marie* en provenance de la Martinique. C'est une foule colorée, constituée principalement d'Antillais, venus chercher un parent ou un mari qui va passer en France les fêtes de Noël.

Jean-Louis Collard, lui, n'est pas antillais. Il habite Paris et il a fait tout exprès le voyage pour attendre le *Sainte-Marie*. Jean-Louis Collard a vingt-cinq ans. Il n'est pas mal fait de sa personne et sa tenue souligne avantageusement son physique : un pardessus neuf, un costume de bonne coupe, une cravate chatoyante.

Le paquebot *Sainte-Marie* manœuvre pour accoster. Jean-Louis sourit. Tant pis s'il a dépensé ses dernières économies pour s'habiller ! Son salaire d'employé n'est évidemment pas bien gros mais Caroline méritait ce sacrifice. Elle mérite tous les sacrifices. Jean-Louis Collard met la main à la poche gauche de son veston, celle du cœur, et en sort la photo d'une jeune femme d'une vingtaine d'années : une blonde éblouissante, grande et mince, posant dans un maillot deux-pièces à couper le souffle. Comme s'il avait peur de ne pas la reconnaître tout à l'heure lorsqu'elle descendra du débarcadère, comme si Caroline n'était pas inoubliable après l'avoir vue une seule fois, même si ce n'est qu'en photo !

Il y a deux mois qu'il a répondu à une petite annonce, parue dans un journal parisien du soir : « Jeune Martiniquaise,

22 ans, désirant devenir mannequin, souhaite correspondre avec Parisien 25-30 ans, en vue mariage. » Jean-Louis a écrit et il a reçu quelques jours plus tard une réponse avec le fameux cliché qu'il a en ce moment dans sa poche. Caroline Ligier – c'est son nom – avait reçu beaucoup de courrier à la suite de son annonce, mais c'était avec lui qu'elle avait choisi de correspondre. Jean-Louis était son type d'homme.

Au fil des jours et des semaines, leur correspondance est devenue plus tendre. Et, début décembre, Caroline a pris sa décision : elle viendrait le rejoindre en France. Seulement, il y avait un problème : il lui manquait cinq cents francs pour le voyage. Bien que ne roulant pas sur l'or, Jean-Louis s'est empressé de lui envoyer la somme en liquide comme elle le lui avait demandé et, la semaine dernière, c'était la lettre tant attendue : « J'arrive au Havre le 23 décembre, par le paquebot *Sainte-Marie*... »

Il y a une bousculade : la passerelle vient d'être posée. Jean-Louis Collard joue des coudes pour ne pas se laisser distancer. Les premiers passagers débarquent. Le jeune homme fixe intensément cette file, au milieu de laquelle va paraître, dans quelques instants, son merveilleux cadeau de Noël.

Il y a un bon quart d'heure que le débarquement a commencé et le flot devient moins dense. Caroline sera donc parmi les dernières. Malgré son impatience, Jean-Louis sourit : comme toutes les filles, Caroline est coquette. Elle est sûrement en train de se faire belle pour lui...

Peu à peu la foule du quai s'est clairsemée, les couples et les familles qui se sont retrouvés vont rejoindre leur voiture ou prennent la direction de la gare maritime. Jean-Louis Collard éprouve une impression désagréable quand il voit une des grues du bateau pousser doucement sur le quai une énorme caisse. De là où il est, il peut même lire l'inscription : « Bananes ». Qu'est-ce que cela veut dire ? Si l'on débarque les marchandises, c'est que tous les passagers sont déjà partis. Et effectivement, il n'y a plus maintenant sur la passerelle que des marins ou des dockers qui vont et viennent. Pas de Caroline Ligier !

Et c'est alors que Jean-Louis Collard a une impression plus désagréable encore... Il reste une cinquantaine de personnes à attendre devant le débarcadère. Mais curieusement, ce sont tous des jeunes gens de son âge, vingt-cinq ans environ. Jean-Louis les observe. Ils sont habillés avec recherche : costume et pardessus impeccables, cravate soignée et ils ont l'air particulièrement fébriles. Plusieurs d'entre eux consultent impatiemment leur montre.

Pris d'un horrible pressentiment, Jean-Louis Collard s'approche de celui qui se trouve le plus près de lui.

– Excusez-moi, monsieur, mais vous n'attendriez pas quelqu'un ?

– Eh bien oui, je...

– Une jeune fille ?

Cette fois l'interlocuteur de Jean-Louis commence à son tour à comprendre... D'un même mouvement, tous deux sortent une photo de leur poche gauche, celle du cœur. Ils poussent le même cri :

– Caroline !

En entendant le prénom, les quarante-huit autres jeunes gens bien habillés se tournent dans leur direction. Ils les regardent, ébahis, et, tout en s'approchant d'eux, mettent d'un même mouvement la main à la poche gauche, celle du cœur.

L'instant d'après, cinquante personnes, groupées en un cercle muet, contemplent d'un air lamentable cinquante photos de Caroline Ligier, qui leur adresse à chacun son sourire inimitable dans son maillot deux-pièces à couper le souffle.

Le commissaire Ferrand, du Havre, a un mal fou à endiguer tous ces jeunes qui crient et gesticulent en même temps en brandissant la photo d'une jeune fille, pas mal du tout d'ailleurs... Il ne comprend rien à leur histoire. La seule chose rassurante, c'est qu'habillés comme ils le sont, ce ne sont certainement pas des voyous. Alors une noce ? Les membres d'un club ? Le commissaire désigne du doigt Jean-Louis Collard, qui se trouve le plus près de lui.

– Taisez-vous tous ! Vous, là, parlez !

Jean-Louis montre sa photo d'un air rageur.

– Elle nous a promis le mariage et elle nous a extorqué de l'argent.

Le commissaire Ferrand a le sourire heureux du monsieur qui vient de comprendre.

– Bon. Combien ?

– Cinq cents francs.

– Moi aussi.

– Moi aussi !

Le commissaire attend que les « Moi aussi » se soient tus et poursuit :

– Nom de la personne ?

La réponse lui parvient, jaillie de cinquante poitrines :

– Caroline Ligier.

– Adresse ?

Même réponse collective, avec un bel ensemble de chœur d'opéra :

– 23, avenue de la République, Fort-de-France.

– Profession ?

– Mannequin.

– Enfin, elle voulait être mannequin, précise Jean-Louis Collard, qui a le sens de la nuance.

Voilà qui est dit... Le commissaire Ferrand remercie ces messieurs en s'abstenant, non sans mal, de tout sourire ironique, et, après leur départ, il se retrouve enfin seul dans son bureau. Si le début de l'affaire était plutôt surprenant, la suite semble relever de la routine. Avec un nom, une adresse et une photo, il ne sera pas difficile de mettre la main sur cet escroc en jupons, pense le commissaire. Il suffit de transmettre le tout aux collègues de Fort-de-France...

Dominique Saint-Esprit est inspecteur au commissariat central de Fort-de-France. Il n'éprouve, lui, aucun sentiment particulier en se rendant au 23, avenue de la République pour arrêter une certaine Caroline Ligier.

Le 23, avenue de la République est l'un de ces grands ensembles, rares à l'époque, où les facteurs déposent le courrier dans des boîtes disposées dans le hall. Sur l'une d'elles figure effectivement le nom de Caroline Ligier ou plutôt, deux noms : Benjamin Lefrançois/Caroline Ligier. Voilà qui complique un peu les choses... Après avoir sonné vainement à l'appartement, l'inspecteur va trouver le gardien. Celui-ci n'a pas grand-chose à lui apprendre.

– Le monsieur a donné son congé par lettre. Il disait qu'il partait pour Paris... Non, franchement, je ne me souviens pas d'eux. Vous savez, il y a tellement de monde dans l'immeuble et tellement de passage. J'ai dû le voir, lui, une fois ou deux, c'est tout.

La perquisition effectuée avec le passe-partout du concierge ne donne rien de bien intéressant. Visiblement, l'appartement où les lettres des soupirants sont venues mourir est abandonné : quelques meubles du genre camping, rien d'autre, aucun objet personnel, aucun vêtement.

L'inspecteur Saint-Esprit rend compte à son chef du résultat de ses investigations... Puisque les deux complices sont partis pour Paris, celui-ci décide de retransmettre toute l'affaire à ses collègues de la capitale.

Et c'est ainsi que, le 2 janvier 1963, l'inspecteur parisien Joël Rolland inaugure l'année nouvelle avec l'affaire Caroline Ligier-Benjamin Lefrançois. Joël Rolland, qui n'a pour tout indice que la photo de la jeune femme – car le nom est sans doute faux –, se met à l'ouvrage sans perdre de temps. Et il a une idée, une idée toute simple, mais ce sont souvent les meilleures . dans ses lettres à ses soupirants, Caroline a prétendu être mannequin, ou vouloir le devenir. Si c'était vrai ? Cela ne coûte rien de vérifier...

Et cela marche ! Le répertoire professionnel de la haute couture contient, en effet, une superbe blonde élancée à vous couper le souffle. Pas de doute, c'est elle, c'est Caroline Ligier. Car, en plus, c'est son vrai nom.

L'adresse mentionnée est bonne, elle aussi, et, quelques heures plus tard, l'inspecteur Joël Rolland se trouve en face de la jeune fille. C'est elle-même qui vient lui ouvrir. Décidément, toute cette affaire aura été bien plus facile que prévu !

Caroline Ligier est conforme à sa photo, avec l'avantage indéniable du naturel. Elle manifeste une touchante surprise lorsqu'il lui décline ses fonctions.

– La police ! Mais mon Dieu, pourquoi ?

L'inspecteur Rolland aurait préféré se montrer galant, mais le service a quelquefois des exigences cruelles. Il répond d'une voix ferme :

– Fort-de-France, cela ne vous dit rien ?

Cette fois, la jolie Caroline se départ de son calme.

– Et alors ? C'était mon droit. Personne ne pouvait m'obliger à épouser quelqu'un contre mon gré. Vous n'avez rien à me reprocher.

Malgré la moue charmante de la jeune femme, l'inspecteur Rolland commence à se fâcher. Il sort de la poche de son manteau la pile de cinquante photos et les pose sur la table devant lui.

– Et cela, vous ne connaissez pas ? Et votre complice, Benjamin Lefrançois, vous ne l'avez jamais vu, non ?

Sur le frais visage du mannequin, passent toutes les nuances de l'incompréhension.

– Qu'est-ce que c'est que toutes ces photos ? Benjamin, bien sûr que je le connais. Mais ce n'est pas mon complice, c'est l'inverse.

Cette fois, les choses deviennent franchement difficiles à suivre… L'inspecteur Rolland s'assied sans y avoir été invité sur un canapé moelleux en évitant de penser à autre chose qu'aux raisons professionnelles qui l'ont amené en ces lieux.

– Puis-je vous demander de vous expliquer, mademoiselle ?

Le charmant mannequin s'exécute d'une voix qu'elle ne peut s'empêcher d'être suave.

– J'ai passé une petite annonce matrimoniale dans un journal martiniquais il y a un an. Il n'y a pas de mal à cela, je pense.

– Dans quel but ?

– Dans le but de me marier, pardi ! J'ai eu plusieurs

réponses. J'ai choisi de correspondre avec Benjamin Lefrançois, un jeune homme sans grande fortune, mais qui m'avait semblé gentil. Nous avons échangé des lettres pendant pas mal de temps. Il est devenu très épris. Il m'a proposé le mariage. Alors...

Caroline Ligier a une expression de gêne tout à fait exquise.

– Alors j'ai décidé d'aller là-bas, mais je n'avais pas assez d'argent. C'est de lui-même qu'il m'a proposé de me payer le voyage.

L'inspecteur Rolland commence à comprendre.

– Et une fois sur place ?

– Eh bien, il ne m'a pas plu du tout. Nous nous sommes vus une seule fois et je lui ai dit que cela suffisait comme cela.

– Mais vous êtes quand même restée.

– Bien sûr, quinze jours. Je n'avais pas fait un pareil voyage pour repartir le lendemain.

– De sorte que vous avez profité d'un voyage gratuit...

Caroline Ligier se prépare à protester avec véhémence, ce qui permet à l'inspecteur de constater que la colère lui va aussi bien que tout le reste. Mais il l'apaise d'un geste.

– Calmez-vous, je ne vous accuse de rien à ce sujet. Parlez-moi plutôt de la suite.

– La suite ? Mais quelle suite ?

– Ces cinquante photos de vous, ces cinquante fois cinq cents francs, cette cohorte de jeunes gens qui vous attendaient au bateau du Havre.

Caroline se prend la tête dans les mains. Elle semble totalement sincère.

– Mais je n'y comprends absolument rien, je vous le jure !

– Et votre nom qui figurait sur la boîte aux lettres du 23 avenue de la République ?

Même désarroi dans les yeux bleus du mannequin.

– Le 23, avenue de la République, c'était justement l'adresse de Benjamin Lefrançois. Je n'y ai jamais habité, et pour cause !

– Et Benjamin Lefrançois avait votre photo ?

– Évidemment. Je la lui avais envoyée avec ma première lettre...

Avec regret, l'inspecteur prend congé de son éblouissante interlocutrice, non sans lui avoir adressé quelques paroles de réconfort. Il est pratiquement certain qu'elle ne ment pas et il a compris le déroulement d'une escroquerie au mécanisme pour le moins inhabituel.

Dans un premier temps, Benjamin Lefrançois, un jeune Martiniquais, répond à l'annonce de Caroline. La photo du mannequin qu'il reçoit en retour produit l'effet attendu. Lorsqu'elle parle mariage, il se ruine sans hésiter pour lui offrir le voyage. Après avoir été repoussé, il estime à tort ou à raison – mais sans doute à raison – qu'il a été victime d'un abus de confiance. Le joli mannequin n'avait jamais eu l'intention de se marier avec quiconque et avait trouvé ce moyen peu délicat de se faire offrir un voyage aux Antilles.

Les choses auraient pu s'arrêter là. Seulement, Benjamin Lefrançois est un malin. Il fait faire une cinquantaine de copies de la photo de Caroline et passe une annonce dans un journal parisien. Il a donné sa propre adresse et s'est contenté d'adjoindre le nom de la jeune fille sur sa boîte aux lettres. Ensuite, il n'a plus qu'à répondre, photo à l'appui, aux lettres enflammées. Et les autres sont aussi crédules que lui. Il suffit de prononcer le mot de mariage pour qu'ils envoient l'argent du voyage. Quelle revanche ! Quelle manière élégante de retourner la situation ! Décidément, l'inspecteur Rolland aimerait bien retrouver ce Lefrançois…

Malheureusement pour lui et pour la moralité de cette histoire, Benjamin Lefrançois n'a jamais été arrêté. Les vingt-cinq mille francs qu'il a touchés de ses victimes – une somme importante en 1963 – lui ont sans doute suffi pour se mettre à l'abri définitivement. Dans toute cette affaire, il aura bénéficié d'une chance insolente.

Quoi d'étonnant, après tout ? N'avait-il pas commencé par être malheureux en amour ?

Madame la conseillère

Edith Nagel est assise devant une table du café de l'Univers, un des rares endroits bien fréquentés de Vienne, en ce printemps 1946. Elle fait la grimace en ajoutant deux petites pastilles de saccharine dans son infusion de tilleul. Le temps des chocolats crémeux et des pâtisseries qui faisaient la réputation de l'établissement est bien loin. C'était avant la guerre, avant les restrictions, avant la mort de son mari, conseiller à la Haute Cour de justice.

À cinquante-cinq ans, Edith Nagel, que ses amis appellent toujours « madame la conseillère », fait de son mieux pour paraître à son avantage. Elle s'habille de couleurs discrètes qui conviennent à son récent veuvage – du mauve, du gris, des tons feuille-morte – et ses ensembles sont tous du meilleur goût.

Edith Nagel tourne avec application sa petite cuiller dans sa tasse de tilleul. Elle a toujours ses beaux yeux bleus, son regard candide, même si maintenant ils sont un peu tristes. Elle a gardé aussi un teint éclatant, et pourtant, les années qui viennent de s'écouler ont été dures pour elle.

La mort de son mari a été un véritable drame. D'abord parce qu'elle l'aimait et ensuite parce qu'elle se reposait entièrement sur lui. Tout au long de ses hautes fonctions dans la justice, il avait amassé beaucoup d'argent qu'il avait placé pour elle dans des bijoux, des œuvres d'art, des meubles rares. À son décès, Edith ne s'est pas retrouvée dans le besoin. Elle était riche et elle avait bien assez pour vivre sans problème jusqu'à la fin de ses jours. Seulement, l'argent, elle n'avait jamais su ce que c'était. Elle s'était contentée jusque-là de laisser faire un mari généreux et qui s'occupait de tout.

Et c'est alors que s'est produit un événement inattendu. Fin 1945, dans le cadre des mesures pour les réfugiés et les sans-abri, la municipalité de Vienne a obligé Edith Nagel, qui habitait seule dans un grand appartement au centre de la ville, à prendre un locataire.

C'est une femme de quarante-cinq ans qui s'est présentée chez elle, quelques jours plus tard, avec le bon signé de la mairie. Une veuve de guerre, Marguerite Hafner. Tout de suite elles ont sympathisé. Marguerite – car elle l'a rapidement appelée par son prénom – était tout le contraire d'elle-même : une femme active, volontaire, avec un sens pratique à toute épreuve. Sa nouvelle pensionnaire lui a d'abord rendu quelques petits services et puis elle lui a proposé de gérer son budget. Et maintenant, c'est elle qui administre ses biens, à son plus grand contentement. Presque miraculeusement, Edith a trouvé à la fois une dame de compagnie et une femme d'affaires avisée…

Edith Nagel, « madame la conseillère », adresse un petit sourire à Marguerite Hafner qui lui fait face dans la salle bondée du café de l'Univers. Sa compagne est vêtue sans trop de goût, d'un tailleur sombre plus très jeune et d'un chapeau un peu ridicule à aigrette. Toutes les deux passent le temps. C'est leur seule sortie hebdomadaire. Il n'y a pas beaucoup de distractions à Vienne, en cet immédiat après-guerre.

– Pardonnez-moi, madame…

Edith Nagel lève la tête. Un homme d'une trentaine d'années s'adresse à elle, légèrement incliné. Il est élégant et tient à la main ses gants et son chapeau. Il a une petite moustache blonde, le visage distingué, les cheveux soigneusement coiffés. Edith l'interroge du regard. Le jeune homme continue en s'exprimant avec la même courtoisie.

– Il n'y a plus de table libre. M'autorisez-vous à prendre place à la vôtre ?

Les deux dames ne sont pas choquées. Il faut préciser qu'en Autriche et en Allemagne, on partage beaucoup plus volontiers sa table dans un lieu public que chez nous.

« Madame la conseillère » invite donc, d'un sourire, le jeune homme à s'asseoir. Il se présente : Klaus Vogler. Et puis, devant une tasse d'infusion, on discute. Edith en vient tout de suite à son sujet favori : la littérature. Avec son interlocuteur, ils parlent avec animation pendant un long moment ; lui aussi a lu les derniers romans à la mode. Edith Nagel est ravie, presque émerveillée. Quel garçon charmant, intelligent et cultivé !

– Vous êtes sans doute professeur de lettres.

Le jeune homme a un sourire d'excuse.

– La littérature est ma passion, mais ce n'est malheureusement pas mon métier. Je suis dans le commerce.

Au bout d'une heure, on se sépare. Klaus Vogler s'incline vers Edith pour un baisemain impeccable et fait de même avec Marguerite, qui n'a pris aucune part à la conversation. De loin, plusieurs dames, amies de « madame la conseillère », n'ont rien perdu de la scène. Elles se jettent des regards mi-amusés, mi-réprobateurs. Ce qu'elles ne savent pas, c'est qu'en partant, Edith Nagel vient d'inviter Klaus Vogler chez elle, la semaine suivante, pour parler littérature…

En terminant son infusion, celle-ci lance un sourire à la fois ingénu et ravi à sa compagne de table.

– Je ne m'attendais pas à une rencontre aussi agréable…

Une semaine plus tard, un coup de sonnette retentit à la porte du luxueux appartement de madame la conseillère. Edith Nagel se précipite pour accueillir son invité. Il est encore plus élégant que la première fois. Il tient à la main un gros bouquet de roses. Edith a un air de confusion.

– Oh, il ne fallait pas, monsieur Vogler ! Venez, j'ai préparé un petit goûter. J'ai tout fait moi-même.

Les deux dames et le jeune homme prennent place autour de la table recouverte d'une nappe en dentelle. Il y a du café, du vrai café, et puis surtout, dans une corbeille, des croissants qu'Edith a faits selon sa recette d'avant-guerre : nappés de chocolat et fourrés à la pâte d'amandes. Ce qu'elle ne dit pas, c'est que tout cela lui a coûté une petite fortune au marché noir : exactement un diamant monté sur une paillette d'or. Mais elle ne regrette rien. C'était celui de ses bijoux auquel elle tenait le moins et elle en a d'autres, beaucoup d'autres.

La conversation est peut-être un peu moins animée que la première fois. En fait, c'est surtout Edith Nagel qui parle. Marguerite, qui n'a jamais eu de goût particulier pour la littérature, se soucie avant tout de ne pas perdre une miette de ce festin et s'intéresse exclusivement aux croissants. Quant à Klaus Vogler, il s'exprime avec une certaine réticence. Il semble impressionné et même gêné par le luxe de cette réception.

Une fois qu'il est parti, Edith ne tarit pas d'éloges sur ce merveilleux jeune homme. Et le lendemain, elle est plus exubérante encore quand elle reçoit de lui une lettre de remerciements. Elle la lit et la relit à sa locataire.

– Vous vous rendez compte, Marguerite, quelle distinction dans la manière de s'exprimer ! Et puis cette formule finale : « Je vous baise mille fois la main… »

La dame de compagnie sourit.

– Eh bien, répondez-lui. Il y a son adresse sur le papier à lettres.

Edith se met à rougir.

– Voyons, ce ne serait pas convenable !

Mais son amie insiste.

– Pour une personne de votre âge et de votre situation, ça ne peut pas être compromettant. Dites-lui seulement qu'il sera toujours le bienvenu chez vous.

Madame la conseillère se laisse convaincre. Dans le fond, elle ne demandait que cela. Le lendemain, Marguerite va poster sa lettre, car c'est elle qui s'occupe de toutes ces choses matérielles, et toutes deux attendent la réponse…

Trois semaines, un mois passent : rien, pas la moindre lettre. Edith Nagel, sans trop oser le montrer à son amie, s'impatiente. Chaque matin, à l'arrivée du courrier, elle se précipite et puis elle revient sans dire un mot. Son humeur s'est assombrie, elle est devenue irritable.

Enfin arrive la lettre tant attendue. Curieusement, elle n'a pas été postée de Vienne, mais de Badgastein, la grande station de sports d'hiver près de Salzbourg.

Oui, c'est bien Klaus Vogler qui écrit. Mais ce ne sont pas de bonnes nouvelles. Le malheureux est à l'hôpital, il souffre d'une grave affection des poumons et il ne sait pas combien de temps va durer son traitement. Comme il se sent seul, il a profité d'une de ses longues journées d'inactivité forcée pour écrire à celle dont il a gardé un souvenir ému. Dans sa lettre, il parle de ses lectures, mais malheureusement, en raison des frais d'hôpital, il ne peut pas se procurer autant d'ouvrages qu'il le souhaiterait. Il termine en évoquant les merveilleux croissants et en baisant « mille fois la main » de madame la conseillère.

Edith Nagel reste un long moment à relire la lettre. Elle est bouleversée. Comme elle avait eu tort d'accuser le jeune homme de ne pas lui répondre par indifférence ! Elle se sent coupable. Il faut absolument faire quelque chose.

Encore une fois, c'est Marguerite qui la tire d'embarras.

– Si vous voulez, je peux me charger de négocier quelques valeurs et puis nous enverrons l'argent à Klaus. Comme ça, bientôt il sera de nouveau parmi nous.

Edith accepte avec empressement la proposition. Elle demande à Marguerite de vendre ce qu'il faut et d'envoyer l'argent à l'hôpital de Badgastein. Seulement, elle tient absolument à y joindre un colis de croissants, cela lui fera tellement plaisir !

Marguerite s'occupe de tout et deux jours plus tard, elle annonce à son amie que tout a été fait selon ses désirs...

La lettre suivante vient d'Italie où le jeune homme est en convalescence. Il remercie chaleureusement pour l'argent et les si délicieux croissants. Hélas, il a d'autres difficultés : il s'est fait voler ses valises pendant le voyage.

Encore une fois, madame la conseillère intervient et Marguerite se charge de faire parvenir à l'adresse indiquée tout l'argent nécessaire.

Et les lettres continuent, pendant des mois et même des années.

Curieusement, la vie du jeune homme n'est qu'une succession de coups du sort, tous plus terribles les uns que les autres. Il semble que la mauvaise fortune s'acharne sur lui. Edith Nagel répond chaque fois par un envoi d'argent qu'elle accompagne d'une lettre affectueuse en lui souhaitant de s'en sortir très vite pour qu'il puisse revenir la voir. Son coffret à bijoux se vide mais Edith ne regrette rien. À quoi lui aurait servi tout cet argent ? De cette manière au moins, elle le dépense pour une bonne cause, pour quelqu'un qui en vaut la peine. Et puis tout cela remplit sa vie ; elle ne se sent plus seule, elle se sent même utile.

Les bonnes amies de madame la conseillère ne parlent plus que d'elle. C'est devenu leur sujet de conversation préféré.

– Tout de même, vous vous rendez compte, à son âge ! Dans le fond, elle est plutôt à plaindre la malheureuse...

Certaines ont même essayé de la mettre en garde contre ce jeune aventurier qui, de toute évidence, est en train de la dépouiller de toute sa fortune.

Mais à toutes les mises en garde, à tous les conseils plus ou moins charitables, Edith répond imperturbablement :

– Ce n'est pas vrai ! J'ai confiance en lui...

15 juin 1953. Edith Nagel, madame la conseillère, correspond depuis sept ans déjà avec son protégé Klaus Vogler qu'elle a vu en tout et pour tout deux fois : au café de l'Univers, lors de leur première rencontre, et chez elle, à goûter, une semaine plus tard.

Mais cette fois, devant la dernière lettre de Klaus, Edith reste un long moment pensive. Elle est même bouleversée et il y a de quoi. Le courrier est expédié de Nice. Klaus Vogler vient de faire un héritage : une somptueuse villa au bord de la mer. Pour en bénéficier, il n'a que les droits de succession à payer. Il en mentionne pour mémoire le montant. Mais surtout, comme cette maison est trop grande pour lui seul, il demande à sa chère bienfaitrice de venir vivre avec lui. En tout bien tout honneur, cela va de soi. Si elle le veut, elle n'a qu'à vendre tous ses biens pour le rejoindre.

Pendant des jours et des jours, Edith Nagel réfléchit. Et

encore une fois, c'est sa locataire, Marguerite Hafner, qui parvient à la convaincre. La vie est courte : pourquoi ne pas passer le restant de ses jours dans le merveilleux climat de la Côte d'Azur ? Bien des personnes de son âge s'y installent pour leur retraite. Et en plus, elle pourra profiter tant qu'elle voudra de la présence de Klaus. Il n'y a pas à hésiter. Edith n'a pas d'héritier et elle, Marguerite, se charge de tirer le meilleur prix de tous ses biens.

Alors, Edith Nagel cède. Elle se laisse aller à une sorte de vertige. Elle répond à Klaus – en joignant à sa lettre le règlement des droits de succession – qu'elle vend tout et qu'elle arrive...

Le 18 juillet 1953, une femme distinguée attend seule sur un quai de la gare de l'Ouest à Vienne devant le train de Nice. Elle fait les cent pas nerveusement. Une dernière fois, elle se pose la question : est-ce bien raisonnable de tenter l'aventure à soixante-deux ans ? Mais tant pis, c'est trop tard. Elle a franchi le pas, elle ne peut plus revenir en arrière. Dans quelques instants, Marguerite sera là, avec les valises, les billets et, dans une mallette, sa fortune... Chère Marguerite qui, jusqu'au bout, s'est occupée de tout. Sa nouvelle vie, c'est un peu à elle qu'elle la doit !

Mais les minutes passent et Marguerite n'arrive pas. Le chef de gare donne un coup de sifflet. « Ce n'est pas possible... », pense Edith. Mais si, c'est possible ! Le train de Nice s'en va lentement et, avec lui, tous ses espoirs, tous ses rêves.

Madame la conseillère se retrouve toute seule, toute bête sur le quai, et elle se met à pleurer. Un employé des chemins de fer s'approche d'elle. Il lui tape gauchement sur l'épaule.

– Alors, la petite dame, y a quelque chose qui va pas ?

Au commissariat, Edith Nagel raconte tout. Son récit est confus, entrecoupé de larmes, mais le commissaire est vite édifié : une dame d'un certain âge qui s'est laissé prendre au charme d'un aventurier sans scrupules, et vraisemblablement avec la complicité de la dame de compagnie de la fidèle Marguerite.

Avant tout, il faut retrouver ce Klaus Vogler. D'après ses lettres – c'est la seule chose qu'Edith ait gardée avec elle –, c'est quelqu'un qui se déplace beaucoup en Europe. La police de Vienne alerte donc ses confrères niçois.

Pourtant, une semaine plus tard, c'est en Autriche que les policiers retrouvent Klaus Vogler, à Salzbourg précisément, où il s'était installé depuis plusieurs années et où, apparemment, il ne tentait pas de se cacher. Il est immédiatement conduit à Vienne devant le commissaire chargé de l'enquête.

Dans le bureau, Klaus Vogler proteste avec indignation. Mais le commissaire l'interrompt brutalement.

– Badgastein et la maladie des poumons, ça ne vous dit rien ? Pas plus, j'imagine, que les valises volées en Italie. Et les droits de succession sur votre prétendue maison de Nice, cela n'évoque pour vous aucun souvenir ? Pourtant, c'est tout récent.

Klaus Vogler s'énerve de plus en plus.

– Mais qu'est-ce que ça veut dire ? Je n'ai jamais été à Badgastein, ni en Italie, ni à Nice. Je n'ai jamais quitté l'Autriche de ma vie. Je suis à Salzbourg depuis 1946 comme chef des ventes d'un grand magasin.

Le commissaire tape du poing sur la table.

– Et Edith Nagel, ça ne vous dit rien non plus ? Vous ne l'avez jamais vue peut-être, vous ne lui avez jamais écrit ?

Il y a un moment de silence. L'homme a l'air de chercher dans ses souvenirs.

– Edith Nagel... vous dites ? Non franchement, je ne vois pas.

– Vous l'avez rencontrée en 1946 au café de l'Univers et elle vous a invité à un goûter chez elle.

Pour la première fois, la figure de Klaus Vogler s'éclaire.

– Ah oui, je me souviens. Une femme d'un certain âge, un peu exaltée. Elle m'avait écrit une lettre après la réception chez elle. Je n'y ai pas répondu, car j'ai pensé que ça pouvait être... des avances. D'ailleurs, presque tout de suite après, j'ai quitté Vienne pour Salzbourg.

Dans un geste un peu théâtral, le commissaire jette le paquet de lettres sur le bureau. Klaus Vogler les examine avec des yeux ronds. Il pâlit.

– Mais c'est une machination, une effroyable machination ! Ce n'est pas mon écriture, et puis, je vous répète que je n'ai jamais quitté Salzbourg. Vous pouvez vérifier…

Effectivement, la police vérifie et elle doit constater avec stupeur que Klaus Vogler dit la vérité. Il n'est strictement pour rien dans l'affaire. Tout s'est passé à son insu. On s'est servi de lui pour monter toute cette incroyable histoire.

Alors qui ? Marguerite Hafner, bien sûr, la dévouée dame de compagnie et femme d'affaires d'Edith Nagel !

Son signalement est diffusé à toutes les polices européennes et, cette fois, elle est arrêtée à Paris.

Car c'est elle qui avait tout fait, tout imaginé. À son procès, qui s'ouvre en octobre 1955, elle s'explique avec franchise et même un certain cynisme.

– Quand j'ai vu l'effet qu'avait produit à Edith ce petit jeune homme, je me suis dit que je pourrais en profiter. Je lui ai conseillé de lui écrire et j'ai rédigé les réponses. Pendant qu'elle rêvait à son Klaus, c'est moi qui écrivais ses lettres dans la pièce à côté…

Marguerite Hafner n'a pas voulu dire grâce à quel complice elle avait fait poster les lettres à partir des endroits les plus divers. Peut-être s'agissait-il d'un amant, avec lequel elle entretenait une relation à l'insu de la conseillère. Quoi qu'il en soit, elle a été condamnée à cinq ans de prison et la malheureuse Edith Nagel n'a pu récupérer qu'une petite partie de sa fortune. Pourtant, ce qui l'a le plus touchée, c'est la perte de ses illusions, l'effondrement de son rêve. Pendant sept ans, elle avait poursuivi une chimère. Elle s'était imaginé avoir un compagnon lointain, être utile à quelqu'un, même s'il profitait d'elle, et en fait elle avait été seule, absolument seule de bout en bout !

Quand on a appelé à la barre comme témoin Klaus Vogler, madame la conseillère a eu un dernier choc, le plus dur peut-être. Elle a vu se lever un homme blond quelques bancs devant elle. C'était à lui qu'elle avait écrit pendant sept ans, c'était pour lui qu'elle s'était presque ruinée, c'était auprès de lui qu'elle avait accepté de finir ses jours et, depuis le début du procès, elle ne l'avait pas reconnu !

La valise noire

14 mars 1960. Un homme d'une quarantaine d'années s'approche du guichet d'enregistrement de l'aérogare des Invalides à Paris. Il n'a pas le physique habituel des hommes d'affaires qui constituent la clientèle presque exclusive des vols aériens. Car, en cette année 1960, prendre l'avion est encore loin d'être une chose courante.

L'homme est grand. Il a une carrure imposante, le teint rouge, les cheveux blonds coiffés en brosse un peu n'importe comment, les mains calleuses. Il ne semble pas très à l'aise dans son costume bleu marine de bonne coupe. Bref, il a tout du paysan endimanché. Il tient à la main pour tout bagage une petite valise noire.

Il tend à l'employé un billet aller et retour de première classe pour New York au nom de Pierre Bernard. Le préposé lui remet un ticket d'embarquement et s'apprête à prendre la valise pour la poser sur le tapis roulant. Mais Pierre Bernard arrête son geste. Il s'exprime avec un fort accent berrichon.

– Ah non, mon gars ! Ma valise, je veux la mettre moi-même dans le car. Et puis d'abord, je veux prendre une assurance pour ce qu'il y a dedans. On m'a dit que c'était possible.

Assez interloqué, l'employé de l'aérogare répond :

– Oui, effectivement. Pour quelle somme ?

– Trente millions… anciens bien entendu !

Cette fois le préposé manque de tomber à la renverse. Un Berrichon qui va à New York en première classe, ce n'est déjà pas courant, mais avec trente millions dans sa valise, ça doit être la première fois de l'histoire.

– Mais qu'est-ce que vous avez là-dedans ? De l'or ?

– J'ai mieux que ça, mon gars : des tableaux... Et puis des beaux ! Enfin, c'est ce qu'on m'a dit parce que, moi, je n'y connais pas grand-chose. Il y a deux Manet, deux Renoir et un Dufy.

L'employé s'étrangle de saisissement.

– Mais vous n'avez pas le droit de sortir tout cela de France ! Il faut des certificats, des autorisations...

Pierre Bernard met la main à sa poche. Il en sort un volumineux paquet contenant un vieux portefeuille élimé, une montre de gousset, des billets de banque en vrac, quelques bouts de ficelle et des papiers de toute sorte. Il opère un tri rapide et exhibe deux documents.

– Voilà, mon gars : l'autorisation d'exporter signée des douanes et celle signée par l'expert des musées nationaux. C'est-y pas en règle ?

C'en est trop pour le malheureux employé qui, totalement dépassé par la situation, court prévenir ses supérieurs. Lesquels ne peuvent que constater la parfaite régularité des pièces officielles et établissent donc à M. Pierre Bernard, domicilié à Saint-Pé dans l'Indre, une assurance de trente millions anciens pour deux Manet, deux Renoir et un Dufy. Ensuite de quoi, le directeur de l'aérogare, deux employés et un policier accompagnent Pierre Bernard jusqu'au car. Le Berrichon pose lui-même sa valise dans la soute à bagages, attend, en compagnie de sa petite escorte, que les autres valises soient placées et la soute verrouillée, puis il monte dans le car, qui démarre aussitôt.

Bien entendu, les services des Invalides préviennent Orly de l'arrivée du précieux chargement. Un agent commercial, un douanier et un policier se rendent à l'heure dite sur l'aire de stationnement du car. Le véhicule des Invalides est déjà là depuis quelques instants. La main sur la poignée, le bagagiste s'apprête à ouvrir la soute mais l'agent commercial l'interrompt :

– Attendons la présence du propriétaire.

Celui-ci descend du car en grimaçant un peu, sans doute parce que ses souliers vernis lui font mal. Il lance :

– Vous pouvez ouvrir, mon gars !

Le bagagiste ouvre et, l'une après l'autre, dépose les valises sur son chariot. Il y en a de toutes les tailles et de toutes les couleurs : des blanches, des marron, des écossaises, une petite noire… Non, ce n'est pas elle. L'employé a presque fini de décharger, tandis qu'une sensation de plus en plus désagréable commence à gagner tout le monde…

Enfin, le bagagiste ressort des profondeurs du car avec un sac à dos décoré d'un drapeau britannique et annonce laconiquement :

– C'est le dernier.

L'attaché commercial est livide.

– Cherchez encore… Vous avez mal regardé. Ce n'est pas possible !

L'employé s'exécute, en même temps que Pierre Bernard, qui part lui-même explorer la soute en répétant :

– Cré bon soir !

Mais une minute plus tard, ils ressortent tous les deux bredouilles. Le Berrichon explose soudain en hurlements :

– Au voleur ! Au voleur !

Les bagages sortis sont passés au crible. Mais aucun doute n'est possible : la petite valise noire avec les tableaux de maîtres a disparu.

Quelque temps plus tard, Pierre Bernard est dans le bureau du commissaire d'Orly, Michel Gautier. Celui-ci se fait donner plus de précisions.

– Enfin, monsieur, comment ces toiles étaient-elles en votre possession ?

Le Berrichon semble choqué de la question.

– Parce qu'elles étaient à moi, cette idée !

– J'entends bien. Mais…

– Je n'ai pas une tête à avoir des tableaux de musée ? Je suis sûr que c'est ça que vous voulez dire… Eh bien, je les ai hérités de ma grand-mère en même temps que sa maison.

Ils étaient dans le grenier. Ma grand-mère, c'était la honte de la famille. Une femme formidable ! Elle était montée à Paris à dix-huit ans et elle avait fait fortune comme cocotte. Elle est revenue au pays vingt ans plus tard, complètement ruinée, mis à part les tableaux dont elle n'avait parlé à personne. Je suis l'unique héritier et j'ai payé les droits de succession, vous pouvez vérifier…

Le commissaire Gautier est satisfait d'avoir une explication rationnelle concernant un des points de cette histoire peu ordinaire.

– Et ces toiles, vous alliez les vendre à New York ?

– Oui, monsieur. Parce que les prix sont meilleurs là-bas, vu qu'on ne prélève pas une taxe comme chez nous pour garantir aux acheteurs l'authenticité des œuvres.

Le commissaire Michel Gautier admire les connaissances du Berrichon en matière de législation commerciale. Décidément, c'est un personnage surprenant.

Celui-ci d'ailleurs reprend la parole :

– Bon. Maintenant que vous m'avez posé vos questions, je vais vous poser les miennes. Comment elle a pu disparaître ma valise ? Et comment vous allez faire pour la retrouver ? Parce que, faudrait pas confondre : je ne suis pas le voleur, moi, je suis la victime !

Le commissaire Gautier l'apaise de son mieux.

– Calmez-vous, cher monsieur. Je vais mettre tous mes hommes sur l'affaire. Donnez-moi votre adresse : dès que j'aurai la moindre nouvelle, je vous la ferai parvenir.

Pierre Bernard cite le nom d'un palace parisien et s'en va en claquant la porte. Dès qu'il a disparu, le commissaire appelle un de ses hommes.

– Vous allez le suivre. Je veux savoir tout ce qu'il fait, les personnes qu'il rencontre. Voyez avec le standard de l'hôtel pour ses communications…

Le policier se retire à son tour et le commissaire Gautier reste seul. Ce n'est pas qu'il croie forcément à la culpabilité du possesseur de la valise, mais cette histoire est tellement spéciale qu'il doit prendre toutes les précautions. Il fait appeler le chauffeur du car. Celui-ci est un grand gaillard qui semble terriblement contrarié par ce qui lui est arrivé.

– Je n'y comprends rien, monsieur le commissaire !

– La trappe a pu s'ouvrir en cours de route…

– Impossible. Elle était verrouillée.

– Imaginons qu'à un feu rouge quelqu'un se soit approché avec une clé pour l'ouvrir.

– Cela non plus ce n'est pas possible. Si la trappe s'ouvre quand le contact est mis, il y a un témoin lumineux qui s'allume sur le tableau de bord. Et il ne s'est pas allumé, j'en suis sûr.

Le commissaire Gautier remarque intérieurement que la chose était quand même faisable si le chauffeur était complice. Mais comme s'il avait deviné ses pensées, celui-ci tient à préciser :

– D'ailleurs ce n'est certainement pas pendant le trajet qu'on a pu voler la valise. Le monsieur s'était installé à la fenêtre au-dessus de la soute et il ne l'a pas quittée des yeux pendant tout le parcours. Vous n'avez qu'à le lui demander…

Le commissaire enregistre la précision et pose sa dernière question :

– Les gens de l'aéroport sont venus longtemps après votre arrivée ?

– Oh non. Immédiatement, monsieur le commissaire.

Après le départ du chauffeur, le bagagiste d'Orly fait son entrée dans le bureau du commissaire. C'est un blond sans signe particulier.

– Vous êtes arrivé près de la soute combien de temps avant les autres ?

– Tout de suite avant. Je ne sais pas moi, moins d'une minute. Je les ai doublés au volant de mon chariot.

– Et vous n'avez pas ouvert la soute ?

– Non, monsieur le commissaire… Oh ! j'imagine ce que vous pouvez penser. Mais comment aurais-je fait ? Si j'avais pris la valise, il aurait bien fallu que je la mette quelque part. Et on a fouillé partout…

Effectivement, le bagagiste n'a pas tort. Ce vol est décidément de plus en plus mystérieux. La subtilisation semble impossible, aussi bien aux Invalides, ou à Orly que durant le trajet. Alors, où est passée la valise noire ? Où sont passés les Renoir, les Manet et le Dufy ?

Comme pour le propriétaire, le commissaire Gautier fait suivre le chauffeur et le bagagiste. Devant une affaire par trop ténébreuse, il est obligé de se rabattre sur les mesures de routine en espérant qu'elles lui apporteront la lumière.

Quant à lui, il vérifie sans plus attendre les dires de Pierre Bernard. Mais la mairie de Saint-Pé, dans l'Indre, confirme totalement ses propos. Pierre Bernard a bien fait ce fabuleux héritage de sa vieille grand-mère aux mœurs légères que tout le monde croyait ruinée.

Vingt-quatre heures ont passé. L'affaire, tant par l'importance et le mystère du vol que par la personnalité de la victime, fait les gros titres des journaux. Quant au commissaire Gautier, il n'est pas loin de désespérer, lorsque l'une des trois filatures lui apporte un résultat stupéfiant !

Le policier qui avait été chargé de suivre le bagagiste arrive dans le bureau, très excité.

– J'ai découvert quelque chose de pas commun, monsieur le commissaire. Ce n'est pas l'homme lui-même : il n'a rien fait de particulier, mais ce qui est étonnant, c'est que je n'étais pas le seul à le suivre.

– Vous en êtes sûr ?

– Absolument. Et c'est une femme ! Une petite blonde très jolie, avec une veste de fourrure. Quand le bagagiste a quitté son travail, elle est allée prendre sa voiture sur le parking et elle l'a suivi jusque chez lui. Elle est restée une heure environ dehors à attendre. Puis elle est partie, mais le lendemain, à six heures, elle était encore devant chez lui et elle l'a suivi de nouveau jusqu'à Orly.

– Et en ce moment, elle est toujours là ?

– Oui. Elle attend...

Le commissaire Michel Gautier réfléchit rapidement.

– Bien. Retournez sur place et surveillez-les tous les deux.

Une fois le policier parti, le commissaire appelle son homme en faction au palace où est descendu Pierre Bernard.

– Est-ce que Bernard a reçu un appel téléphonique ?

– Oui, monsieur le commissaire : un seul, cette nuit. Une femme, vraisemblablement sa maîtresse. Elle a parlé longtemps pour ne rien dire, mais elle a eu une phrase bizarre. Elle lui a dit : « Je n'ai pas pu trouver tes cigares. »

Cette fois, les choses se précisent et se compliquent tout à la fois. Le bagagiste est certainement coupable. La petite blonde, la maîtresse de Pierre Bernard, s'en est rendu compte d'une manière ou d'une autre mais n'a pu récupérer les tableaux volés. C'est le seul sens qu'on peut donner à la phrase : « Je n'ai pas pu trouver tes cigares. »

Cela dit, le mystère est loin d'être résolu, bien au contraire. Comment le bagagiste a-t-il pu subtiliser la valise, puisque plusieurs personnes ont été témoins de l'ouverture de la soute ? De plus, par l'intermédiaire de la petite blonde, le propriétaire de l'objet volé semble connaître l'identité du voleur. Alors pourquoi ne prévient-il pas la police ? Enfin et surtout, où sont la valise noire et les toiles ?

Le commissaire Gautier commence par se renseigner sur le bagagiste. Il se nomme Lucien Jouffroy et n'a effectivement pas bonne réputation. Il est sur le point d'être renvoyé de l'aéroport pour des retards répétés. En outre, il a été suspecté récemment à l'occasion d'une disparition de valise. Déjà, l'enquête administrative qui avait eu lieu alors n'avait abouti à rien, faute de preuve. Bref, ce Lucien Jouffroy est effectivement le suspect idéal.

Le commissaire réprime la tentation de l'arrêter et de le questionner sur-le-champ... D'abord, rien n'indique qu'il avouera et surtout, il risque ainsi de donner l'alerte à la petite blonde. Et il veut absolument connaître son rôle dans cette histoire, ainsi que celui de Pierre Bernard lui-même.

Pour l'instant, le bagagiste Jouffroy est à son travail sur les pistes. Le commissaire a donc tout loisir de faire une perquisition discrète. Il se rend dans les locaux du personnel et examine le casier du suspect. Il ne s'attendait évidemment pas à trouver la petite valise noire, cela aurait été trop beau. Mais pas le moindre indice : juste sa musette contenant son repas de midi et ses vêtements civils.

Pourtant, le commissaire Gautier ne renonce pas. Il y a encore une chance que la valise n'ait pas quitté Orly. C'est même le plus vraisemblable. Lucien Jouffroy a dû la cacher sur place en attendant de la récupérer quand la situation serait plus calme. Le commissaire mobilise tous ses hommes et entreprend avec eux une fouille systématique des locaux du personnel de l'aéroport.

Et la chance est avec lui car, une heure plus tard, un des policiers revient en brandissant fièrement un rouleau de toiles. Il les déplie devant le commissaire : les cinq tableaux, découpés de leur cadre, sont là !

– Où les avez-vous trouvés ?

– Dans la chasse d'eau d'un des W-C. Ils étaient dans un sac plastique.

– Et la valise ?

– Ah, celle-là, non, je ne l'ai pas vue.

Mais qu'importe la valise noire. Ce qui compte, ce sont les toiles. Le commissaire Michel Gautier donne des ordres pour qu'on arrête simultanément le bagagiste, Pierre Bernard et sa maîtresse blonde et pour qu'on les conduise à son bureau. Le premier arrivé est Lucien Jouffroy, le bagagiste. En voyant les toiles, il devient tout pâle.

– Alors, Jouffroy, on aime la peinture ?

Le bagagiste, qui a repris le contrôle de lui-même, serre les lèvres, l'air buté. Mais le commissaire sait comment le faire parler.

– La petite blonde, elle était dans le coup, hein ? Ce serait trop bête de payer pour tout le monde. D'autant que vous n'êtes pas forcément le principal responsable.

Aux mots de « petite blonde », Lucien Jouffroy a eu un haut-le-corps. Cette fois, ses dernières défenses s'écroulent.

– Vous avez raison. Je n'ai pas à leur faire de cadeau… C'est vrai que ce sont eux qui ont eu l'idée, M. Bernard et sa dame. Ils m'ont abordé au café où on se réunit après le travail...

– Continuez, c'est très intéressant !

– J'ai fait exactement comme ils m'ont dit. Ils m'ont donné une valise écossaise truquée. Quand on la met sur une autre valise plus petite, le fond se referme et elle l'engloutit... Je suis arrivé près du car avant tout le monde. J'ai eu besoin de dix secondes, pas plus. M. Bernard m'avait dit à quel endroit exactement il mettrait la valise noire. J'ai ouvert, j'ai pris la valise écossaise, qui était sur mon chariot, et ni vu ni connu. Ensuite, pendant que tout le monde discutait, j'ai reconduit le chariot et la dame, et M. Bernard devait prendre la valise écossaise dans le hall.

Le bagagiste baisse soudain la tête, tandis que sa voix devient plus sourde.

– Seulement, je n'ai pas pu résister. Tous ces tableaux c'était trop. J'avais pris un rasoir et, en chemin, j'ai découpé les toiles. Quand la dame a repris la valise, il n'y avait plus rien dedans. Ensuite, j'ai été aux toilettes cacher les tableaux...

Une heure plus tard, le commissaire a devant lui Pierre Bernard et sa maîtresse, qui a été identifiée comme étant une call-girl répondant au nom de Lucienne Roy. C'est dans le coffre de sa voiture qu'on a retrouvé les deux valises l'une dans l'autre : l'écossaise et la noire. Le Berrichon a le sourire du perdant beau joueur. Le commissaire Gautier ne peut s'empêcher d'éprouver une certaine admiration pour ce personnage décidément hors du commun.

– Alors, monsieur Bernard, qu'est-ce qui vous a pris ? Vous trouvez une fortune dans votre grenier et cela ne vous suffit pas ! Vous voulez l'augmenter avec une escroquerie !

Pierre Bernard hésite un peu et finit par répondre d'un ton fataliste :

– Qu'est-ce que vous voulez, je tiens sans doute de ma grand-mère.

Signé « Attila »

En cette année 1862, Michel Chasles approche de ses soixante-dix ans. C'est un savant éminent, un génie, même. Il a révolutionné la géométrie, la faisant entrer dans l'ère moderne. Ses contemporains n'ont pas été ingrats et ont su reconnaître comme il convenait ses mérites. Il est professeur à l'École polytechnique, titulaire de la chaire de géométrie appliquée spécialement créée pour lui à la faculté des sciences, membre de l'Académie des sciences et de l'Académie de Bruxelles. Il est en outre commandeur de la Légion d'honneur et décoré de la médaille de Copley, la plus haute distinction que l'Angleterre puisse accorder à un savant.

Mais cet esprit supérieur, cet homme comblé d'honneurs, qui est de surcroît fort riche, a une déception secrète : il a la passion des manuscrits anciens, il est prêt à payer très cher pour en acquérir, mais il n'a pu trouver jusqu'à présent que des pièces d'intérêt secondaire.

Or voilà qu'un visiteur s'est fait annoncer à son domicile pour lui proposer une lettre autographe de Molière. Il s'empresse de le faire entrer. L'homme doit avoir autour de la cinquantaine, mais il est difficile de lui donner un âge. Il est bossu, presque chauve, porte de petites lunettes cerclées de fer. C'est de toute évidence un rat de bibliothèque. Ce dernier se présente humblement, presque obséquieusement.

– Je me nomme Vrain-Lucas, monsieur. Je suis natif de Lanneray, près de Châteaudun.

– Et moi, je suis de Chartres. Nous sommes presque compatriotes.

Un lien chaleureux vient de se créer... Vrain-Lucas sort avec précaution son manuscrit d'une chemise de cuir. Il est bien signé « Molière » et adressé à un correspondant dont le nom n'évoque rien.

– J'en demande cinq cents francs, monsieur. Cela les vaut...

L'académicien ne discute pas le prix mais s'inquiète de la provenance du document. Le bossu à lunettes s'approche alors et prend un ton confidentiel :

– Il s'agit d'une collection.

– Une collection ?

– Celle du comte de Boisjoudrain, qui a émigré en Amérique en 1791. Son navire a fait naufrage et il a péri, mais on a pu sauver la malle contenant ses lettres. Elles appartiennent à présent à un vieux monsieur qui est dans la misère. Il m'a chargé de les vendre.

– Et il a beaucoup d'autres lettres ?

– Des milliers.

Les yeux du grand géomètre brillent de convoitise comme ceux d'un enfant passant devant une confiserie.

– Promettez-moi, monsieur Lucas, de ne rien vendre sans m'en parler.

– Je vous le promets, foi de Beauceron. Entre compatriotes, il faut bien s'entraider. Mais je vous demande de ne pas ébruiter la chose. La lettre de Molière n'était qu'un aperçu. J'ai beaucoup mieux encore...

Et, peu après, Vrain-Lucas revient effectivement avec beaucoup mieux. C'est même le moins qu'on puisse dire, car il s'agit d'une lettre de César à Vercingétorix !

« J'envoye devers toi un mien ami qui te dira le but du mien voyage. Je veux couvrir de mes soldats la terre qui t'a vu naistre. C'est en vain que tu la vouldras défendre. Tu es brave, je le say, mais aussi le seray, s'il plaist aux dieux. Aussi rends moy les armes ou prépare toy à combattre. »

Ce n'est pas tout, car il y a une réponse, ou du moins le

sauf-conduit que Vercingétorix remet à l'envoyé de César qui lui a apporté le message.

« Cecy est la lettre que Vercingétorix, le chef des Gaulois, remit à Trogus Pompée, afin qu'il s'en retourne librement devers son maistre… J'octroye le retour du jeune Trogus Pompée auprès de l'empereur Jules César, sien maistre, et ordaing à ceux que ces lettres verront le laisser passer librement et l'aider au besoing. »

Le petit homme chauve à lunettes s'incline respectueusement.

– Le vieux monsieur n'en demande encore que cinq cents francs. Notez qu'il y a deux documents au lieu d'un et qu'ils sont beaucoup plus rares…

L'académicien court chercher la somme dans son secrétaire.

– Vous le remercierez de ma part, monsieur Lucas. Et revenez vite !…

C'est ainsi que commence l'escroquerie sans doute la plus stupéfiante qui nous soit connue. Michel Chasles, l'un des grands esprits de son siècle, va porter la crédulité à des sommets jamais atteints. Si la lettre de Molière était un faux, elle restait malgré tout vraisemblable. Mais cet échange de civilités en vieux français entre le Romain et le Gaulois laisse rêveur. Sans compter que Vercingétorix qualifie son correspondant d'« empereur ». Jules César n'a jamais été empereur. C'est même précisément pour avoir voulu le devenir qu'il a été assassiné par Brutus et les siens. Et puis, il suffisait d'examiner le papier par transparence pour y découvrir une fleur de lys en filigrane ! Ensuite, le papier n'existait pas à cette époque : on ne connaissait que le parchemin ! Et puis, et puis, on ne sait que dire de toute cette histoire, sinon qu'on n'aurait jamais osé l'inventer, mais qu'elle est vraie.

Nous sommes en 1869. Sept ans ont passé et, depuis sept ans, le « vieux monsieur » se défait, la mort dans l'âme, de pièces rarissimes, que Vrain-Lucas, par sympathie pour son compatriote beauceron, va vendre à Michel Chasles.

C'est un trésor fabuleux ! Toute la vie privée des grands personnages de tous les temps y figure, toutes les grandes énigmes de l'histoire, comme celle du Masque de fer, par exemple, y sont résolues.

En voici quelques échantillons... Pour rester en compagnie de César, citons la lettre que lui adresse sa maîtresse égyptienne, la belle Cléopâtre : « Mon Très Aymé, nostre fils Césarion va bien. Il sera bientôt en estat de supporter le voyage d'icy à Marseille où j'ay décidé de l'envoyer, tant à cause du bon air qu'on y respire que des belles choses qu'on y enseigne. »

Michel Chasles était fort patriote, et même un tantinet chauvin, et le seul commentaire que lui inspira cette missive fut la fierté de constater que Cléopâtre avait choisi notre pays pour l'éducation de son fils.

Pareillement, cette lettre d'Alexandre le Grand à Aristote le combla d'aise : « Quant à ce que vous m'avez mandé d'aller faire un voyage au pays des Gaulois afin d'y apprendre la société des druides desquels Pythagoras a fait si bel éloge, je vous le permets, car vous n'ignorez pas l'estime que je fais d'icelle nation que je considère comme étant celle qui a porté la lumière dans le monde. »

Dans le même ordre d'idées, comment ne pas vibrer de fierté nationale devant le martial défi que Charles Martel adresse au chef des armées arabes, peu avant de le battre à Poitiers ? « Duc mauresque, j'ai lu des lettres menaçantes de toi, mais je n'en crains pas les effets. Rassemble si tu peux toutes les forces de l'Afrique et viens à leur teste fondre sur la mienne patrie. Tu me verras voler à ta rencontre. Sur ce, l'Éternel t'avoir en sa garde... Carle Martel. »

Bien entendu, Jeanne d'Arc est présente elle aussi. La petite bergère, qui a miraculeusement appris à écrire, raconte à ses parents sa première rencontre avec Charles VII : « Mes Chers Père et Mère, nostre entretien s'est porté sur les moyens à prendre pour chasser les Angloys de France et lui révelay un songe mystérieux qui m'estoit venu. Il a compris ce que je voulois faire et m'a donné le commandement de ses troupes... »

On ne peut pas tout citer, il y en a trop. Voici, pêle-mêle, sans souci de chronologie, une lettre de Christophe Colomb à Rabelais, lui racontant ce qu'il a vu en Amérique ; un mot touchant d'Héloïse à Abélard, où elle l'appelle « Mon doulx amy » et où elle le plaint de tout cœur du cruel supplice qu'on lui a infligé ; une lettre de Marie de Médicis au pape, lui demandant la grâce de Galilée ; une proclamation signée « Attila », certes farouche et menaçante, mais démontrant que le chef des Huns n'était pas si barbare que cela, puisqu'il connaissait le français, tout comme, d'ailleurs, Archimède, Dagobert, Charlemagne et Shakespeare ; une lettre d'un miséreux à saint Vincent de Paul, lui demandant du secours et l'appelant « saint » comme s'il avait été canonisé de son vivant, etc., etc.

On doit remarquer que la collection du « vieux monsieur » était particulièrement riche sur la période du Christ. Elle contient deux lettres d'un certain Julius Graccinus à Jésus-Christ lui-même, une lettre de Judas, dans laquelle il demande pardon de sa trahison, une autre de Ponce Pilate. Mais le plus remarquable est sans doute une lettre de Lazare à saint Pierre, datée du 10 août 47 après Jésus-Christ. Elle est expédiée de Marseille, car, tout de suite après sa résurrection par Jésus, Lazare a choisi de prendre le bateau pour se rendre dans notre pays. Il ne précise pas s'il y a rencontré les descendants de Césarion…

Pour tous ces chefs-d'œuvre, Michel Chasles a déboursé en tout cent cinquante mille francs-or, une fortune ! Et à aucun moment, il n'a eu le moindre soupçon. Oh, certes, il a eu des conflits avec son compatriote Vrain-Lucas, mais c'était uniquement parce que ce dernier ne le fournissait pas assez vite. Une fois même, les choses se sont envenimées. Vrain-Lucas s'est fâché :

– Si vous n'êtes pas satisfait, rendez-moi mes pièces, je vous rendrai votre argent !

Le savant s'est hâté de faire machine arrière.

– Je vous en prie ! Je ne vous dirai plus rien. Ces documents me sont trop précieux…

En fait, tout se serait sans doute bien passé pour le faussaire, si sa victime n'avait été membre de l'Académie. Or, Michel Chasles est d'une nature généreuse. Il ne veut pas garder pour lui seul de pareils trésors. Il se sent le devoir de faire profiter ses collègues de ses découvertes.

Il commence par les académies étrangères. Pour le six centième anniversaire de la naissance de Dante, il remet aux Florentins un texte du poète. On le remercie chaleureusement, sans trop s'étonner qu'il soit écrit en français. Un peu plus tard, quand l'Académie de Bruxelles l'accueille en son sein, il lui donne en remerciement deux lettres de Charles Quint à Rabelais.

C'est une correspondance pour le moins étrange. Dans la première lettre, l'empereur demande à l'écrivain de résoudre le problème de la quadrature du cercle et, comme Rabelais ne prend même pas la peine de répondre, dans la deuxième, il s'en irrite fort. Ces textes qui sentent le canular d'étudiant ne surprennent personne et sont, au contraire, précieusement rangées dans les archives de l'Académie de Bruxelles.

Mais Chasles n'oublie pas ses confrères de l'Académie des sciences et leur remet, le 15 juin 1869, deux lettres de Pascal au chimiste Robert Boyle. Cette fois, il provoque l'émotion et même la stupeur chez ses collègues, car Blaise Pascal emploie des formules mathématiques inconnues à son époque. Des sceptiques se font entendre. L'un d'entre eux déclare même catégoriquement :

– Les notes que vous attribuez à Pascal ont été manifestement copiées dans un traité moderne !

Michel Chasles n'est pas ébranlé, mais irrité. Il est absolument sûr de l'authenticité de ses documents. Seulement, il en faudrait d'autres pour leur donner plus de poids. Il fait venir Vrain-Lucas et lui expose son problème. Ce dernier a un sourire.

– Ne vous inquiétez pas. Le vieux monsieur a justement quelque chose là-dessus.

Ce « quelque chose là-dessus », Michel Chasles l'apporte à ses collègues académiciens lors de la séance du 31 juillet et là, c'est la bombe ! Il s'agit d'une nouvelle lettre de Pascal adressée, cette fois, au jeune Newton. Le savant français, qui vient, dit-il, de découvrir les lois de la gravitation universelle, en donne obligeamment les éléments à son correspondant et y ajoute quelques conseils paternels : « Mon jeune amy, j'ai appris avec quel soin vous cherchiez à vous initier aux sciences mathématiques et géométriques. Je vous envoye divers problèmes qui ont esté autrefois l'objet de mes préoccupations touchant les lois de l'abstraction, afin d'exercer votre génie... Travaillez, estudiez, mais que cela se fasse avec modération. C'est le meilleur moyen de profiter des connaissances qu'on acquiert. Je vous parle par expérience. »

Tout est changé. Du jour au lendemain, l'affaire prend des dimensions nationales ou plutôt internationales ; elle devient presque une affaire d'État ! Curieusement, le chauvinisme aidant, la majorité de l'Académie des sciences se déclare convaincue par cette stupéfiante nouvelle : ce n'est pas Isaac Newton qui a découvert la gravitation universelle, mais Blaise Pascal, quarante ans plus tôt. Dans le fond, voilà qui nous venge un peu de tous les mauvais coups que nous ont faits les Anglais depuis Jeanne d'Arc.

Mais évidemment, de l'autre côté du Channel, c'est la stupeur et l'indignation. L'Académie d'Édimbourg parle de « misérable falsification ». Sir David Brewster, biographe de Newton, écrit de manière toute britannique à l'Académie : « Ayant soigneusement examiné tous les papiers et la correspondance de sir Isaac Newton qui se conservent à Hurtsbourne Park, résidence de sa famille vivante, je puis affirmer qu'il n'existe aucune correspondance de Pascal à Newton. Ces deux illustres savants ne se sont jamais connus. En 1654, Newton, qui avait onze ans, s'occupait alors, d'une manière plus convenable à son âge, de cerfs-volants, de petits moulins et de cadrans solaires... »

L'argument n'est pas sans quelque logique. Car, en admettant que, contrairement à toutes les idées reçues, Pascal ait découvert la gravitation universelle en avance sur son temps, on se demande bien pourquoi il aurait été en faire la confidence à un bambin d'outre-Manche.

Michel Chasles est ennuyé. Il ne s'attendait ni à tant de tapage ni à tant d'hostilité. Mais Vrain-Lucas vient le trouver opportunément.

– Je crois savoir que le vieux monsieur détient la réplique…

La réplique est effectivement admirable et permet au géomètre de contre-attaquer avec force. Il produit devant l'Académie une lettre de madame Newton mère à Pascal, « le remerciant pour les bontés qu'il avait eues envers son fils ». Et, comme les critiques ne cessent pas, c'est l'autre maman qui vient à la rescousse. Chasles lit peu après une lettre de madame Pascal mère à Saint-Evremond où elle lui confie combien elle est fière que son petit Blaise ait découvert la gravitation universelle.

Le débat a déjà pris des dimensions grandioses, mais il va s'étendre encore et devenir européen !… Plusieurs savants démontrent que, dans l'état des connaissances astronomiques de son époque, Pascal ne pouvait en aucun cas découvrir la gravitation universelle. Qu'à cela ne tienne, « le vieux monsieur a la réplique » et Chasles réplique ! Il produit des lettres de Galilée à Pascal, datées de 1641, où l'Italien lui livre les connaissances astronomiques suffisantes… Tollé chez les astronomes. Galilée parle dans ces lettres des anneaux de Saturne, découverts quinze ans plus tard par le Hollandais Huygens ; or il était alors aveugle depuis quatre ans et ne pouvait pas écrire. Chasles rétorque que Galilée faisait semblant d'être aveugle pour tromper l'Inquisition et que Huygens a copié la découverte des anneaux de Saturne en découvrant précisément cette lettre lors d'une visite à Pascal.

Du coup, ce sont les Hollandais qui sont furieux à leur tour qu'on dépossède leur savant national de sa découverte. Et les Italiens sont tout aussi irrités qu'on traite aussi légèrement leur Galileo Galilei… Il s'ensuit trois mois d'incroyables polémiques, Chasles n'étant démonté par aucune objection et apportant sans cesse de nouvelles lettres. Enfin, le 26 octobre 1869, l'illustre astronome Le Verrier, un des rares qui aient été totalement sceptiques depuis le début, obtient un vote de ses collègues « désolidarisant officiellement l'Académie des anachronismes et invraisemblances contenus dans les lettres de M. Chasles ».

Pour la première fois, la confiance de ce dernier est ébranlée. Plusieurs de ses amis le décident à porter plainte. Et il le fait, mais pas pour escroquerie. Il demande l'arrestation de Vrain-Lucas parce qu'il lui a réclamé trois mille autres pièces et qu'il tarde à les lui fournir. Il craint qu'effrayé par ce qui se passe, il ne s'enfuie avec ses trésors.

– J'ai peur, précise-t-il au commissaire, qu'il ne vende à l'étranger des pièces inestimables !...

Vrain-Lucas est arrêté. Il faut dire que, malgré les proportions qu'avait prises l'affaire, il ne se cachait nullement. Il se rendait quotidiennement à la Bibliothèque nationale, alors impériale, pour trouver des éléments de la correspondance de Galilée ou de Pascal et pour voler le papier de ses lettres en déchirant les pages de garde de vieux livres. Et c'est alors que le public, ébahi, découvre l'étendue de l'escroquerie. Chasles lui a acheté plus de vingt-sept mille lettres émanant de six cent soixante personnages historiques. Leur publication dans les journaux provoque un immense éclat de rire...

L'instruction commence. Elle est un peu décevante après tout ce qui a précédé. La personnalité du faussaire semble banale en comparaison d'une telle affaire... Vrain-Lucas est né en 1818, effectivement à Lanneray, près de Châteaudun, circonstance qui a pesé d'un si grand poids dans cette histoire. C'est un fils de pauvres paysans, qui commence par travailler la terre. Mais c'est aussi un ambitieux. Il s'instruit par lui-même et finit par devenir greffier à Châteaudun. Cela ne lui suffit pas ; il monte à Paris et sollicite un poste à la Bibliothèque impériale. On le lui refuse : il faut le baccalauréat.

Dès lors, il vivote dans un emploi de démarcheur pour un cabinet généalogique. Comme il a du temps libre, il fréquente assidûment les bibliothèques et s'amuse par jeu à reproduire des signatures anciennes. C'est alors qu'il rencontre son « compatriote » Chasles, c'est la lettre de Molière et la suite... Il fabriquait ses faux sur des pages filigranées qu'il noircissait à la fumée d'une bougie.

Dans sa déposition, Vrain-Lucas affirme – et il n'y a pas de raison de ne pas le croire – que, s'il est bien à l'origine de l'escroquerie, c'est le savant lui-même qui lui a donné toute son ampleur. Il lui a pour ainsi dire forcé la main.

– Il m'engagea avec beaucoup d'insistance à lui apporter d'autres documents semblables. Il me donna même une longue liste de personnages desquels il désirait ardemment avoir des lettres. Il m'a dit que si je les lui fournissais, il en ferait un ouvrage qu'il publierait.

Et le faussaire avance pour sa défense ce merveilleux argument :

– Même s'il était jusqu'à un certain point apocryphe, ce livre aurait eu le mérite de faire connaître l'histoire à mes compatriotes et aurait par conséquent été au progrès des connaissances humaines…

Le procès Vrain-Lucas s'ouvre le 24 février 1870. L'accusé, ce bossu chauve à lunettes, avec ses allures de paysan roublard, ne paie guère de mine. Mais ce n'est pas lui que le public, qui s'écrase dans une gigantesque bousculade, est venu voir : c'est cet homme de haute taille, en redingote noire, décorations à la boutonnière, qui essaie de se faire tout petit sur le banc de la partie civile.

Vrain-Lucas reconnaît les faits : il a vendu 27 345 faux à Michel Chasles pour la somme totale de cent cinquante mille francs. On appelle sa victime à la barre. Malgré les rires mal contenus de l'assistance, l'académicien est très digne. Son témoignage commence par :

– Nous étions du même pays…

Ensuite, il raconte comment il a été trompé, mais toujours en parlant avec respect de celui qu'il appelle « monsieur Lucas »… Le juge lui pose alors la question qui est sur toutes les lèvres :

– Enfin, monsieur, comment avez-vous pu croire que César, Cléopâtre, Archimède, Attila et tant d'autres s'exprimaient en ancien français ?

Le savant fait une réponse qui rassure tout de même un peu.

– J'avais, bien sûr, posé la question à M. Lucas. Il m'a dit qu'il s'agissait de copies faites à l'abbaye de Tours. Les moines avaient des correspondants dans tous les pays étrangers et ceux-ci leur apportaient les originaux. Rabelais aurait été de ceux qui ont établi ces traductions.

Il n'empêche ! Lazare à Marseille, Aristote chez les druides, César et Vercingétorix s'échangeant des politesses... Et pour traduire du Attila, encore aurait-il fallu que le chef des Huns sache écrire, ce qui n'est guère conforme à ce qu'on sait du personnage... Quand le malheureux Chasles se retire, le public est plié en deux. Les cris fusent :

– Un bonnet d'âne pour l'académicien !

Et le président s'époumone en vain.

– Nous ne sommes pas au cabaret ! Je vais faire appeler la garde...

Encouragé par une telle ambiance, le jeune avocat de Vrain-Lucas, Me Helbronner, fait une plaidoirie tonitruante. Il met en avant un argument de choc : le patriotisme de l'accusé. À la veille de la guerre franco-prussienne, c'est tout à fait d'actualité.

– Mon client a toujours défendu la France et pas seulement dans la correspondance Pascal-Newton. Thalès donne à Ambigat, roi des Gaules, des conseils sur la manière de gouverner son peuple, Alexandre fait l'éloge de la Gaule et des Gaulois à Aristote, Cléopâtre envoie Césarion à Marseille et Lazare choisit d'y finir ses jours. N'est-ce pas admirable ?

La salle croule sous les bravos et le silence a bien du mal à se faire pour la lecture du verdict : Vrain-Lucas est condamné à deux ans de prison et cinq cents francs d'amende, ce qui lui laisse tout de même cent quarante-neuf mille cinq cents francs de bénéfice... Nul ne sait à quoi il les a employés une fois sa peine purgée. À partir de là, on a perdu sa trace...

Mais le plus extraordinaire est que Chasles n'a jamais été vraiment convaincu de sa culpabilité. Il déclarait encore des années après .

– On ne peut croire que toutes ces lettres soient l'œuvre d'un seul individu qui ne sait ni le latin, ni l'italien, ni aucune partie des autres sciences sur lesquelles portent ces documents.

Il y a donc un mystère à pénétrer et il convient de ne rien conclure avec certitude.

Il n'a jamais exprimé le moindre ressentiment contre l'escroc et, à sa mort, en 1880, il a légué l'énorme masse de ses faux à la Bibliothèque nationale. Ils y sont toujours et, moyennant les autorisations nécessaires, on peut les consulter.

Si le cœur vous en dit…

Le roi des antipodes

La vieille noblesse bretonne, cela évoque tout un univers : la chevalerie, Merlin, la Table ronde, du Guesclin et aussi l'attachement au terroir, le respect farouche des traditions. Bien sûr, ce ne sont que des images et, le plus souvent, les choses sont bien différentes. Mais dans le cas présent, l'image est vraie, elle est même au-dessous de la réalité.

Charles-Marie Bonaventure du Breil, marquis de Rays, est né en 1832 dans l'antique château de ses ancêtres, à Quimerch, Finistère.

Son enfance est à la fois oisive et sévère, comme il est de règle dans ce genre de famille. Alors, le jeune Charles-Marie en profite pour rêver. Il se plonge avec passion dans les livres de voyages et d'exploration qui font fureur en ce milieu du XIXe siècle. Il fait quotidiennement plusieurs fois le tour du monde entre les murs épais du château.

Mais le futur marquis de Rays n'est pas seulement un rêveur. Dès que son âge le lui permet, il passe à l'action. À vingt ans, il s'embarque sur le premier bateau en partance pour les Amériques. Une fois arrivé, il ne s'arrête pas en si bon chemin, il va jusqu'au Far West voir à quoi ressemblent les sauvages de la côte Pacifique.

Ensuite, il revient, mais en passant par le Sénégal où il fonde des comptoirs, monte des affaires qui échouent, puis, de là, se rend à Madagascar, toujours avec la même idée : faire fortune. Il n'a pas plus de succès, tente un dernier crochet par

Saigon et, devant l'échec persistant de ses entreprises, rentre enfin dans son château du Finistère.

Il a trente-huit ans, il n'est pas loin d'être ruiné, mais il a acquis là-bas quelques idées qui ne demandent qu'à se métamorphoser en une seule grande idée. Et celle-ci ne tarde pas à jaillir...

Nous sommes en 1870. Charles-Marie Bonaventure du Breil, marquis de Rays, est ulcéré par les nouvelles qui parviennent de Paris. Sans cesse il arpente les larges couloirs, les immenses pièces vides.

Qu'est-ce qu'il apprend ? Qu'est-ce qu'il entend ? Le 4 septembre une bande d'émeutiers a rétabli la république ! Mais c'est la fin de tout ! Car le marquis de Rays a, en matière politique, des opinions bien précises : c'est le type même de ce qu'on appelle à l'époque un « ultra ». Pour lui, les choses sont simples : tout allait bien jusqu'en 1789 et puis, à partir de là, c'est le désastre, la catastrophe, le diable en personne qui est venu sur la terre pour ruiner les deux seules choses auxquelles il croit : la monarchie et la religion. Si Napoléon III a perdu la guerre, rien d'étonnant : il s'était entouré, dans les dernières années, de toute une cohorte de libéraux. Pas la peine de chercher plus loin.

Voilà des idées qui, à défaut d'être nuancées, ont le mérite d'être claires et monsieur le marquis de Rays s'empresse de les mettre noir sur blanc dans un splendide mémoire à l'attention de M. Thiers, l'homme politique le plus en vue du moment, qui ne manquera pas d'en faire son profit et de l'appeler à ses côtés.

Mais une année, plusieurs années passent et M. Thiers ne se manifeste pas. En 1877, le marquis comprend enfin que son splendide mémoire n'aura jamais de réponse. Alors, il se fâche tout rouge, si l'on peut employer cette expression à son sujet.

– Ah, décidément, il faut tout faire soi-même, dans ce pays !

Et le marquis, à partir de ce jour, va effectivement tout faire lui-même. Il va réaliser cette vieille idée qui lui vient de son enfance, qui est née pendant ses années d'oisiveté au château et qui a mûri pendant ses interminables voyages :

fonder un royaume, une monarchie digne de ce nom, dont il sera le roi.

Son nom de souverain va de soi : Charles Ier. Il a déjà son programme depuis longtemps : l'absolutisme. Son drapeau sera blanc, évidemment, avec un grand « C » bleu entouré de fleurs de lys et il aura pour devise « Dieu, Patrie, Liberté », ce qui sonne au moins aussi bien que l'horrible « Liberté, Égalité, Fraternité ». Il ne lui manque plus que le royaume et les sujets, mais, se dit-il, cela ne doit pas être impossible à trouver.

Charles-Marie de Rays, qui est un homme décidé et même têtu – il n'est pas breton pour rien –, entreprend donc de chercher son royaume et ses sujets. Pour cela, il compte beaucoup sur l'un de ses amis, un avocat de Quimper, Me du Gois, qui est un royaliste tout aussi acharné que lui. Et, effectivement, Me du Gois n'est pas du tout surpris quand le marquis vient lui faire part de son incroyable projet. Au contraire, il est séduit, il est enthousiaste.

– Mon cher marquis, c'est une idée excellente ! Ce drapeau, quel symbole ! Et cette devise, elle résume parfaitement tout ce à quoi nous croyons.

– Merci, mon cher maître. Mais il reste le royaume. Vous qui êtes juriste, dites-moi comment faire.

– Eh bien, il n'y a qu'à prendre une carte. Nous allons en trouver un.

Me du Gois déplie un grand planisphère et le voilà qui cherche avec le futur Charles Ier...

Ça n'est tout de même pas si simple. La majeure partie des terres de notre globe offrent le gros inconvénient d'être peuplées et administrées par des régimes qui se prétendent légitimes. Comme le marquis ne songe pas à employer la force et n'en a d'ailleurs pas les moyens, il faut donc chercher plus loin, là où il n'y a encore personne, mais où l'on peut tout de même vivre.

Et les deux hommes finissent par trouver. On ne peut pas dire que ce soit ni tout près ni très grand, mais l'endroit existe. À l'est de l'Australie, dans la mer de Corail, c'est-à-dire exactement aux antipodes, il y a un groupe d'îles que Bougainville avait découvert au XVIIIe siècle, sur lequel la France a donc une autorité de principe, mais qu'elle n'a jamais voulu exercer.

Au hasard, Me du Gois désigne une des îles, celle que Bougainville avait appelée Port-Praslin.

– Voilà, monsieur le marquis. C'est là que vous allez fonder la première monarchie absolue de notre siècle !

Charles-Marie Bonaventure du Breil est transporté d'émotion.

– Magnifique, mon cher du Gois, magnifique ! Cette île, je la nomme aujourd'hui Port-Breton. Ce sera bientôt le point de mire du monde entier.

Mais tout aussitôt, il redevient perplexe.

– Et les sujets ? Comment pensez-vous que je vais trouver mes sujets ?

– C'est tout simple : passez des petites annonces.

Aussitôt dit, aussitôt fait ! Le marquis passe des annonces dans les journaux parisiens et les plus grands journaux de province. Elles visent à trouver d'abord des souscripteurs et éventuellement des volontaires. Le texte est tout ce qu'il y a de plus alléchant : « Colonie libre de Port-Breton – Terres à 5 francs l'hectare. Fortune rapide et assurée sans quitter son pays. Pour tous renseignements, s'adresser à M. du Breil de Rays, château de Quimerch (Finistère). »

L'annonce est peut-être un peu trop alléchante, car au début le public se méfie. Toute l'année 1877 se passe sans résultat. Le marquis est obligé de répéter ses appels pendant l'année suivante et une partie de l'année 1879. Mais son obstination finit par être récompensée. L'argent commence à arriver au château et, avec lui, les premières demandes de renseignements pour faire partie des colons.

À ces demandes, le marquis répond que le terrain est très fertile et tout particulièrement propice au coton et à la canne à sucre. À vrai dire, il n'en sait absolument rien, mais il faut bien répondre quelque chose. Et il glisse avec sa réponse une formule d'engagement qu'il n'y a plus qu'à retourner signée. Elle précise, dans une prose ornée, les droits et les devoirs du futur colon : « La colonie devra me fournir une maison du pays, soit dans un village, soit au bord de la mer, avec les terrains que j'aurai acquis. À partir de ce moment, je devrai me nourrir et m'entretenir avec ma famille par mon travail et mon industrie. »

À la fin de l'année 1879, le futur Charles Ier a réuni une somme considérable : cinq cent mille francs, une petite fortune !

En plus, il y a des dons divers de gens désintéressés, ou tout simplement prudents, qui ne veulent pas envoyer d'argent mais seulement témoigner leur admiration pour cette belle et noble entreprise. C'est ainsi qu'une bonne âme a envoyé une collection complète du *Pèlerin*, une autre quelques kilos de perles en verre de couleur pour faire du troc avec les indigènes, un certain abbé D., six cent quarante-cinq exemplaires de la brochure dont il est l'auteur et les jeunes filles de Villeneuve-lès-Maguelonne, onze « costumes pour sauvages », qu'elles ont confectionnés elles-mêmes, mais, tiennent-elles à préciser, « sous la bienveillante direction de Madame Garbouleau ». La précision est intéressante mais on ne sait malheureusement pas à quoi ressemblaient les « costumes pour sauvages », ce qui est dommage.

Quant aux futurs colons – ou, pour être plus précis, les futurs sujets –, ce sont bien sûr de pauvres gens, car, pour accepter de partir dans de telles conditions, il faut que la vie ne vous ait pas spécialement gâté. Il y a une majorité de dockers au chômage et puis, pêle-mêle, des garçons de café, des typographes, des jardiniers, un tonnelier, un concierge…

On ne peut pas dire que le marquis soit enchanté devant ce mélange un peu plébéien, mais comme il le dit, avec un sourire, à son ami du Gois :

– Il faut de tout pour faire un monde, pas vrai ? Et puis, vous verrez, quand je règnerai sur eux, tout va changer.

D'ailleurs, Charles-Marie de Rays ne s'en tient pas là. Il voit grand. Pour l'instant, il y a quatre-vingts colons volontaires avec leurs familles. Mais ce n'est qu'un début : ils formeront le premier convoi, l'avant-garde. Il en faut d'autres au plus vite. Et il ouvre sans attendre des bureaux de recrutement à Paris, au Havre et à Marseille.

À Marseille, pour donner plus d'éclat encore à son entreprise, il décide de fonder un journal. Il faut dire qu'avec cinq cent mille francs, il en a les moyens.

C'est vraiment un magnifique journal ! Son titre, *La Nouvelle France*, est déjà tout un programme. En manchette, la devise du marquis, « Dieu, Patrie, Liberté », à laquelle on en a ajouté une autre qui sera peut-être nécessaire aux futurs colons : « Espoir et Foi. » La première page s'orne d'un superbe dessin représentant une foule d'indigènes évangélisés par des missionnaires, le tout dans un paysage idyllique éclairé par les rayons d'un soleil levant.

Les pages intérieures sont consacrées à des conseils pratiques – comment cultiver la canne à sucre, le coton – et aussi à quelques rudiments de vocabulaire pour dialoguer avec les indigènes. Ils se résument d'ailleurs à : « *Maorou koro malaoukou* » (« Bonjour mon ami ») et à cette seconde phrase, qui est un peu plus surprenante : « *Kei rouma no ioé faféné kou ?* », ce qui signifie : « Où est ta maison pour voir ta femme ? » Mais la politique ne perd pas ses droits. *La Nouvelle France* publie également une étude qui démontre scientifiquement que le socialisme conduit au cannibalisme.

Tout cela ne doit tout de même pas faire oublier les réalités matérielles, et le marquis de Rays achète un trois-mâts, le *Chandernagor*.

Ce n'est pas, contrairement à ce qu'on pourrait imaginer, un vieux bateau en ruine. Non, c'est un très beau trois-mâts parfaitement capable d'entreprendre un tel voyage. Le marquis a plus que jamais les moyens. La souscription, grâce à la publicité faite par le journal, s'élève désormais à un million.

Mais c'est là que commencent les difficultés. Quand il s'agit d'embarquer tout ce monde, quatre-vingts colons avec leurs femmes et leurs enfants, les autorités commencent à s'émouvoir. Qu'est-ce que cela signifie ? On menace le marquis de Rays de le poursuivre pour infraction à la loi sur l'émigration. En tout cas, il lui est fait interdiction de sortir d'un port français.

Le marquis ne se décourage pas. Puisqu'il en est ainsi, on

partira de Belgique Mais les autorités belges ne sont pas plus accommodantes que les françaises. Qu'à cela ne tienne, on remontera encore plus haut, on partira de Hollande.

En Hollande, effectivement, les choses s'arrangent. Le *Chandernagor* pourra partir du port de Flessingue et cela, grâce à l'intervention personnelle du consul américain MacLaughin, qui a réclamé en contrepartie de prendre le commandement du navire. MacLaughin se choisit comme second – on ne sait trop pourquoi – un dentiste de Bruxelles et c'est sous ce commandement de premier ordre que le trois-mâts va pouvoir enfin prendre la mer...

En septembre 1879, c'est le grand jour ! Le marquis de Rays s'est rendu à Flessingue pour prononcer un discours solennel. Un discours seulement, car il ne peut malheureusement pas partir avec les premiers colons. Il doit rester sur place pour organiser les autres départs. Ce n'est qu'ensuite qu'il rejoindra en grande pompe Port-Breton, pour retrouver son peuple et sa couronne. En son absence, le marquis désigne un des passagers gouverneur provisoire de l'île.

– Mes chers amis, voici le baron Titeu de La Croix, qui saura veiller sur vous en attendant l'arrivée de ma personne.

On applaudit. Le « baron Titeu de La Croix » n'est qu'un brave représentant en papeterie, qui s'appelle tout simplement Titeu, mais quelle importance pour le marquis de Rays ? D'ailleurs n'est-il pas lui-même déjà Charles Ier ? En l'appelant « baron », il vient tout simplement de l'anoblir. Il vient d'en faire le premier élément de sa cour.

Après quoi, le marquis de Rays ôte solennellement son chapeau.

– Et maintenant, mes amis, entonnons ensemble l'hymne de Port-Breton : « Terre aimée avant que connue, Nouvelle France pays d'or... »

Chacun reprend l'hymne en chœur. Ils y croient, en cet instant, tous ces hommes et ces femmes qui partent pour la grande aventure. L'épouse du docker au chômage sourit à l'épouse du jardinier ; le même espoir d'une nouvelle vie les habite. Bien sûr, le marquis leur semble un peu ridicule avec ses manières et il les agace avec ses sermons. Mais Port-Breton, pour eux, c'est la dernière chance. Alors, oui, il faut y croire !

Contrairement à ce qu'on pourrait craindre, la traversée se passe tout à fait normalement. Il y a quelques tempêtes, mais le *Chandernagor* s'en sort très bien. Sous la direction du consul américain et du dentiste belge, tout le monde arrive à bon port, preuve que le bateau était solide ou que, tout simplement, on a eu de la chance.

Donc, le 20 janvier 1880, par un temps splendide, en plein été austral, le trois-mâts mouille devant Port-Breton. Une ovation salue l'arrivée. On s'embrasse, on pleure de joie. Et ce n'est pas seulement parce qu'on est arrivé, c'est parce que le spectacle qu'on découvre est merveilleux, enchanteur : une mer de rêve, une île recouverte d'une végétation luxuriante, où tous les produits de la terre semblent pousser d'eux-mêmes. Oui, vu de loin, car on n'a pas encore abordé, Port-Breton ressemble au paradis.

Mais quand on aborde, quand on débarque, c'est, hélas, autre chose ! Certes, l'île est aussi jolie de près que de loin, mais elle semble totalement impropre à la culture. C'est un récif de corail recouvert d'une très mince couche d'humus, où peuvent pousser les cocotiers, de même que les hautes herbes et les plus magnifiques fleurs tropicales, mais le reste…

Pourtant, on ne veut pas y croire encore. On n'a pas fait tout cela, on n'a pas traversé la moitié du monde pour rien ! Et puis, on ne veut pas retourner en France, retrouver la misère. Non, ce n'est pas possible ! Alors, on se met au travail. On construit des cabanes de branchages, on essaie de retourner à la charrue cette terre qui est si mince qu'à chaque fois le soc heurte la plaque de corail. Peine perdue. Avec des larmes de rage, les colons doivent se rendre à l'évidence : il n'y a rien à faire, on ne peut rien planter là-dedans.

Heureusement, il y a quelques indigènes, qui sont d'ailleurs tout ce qu'il y a de plus pacifiques. Ils veulent bien faire du troc. Ils consentent à échanger du poisson, non pas contre les perles coloriées qui ne les intéressent nullement, mais contre du tabac. On tient ainsi deux mois, jusqu'à ce que la provision de tabac s'épuise.

Pour comble de malheur, le climat se met alors à changer. Après le grand beau temps, ce sont les pluies et, avec elles, les fièvres. À la déception, à la colère succède l'angoisse. Près de la moitié de la colonie est malade, et presque tous les enfants. Il n'y a pas de médicaments, pas de médecin. Le premier mort, on a du mal à l'enterrer, il n'y a pas assez de terre. Il faut en rajouter, faire un tumulus. Et petit à petit, l'île se couvre de curieuses bosses surmontées d'une croix.

Malgré tout, on ne veut pas désespérer encore, on attend. On attend le prochain bateau avec la deuxième vague de colons. Là, il va bien se passer quelque chose, et puis le marquis sera là, lui, il aura un moyen, une solution...

Le marquis de Rays n'est pas encore à Port-Breton. Pour l'instant, il se trouve en Espagne, non pas pour se reposer, mais par nécessité. C'est qu'il y a eu des plaintes chez les souscripteurs. Une enquête a été ouverte et il a jugé plus prudent de passer la frontière et de poursuivre sa grande idée de l'autre côté des Pyrénées.

Car le marquis continue à s'occuper de Port-Breton. Ce n'est pas un malhonnête homme. Pas un instant il ne songe à profiter de ce qu'il a amassé et qui se chiffre maintenant à plusieurs millions. Il veut continuer son œuvre civilisatrice et moralisatrice. Il y croit dur comme fer et toutes les poursuites judiciaires intentées contre lui ne sont que de basses manœuvres politiques de la France républicaine...

Après avoir longuement discuté avec son ami, l'avocat du Gois, qui l'a suivi dans son exil, le marquis prend brusquement sa décision.

– Du Gois, j'arme un second navire, et vous savez comment je l'appellerai ? *Le Marquis de Rays*, tout simplement. Quel symbole n'est-ce pas, et quel soutien moral pour mes sujets !

– Mais, les colons, mon cher marquis ? Nous n'en avons plus. Ils sont tous restés en France.

– Qu'à cela ne tienne, nous les trouverons ici...

On trouve donc effectivement une centaine d'Espagnols qui, il faut bien le dire, ne constituent pas précisément une élite, et on achète à grands frais des graines qui, paraît-il, sont spécialement adaptées aux pays chauds. C'est ainsi que, fin 1880, *Le Marquis de Rays* – le bateau, car le marquis lui-même reste en Espagne – fait voile vers Port-Breton.

Et c'est là que l'aventure va devenir épique...

À Port-Saïd, les Espagnols, qui comprennent enfin dans quelle galère on les a embarqués, désertent en bloc. Le capitaine, homme de ressource, les remplace aussitôt par des Arabes. Tout se passe bien jusqu'à Singapour, où les Arabes, trouvant peut-être le voyage un peu long, désertent à leur tour. Le capitaine, que décidément rien ne démonte, recrute alors des Chinois. Comme il n'y a plus d'escale avant Port-Breton, il est sûr que ceux-là, au moins, iront jusqu'au bout.

C'est en arrivant au large de l'Australie que le capitaine a subitement l'idée d'ouvrir les caisses de la cargaison. Et là, il lui faut un bon moment avant de se remettre. Car ce qu'il découvre a de quoi stupéfier le plus flegmatique. Au lieu des graines qui avaient été commandées, les caisses contiennent, soigneusement emballés, des souliers de satin, des colliers de chien et des kilos de papier timbré !

Le fournisseur auquel on s'était adressé savait sans doute que le marquis de Rays ne pourrait pas porter plainte...

Alors on peut imaginer la réaction de nos malheureux colons quand, au lieu du marquis tant attendu et de ses graines miracle, ils voient débarquer une centaine de Chinois complètement dépassés par les événements qui leur apportent des souliers de bal, des colliers de chien et du papier timbré !

À partir de là, c'est la débandade, le sauve-qui-peut général. Ce qui reste des quatre-vingts volontaires et de leurs familles se fait réembarquer sur-le-champ. Ils seront malheureusement bien peu à revoir la France.

Ainsi se termine le rêve grandiose d'une monarchie absolue dans une mer des antipodes, gouvernée par un marquis de vieille noblesse bretonne.

Reste le marquis lui-même. Poursuivi pour escroquerie, homicide par imprudence et contravention aux règlements maritimes, il est extradé et passe en jugement le 31 janvier 1883.

À l'audience, il y a évidemment foule pour contempler ce personnage d'un autre âge qui conteste avec force la légitimité d'un tribunal républicain et continue à plaider sa cause sous la forme de proclamations fracassantes.

Le marquis d'ailleurs a fière allure avec ses cheveux et sa moustache grisonnants, son apparence hautaine et la splendide décoration qu'il arbore et qui lui a été décernée par le gouvernement du Liberia pour bienfaits rendus à l'humanité. Son dialogue avec le procureur ne manque pas de sel.

– Charles-Marie de Rays, c'est en tout cinq millions que vous avez soustraits à vos victimes. Qu'en avez-vous fait ?

Le marquis se croise les bras et bombe le torse :

– En tant que maître absolu d'une colonie libre, je n'ai pas à en rendre compte.

– Mais vous avez songé à tous les gens que vous avez ruinés ?

– Un argent perdu de cette façon est admirablement placé pour le Ciel…

Charles-Marie Bonaventure du Breil, marquis de Rays, passa quatre ans dans les prisons de la république, et puis on l'oublia. Personne ne pensait plus à lui quand il mourut, huit ans plus tard, le 29 juillet 1894.

Son grand rêve était mort bien avant lui. Mais il en reste peut-être quelque chose aujourd'hui. Là-bas, très loin, dans une petite île à l'est de l'Australie, il y a peut-être encore de curieuses bosses de terre surmontées d'une croix et, çà et là, perdus dans une végétation de rêve, des souliers de bal, des colliers de chien et des bouts de papier timbré.

Les Mémoires d'Howard Hughes

William Marlow se prélasse sur la terrasse de sa villa d'Ibiza, aux Baléares, en ce début décembre 1970. Un peu écrivain, un peu play-boy, ce New-Yorkais de trente ans goûte un repos bien gagné. Il vient de publier chez MacGraw-Hill, le plus grand éditeur américain et même mondial, un roman qui s'est fort bien vendu et il profite du soleil méditerranéen en attendant de décider ce qu'il va bien pouvoir faire... Un autre livre ? Cela ne lui dit rien. La littérature n'est pas vraiment sa passion. C'est beaucoup de travail. Ou alors, il faudrait que cela rapporte vraiment gros...

En face de lui, sur une chaise longue, sa femme Edna, une brune ravissante de vingt-cinq ans qu'il vient tout juste d'épouser, est plongée dans la lecture d'un magazine à gros tirage. Elle relève la tête.

– Ce Hughes, quel personnage ! Quel dommage qu'on n'en sache pas plus sur lui !

Edna Marlow tend la revue à William, qui parcourt distraitement l'article à son tour. Il est consacré à l'individu peut-être le plus étrange de ce siècle : le milliardaire Howard Hughes. Il a une des plus grandes fortunes de la planète. Il possède des usines d'aviation, des compagnies aériennes, des casinos et des firmes de cinéma. Mais depuis 1958, il s'est retranché du monde. Il ne voit personne, à part cinq secrétaires à qui il donne ses ordres pour diriger son empire...

Le journaliste de la revue raconte comment il a essayé de

forcer sa retraite, mais comment il a échoué, Hughes étant défendu par une véritable armée privée. L'article est illustré, outre de la photo la plus récente du milliardaire, qui remonte déjà à douze ans, de la reproduction d'une lettre manuscrite de lui, avec sa signature.

William Marlow reste soudain songeur... Howard Hughes est vraiment quelqu'un d'unique ! Il est vivant, mais il ne veut rien savoir du monde. Il peut agir comme les autres hommes, mais il s'y refuse. Alors, si quelqu'un d'autre le faisait à sa place, écrivait ses Mémoires, par exemple, quelle serait sa réaction ? Il démentirait, démasquerait l'imposteur ? Pas certain, puisqu'il a coupé tout lien avec ses contemporains... La biographie d'Howard Hughes, quel sujet fabuleux ! Un éditeur donnerait une fortune pour un tel livre...

Dans l'esprit de William Marlow, tout un scénario se précise. Le milliardaire n'ira évidemment pas trouver en personne l'éditeur. Il ne quittera pas l'une de ses retraites secrètes où il se terre depuis douze ans. Il choisira un intermédiaire et cet intermédiaire ne sera autre que William Marlow... En fait, Howard Hughes n'interviendra que par écrit et tout est parfait, puisque la revue fournit obligeamment un échantillon de son écriture et de sa signature... Il se tourne vers sa compagne.

– Edna, j'ai trouvé le titre de mon prochain livre : *Les Mémoires d'Howard Hughes* !

– Tu es fou ?

– Pas du tout et je connais même le début. (Il sort son stylo, et s'empare d'une feuille de papier.)

– Le début, cela consiste à imiter sa signature...

Et, sous le soleil hivernal des Baléares, William Marlow se met en devoir de tracer le paraphe d'Howard Hughes... Sur une table près de lui, traîne un exemplaire de son dernier roman, qui lui a rapporté une coquette somme en droits d'auteur, mais qui ne sera rien à côté du suivant. Il s'intitule – c'est une chose qui ne s'invente pas : *Falsification*.

Fin janvier 1971. Bronzé et décontracté, William Marlow rend une petite visite à sa directrice littéraire, chez MacGraw-Hill, à New York.

– Hello, Nancy !

– Hello, William ! Les Baléares vous ont réussi, à ce que je vois. Qu'est-ce que vous nous préparez de beau ? Un nouveau roman ?

William Marlow adopte un ton détaché.

– Non. Pas pour le moment. Je viens de recevoir un petit mot amical d'Howard Hughes et cela m'a donné une idée.

– Vous êtes ami avec Howard Hughes ?

– Cela vous étonne ?

La directrice littéraire secoue la tête… Non, de la part de William Marlow rien n'est surprenant, même le plus invraisemblable. Ce garçon a un culot monstre, un charme insolent et parvient à s'introduire dans les milieux les plus fermés, les plus huppés.

– Pas venant de vous. Et… cette idée ?

– Je lui ai demandé si cela l'amuserait d'écrire ses Mémoires.

– Et il a dit oui ?

– J'attends sa réponse…

Bien entendu, dès le départ de William Marlow, la directrice littéraire s'empresse de rapporter l'entretien à la direction générale et quand, deux semaines plus tard, William appelle pour dire que le milliardaire est d'accord, c'est le branle-bas de combat. Un rendez-vous lui est immédiatement donné avec le grand patron.

William Marlow arrive, nullement impressionné de se trouver devant le Big Boss de la plus grande maison d'édition du monde, ni de la partie serrée qu'il va devoir jouer. Rien, à vrai dire, ne l'a jamais impressionné… Il dépose trois lettres sur le bureau. Elles sont toutes trois signées « Hughes ». Aucun doute : c'est bien son écriture. Dans la dernière, le milliardaire demande à William Marlow d'écrire sa biographie…

– Alors, qu'est-ce que vous en pensez ?

– C'est fantastique !

– C'est l'affaire du siècle, vous voulez dire. Si vous souhaitez que je donne suite, ce sera cent cinquante mille dollars.

– Vous les avez.

La somme est énorme, mais le patron de MacGraw-Hill ne songe pas un instant à discuter. Il a bien trop peur que Marlow n'aille voir un autre éditeur.

– Très bien. Maintenant, voici comment nous allons procéder. Hughes m'a donné des instructions par téléphone. Il a précisé qu'il ne voulait voir que moi. Si une autre personne entre en contact avec lui, il annulera tout.

– Parfaitement.

– L'avance de cent cinquante mille dollars, c'était pour moi personnellement. Lui veut cinq cent mille dollars à la signature du contrat.

Encore une fois, la somme est énorme, mais l'éditeur ne pipe pas. Elle est normale compte tenu de l'ouvrage. Les Mémoires d'Howard Hughes peuvent rapporter des millions et des millions...

– La somme devra m'être remise en un chèque à mon nom. Je la reverserai ensuite sur un des comptes d'Hughes, selon une procédure qu'il m'indiquera.

C'est l'instant crucial... Mais William Marlow peut se rendre compte, à l'absence de réaction de son interlocuteur, à quel point il a vu juste en choisissant Howard Hughes. Une telle exigence éveillerait immédiatement les soupçons dans n'importe quelle autre circonstance. Elle est, en revanche, parfaitement conforme au goût maladif du secret qu'a le milliardaire.

– OK. Qu'allez-vous faire, maintenant ?

– Je pars pour Porto Rico. Seul, bien entendu... Inutile de préciser que si vous me faites suivre par un avocat, un détective ou qui que ce soit, Hughes, avec les moyens dont il dispose, le saura tout de suite, et que tout sera annulé.

– Il n'est pas question d'une chose pareille. Je fais établir le contrat. Bonne chance, William...

William Marlow s'en va. Il reste absent quinze jours, pendant lesquels règne la plus intense émotion chez MacGraw-Hill et, le 5 mars 1971, il revient, le contrat à la main. Il le dépose sur le bureau du Big Boss, avec cet air décontracté qui fait son charme.

– C'est fait. Il a signé. Vous pouvez vérifier.

Vérifier, l'éditeur y compte bien, mais pas lui-même. Il a fait venir trois des graphologues les plus réputés des États-Unis et ceux-ci se penchent aussitôt sur le document… Pour William Marlow, c'est le second moment délicat. Il reste néanmoins confiant. Depuis trois mois, il ne fait que s'exercer à imiter l'écriture et la signature d'Howard Hughes, à tel point que la chose lui est devenue presque naturelle… Après un long examen, les trois spécialistes reposent leurs loupes.

– Pas de doute, c'est bien de lui.

L'éditeur les remercie et, dès qu'ils sont partis, sort un chèque de sa poche… Marlow y jette un coup d'œil rapide.

– Cinq cent mille dollars à mon ordre. C'est parfait.

Le patron de MacGraw-Hill a l'air un peu gêné.

– William, je peux vous demander comment vous allez faire parvenir la somme à Hughes ? Ce n'est pas que je n'aie pas confiance, mais je dois des comptes à mon conseil d'administration…

– Très simple ! Je lui ai fait un chèque de cinq cent mille dollars. Avec le vôtre, je vais m'ouvrir un compte en Suisse et il ira toucher le mien là-bas.

– Il va y aller lui-même ?

– Non, sa femme. Il lui a fait une procuration.

– Il est marié ?

– Qu'est-ce que vous croyez ? Il a eu le temps d'en faire des choses depuis douze ans ! Vous aurez son mariage secret dans le bouquin et pas mal d'autres trucs assez sensationnels…

– C'est fabuleux ! Mettez-vous vite au travail.

– C'est déjà commencé. J'ai des heures d'interview sur mon magnétophone…

William Marlow se met donc au travail, mais décidément travailler n'est pas son fort. Alors qu'il aurait pu tout faire lui-même, il prend le risque de recruter un complice. Il s'assure des services d'un ami de longue date, Gerald Cheney, un documentaliste. Il charge ce dernier de dépouiller dans la presse toute la vie connue du milliardaire ; le reste, la partie mystérieuse depuis sa réclusion volontaire, il la tirera de son imagination et on peut lui faire confiance : William Marlow n'a jamais été à court d'imagination...

Pendant des mois et des mois, il mène ainsi une vie bien réglée. À intervalles réguliers, il se rend à Porto Rico, prétendument pour enregistrer les confidences d'Howard Hughes, en fait pour se prélasser sur la plage ou dans les bars des palaces. De retour à New York, il trouve sur son bureau une pile d'articles sur Howard Hughes que lui a apportés Gerald Cheney et petit à petit, le livre avance...

L'éditeur n'a pas pris le risque de le faire suivre à Porto Rico, mais il a tout de même voulu prendre discrètement des renseignements du côté de la Suisse. Et ce qu'il a appris l'a rassuré. William Marlow a fait virer l'argent à Zurich. Un peu plus tard, une belle brune se présentant sous le nom d'Helga R. Hughes est venue retirer la somme pour la transférer sur un compte numéroté...

Toute l'année 1971 se passe ainsi... Noël n'est pas loin et William Marlow est en train d'imaginer les circonstances fantastiques dans lesquelles Howard a rencontré Helga, la future Mme Hughes, lorsque le téléphone sonne à son domicile new-yorkais. L'appel émane du directeur de la grande revue américaine *Life*, celle, précisément, où il avait lu l'article qui est à la base de tout.

– Monsieur Marlow, nous savons que vous êtes sur les Mémoires d'Howard Hughes. Que diriez-vous de deux cent cinquante mille dollars pour une prépublication ?

William Marlow en dit qu'il est tout à fait d'accord et l'énormité de cette somme, accordée comme cela, sans avoir vu une ligne, lui fait soudain comprendre qu'il n'a pas été assez exigeant. Il rappelle MacGraw-Hill.

– Ce rapace d'Howard Hughes fait des histoires. Il réclame un million de dollars supplémentaires !

Cette fois, l'éditeur proteste. Il se fâche, même.

– Pas question qu'il ait un cent de plus ! Il a signé. Il y a des lois, dans ce pays, même pour lui !

– Dans ce cas, il vous rend ses cinq cent mille dollars et il arrête tout…

S'ensuit une longue discussion à l'issue de laquelle Marlow « promet de faire tout son possible pour ramener Hughes à la raison » et prend aussitôt l'avion pour Porto Rico… Quand il revient, une semaine plus tard, avec l'air épuisé de l'homme qui a mené de rudes négociations, il annonce triomphalement à MacGraw-Hill :

– Vous pouvez me remercier. J'ai pu ramener la somme à huit cent cinquante mille dollars. Mais c'est à prendre ou à laisser.

– Sous quelle forme veut-il être payé ?

– Pareil. Un chèque à mon ordre et sa femme va le toucher en Suisse.

– D'accord, mais c'est la dernière fois !…

Les Américains ont la réputation justifiée d'être doués pour les affaires et leur plus grand éditeur ne fait pas exception. Il n'est pas fou. Il sait parfaitement que toute l'histoire est peut-être entièrement fausse et que Marlow n'est peut-être qu'un escroc. Seulement, ce risque, il l'a accepté ; il l'a même certainement chiffré. Les profits résultant d'une biographie d'Howard Hughes sont tellement fabuleux qu'ils justifient la perte de huit cent cinquante mille dollars supplémentaires.

Mais il est bien décidé à ne pas perdre la trace de ce nouveau chèque. Une agence de détectives suit les faits et gestes de William Marlow. Elle constate ainsi qu'il fait, comme la première fois, un virement à une banque de Zurich. Une surveillance est organisée là-bas. On voit de nouveau arriver la ravissante Mme Hughes, qui fait le transfert sur un compte numéroté. Mais il n'y a pas besoin d'une bien longue enquête pour établir que celle qui se fait appeler Helga R. Hughes se nomme en réalité Edna Marlow…

Le 20 janvier 1972, MacGraw-Hill porte plainte contre William Marlow. Suite à la plainte, la police prend le relais des détectives et les trois lettres d'Howard Hughes fournies par Marlow sont analysées par le capitaine MacNally, principal expert en graphologie du FBI. Il conclut à la falsification, encore que l'écriture soit très proche de l'original et qu'il ait fallu déployer des efforts considérables pour parvenir à une telle imitation.

Ces résultats nuancés incitent l'éditeur à la prudence. D'autant que William Marlow, laissé en liberté moyennant une forte caution, se défend avec son assurance coutumière. Il balaie les conclusions du capitaine MacNally.

– Les graphologues, c'est fait pour se tromper, c'est bien connu ! Les trois premiers avaient dit le contraire.

Quant à sa femme remplaçant celle d'Howard Hughes, il n'est pas en peine d'explications.

– Là, c'est vrai, j'ai menti. Mais c'est sur l'ordre d'Hughes lui-même. Il a exigé qu'Edna serve d'intermédiaire pour brouiller les pistes.

Que penser ? De la part du milliardaire, rien n'est invraisemblable. Et en plus, William Marlow apporte les mille feuillets de la biographie qu'il vient enfin de terminer. Si ce qui concerne la partie connue de la vie d'Hughes n'est qu'un honnête travail, sans plus, ce qui touche à la partie inconnue est passionnant… L'éditeur aimerait tant y croire ! Croire que Marlow dit vrai, croire qu'il n'a pas versé une somme folle à un escroc, mais qu'il est en possession du manuscrit du siècle… Chez MacGraw-Hill, on se reprend à espérer…

Et pourtant, quelques jours plus tard, cet espoir est brisé net ! Ce que William Marlow pensait impossible se produit : après maintenant quatorze ans de réclusion et de silence, Howard Hughes décide de se manifester. Il convoque aux Bahamas sept journalistes qui l'ont bien connu autrefois et leur accorde une interview.

Oh, pas une interview ordinaire, comme peut en donner n'importe quel particulier ou même n'importe quel chef d'État, une interview à la Hughes ! Les journalistes sont dans une pièce, lui, dans un autre lieu impossible à déterminer. Il s'exprime par l'intermédiaire d'un système vidéo, extrêmement sophistiqué pour l'époque, qui lui permet de les voir et eux seulement de l'entendre.

– Vous reconnaissez ma voix ?

– Oui, monsieur Hughes.

Il adresse alors à chacun quelques mots, leur rappelant tel ou tel détail d'une conversation qu'ils ont eue jadis.

– Maintenant, vous êtes tous certains que c'est bien moi qui vous parle ?

– Oui, monsieur Hughes.

– Alors écoutez-moi. Je n'ai jamais rencontré Marlow. C'est un menteur et un escroc...

Cette fois, il n'y a plus de doute. MacGraw-Hill n'a plus que ses yeux pour pleurer. Il a perdu un million et demi de dollars, neuf cents millions de centimes et la revue *Life* deux cent cinquante mille dollars. En tout, William Marlow a empoché plus de un milliard ancien. Le retentissement est énorme, non seulement aux États-Unis, mais dans le monde entier.

On ne parle que de Marlow dans les médias. *Newsweek*, l'autre grande revue américaine, concurrente de *Life*, secrètement ravie des malheurs de sa consœur, lui consacre sa couverture, avec comme titre : « L'escroc de l'année »...

William Marlow passe en jugement au tribunal fédéral de New York le 16 juin 1972, en compagnie d'Edna et de son ami Gerald Cheney. Il est condamné à deux ans de prison, sa femme à deux ans avec sursis et deux mois ferme, plus dix mille dollars d'amende chacun. Le documentaliste Cheney s'en tire, de son côté, avec six mois de détention.

Vingt mille dollars, quand on en a escroqué un million sept cent cinquante mille, cela n'incite pas au désespoir. Mais l'histoire ne s'arrête pas là... Devinez à quoi William Marlow a occupé ses loisirs forcés en prison. À écrire un livre, bien sûr !

Il s'était trompé quand il avait dit à Edna qu'après *Falsification*, il écrirait *Les Mémoires d'Howard Hughes*. Après *Falsification*, il a écrit... *Les Mémoires de William Marlow*. Cela n'a pas été le succès du siècle, mais quand on a fait la couverture de *Newsweek*, quand on s'est vu décerner le titre d'escroc de l'année, on a tout pour exciter l'intérêt et le public s'est arraché l'ouvrage. William Marlow est sorti de prison riche et célèbre. Une conclusion pas très morale, mais la vie ne ressemble pas toujours à une fable de La Fontaine.

Le miraculé

Armand et Céleste Lambert s'activent dans leur épicerie encore fermée, située dans le centre de Dijon. Il est sept heures et demie du matin, en ce 18 septembre 1912. C'est l'heure où, avant d'ouvrir le rideau de fer, il y a mille choses à préparer : regarnir les étagères, mettre de la monnaie dans la caisse, donner un dernier coup de torchon sur les bocaux.

Armand Lambert, quarante-cinq ans, n'a pas spécialement un physique avantageux. On voit qu'il est plus habitué à servir la clientèle dans sa boutique qu'à se promener au grand air. Le teint pâle, le corps chétif, les yeux myopes derrière de petites lunettes métalliques, le visage creusé, le dos un peu voûté, il a même quelque chose de déplaisant. Pourtant, la clientèle n'en semble pas gênée, sans doute à cause de son extrême politesse, qui frise la flagornerie.

Céleste Lambert, son épouse, est du genre effacé. C'est une petite bonne femme aux yeux bleus et aux cheveux pâles. Elle s'efforce d'être perpétuellement souriante, même si, avec son mari, ce n'est pas toujours facile…

Armand Lambert va chercher la manivelle pour remonter le rideau de fer. Céleste a un air contrarié.

– J'ai peur, Armand ! Tu ne devrais pas…

Armand Lambert hausse les épaules tout en actionnant la manivelle.

– Laisse-moi faire. Tu veux de l'argent ou non ? Tu veux qu'on rachète le magasin d'à côté ou non ?

– Oui, mais quand même ! De cette manière...

Le rideau de fer est relevé. Derrière la porte, plusieurs clientes attendent. Avant d'ouvrir le loquet, l'épicier se tourne une dernière fois vers sa femme.

– Maintenant, tais-toi ! Et tout à l'heure, tâche d'être à la hauteur. Je veux des cris, des larmes !

Céleste Lambert se mord les lèvres et hoche la tête en silence. Oui, elle essaiera d'être à la hauteur, car elle sait bien que ce 18 septembre 1912 va être pour eux un jour décisif... « À la hauteur », c'est drôle, quand on y pense... Mais Céleste n'a vraiment pas envie de rire.

Toute la matinée se passe sans incident et puis voilà qu'un peu avant midi, une cliente prononce la phrase fatidique :

– Un kilo de sucre de canne, madame Lambert.

Céleste Lambert pâlit. Elle répond d'une voix aussi naturelle que possible :

– Eh bien, mon mari va aller vous chercher cela, madame Justin...

Armand Lambert prend l'échelle et la met en place. Le sucre de canne se trouve tout en haut, sur le dernier rayon. C'est le moment... Il monte rapidement, se penche un peu pour attraper la marchandise réclamée et perd brusquement l'équilibre. Il y a un cri dans le magasin. Les quatre clients présents accourent vers l'épicier en même temps que sa femme. Il semble ne pas s'être trop mal reçu, mais sait-on jamais ?

Et, effectivement, Armand Lambert ne se relève pas. Au contraire, il se met à gémir.

– Céleste, j'ai mal ! Je ne peux plus bouger.

C'est l'affolement général. Il n'y a pas le téléphone dans la boutique. Il faut courir appeler un médecin. Lorsque celui-ci arrive, un quart d'heure plus tard, en compagnie des agents, Armand Lambert est toujours immobile. Il faut l'emmener, geignant, sur une civière.

24 décembre 1912. Trois mois ont passé depuis l'accident. Armand et Céleste Lambert, une fois le rideau de fer fermé,

s'apprêtent à passer le réveillon en tête à tête… Un bien triste réveillon, pensent les gens du quartier. M. Lambert a fait en effet une très mauvaise chute du haut de son échelle. Quoique n'ayant rien de cassé, il est resté paralysé des deux jambes et il est maintenant dans un fauteuil roulant…

Les gens du quartier seraient bien surpris s'ils voyaient ce qui se passe derrière le rideau de fer. Dès que celui-ci a touché le sol, Armand Lambert saute de son fauteuil et arpente le magasin à grandes enjambées.

– Ce n'est pas trop tôt ! Ce n'est pas du tout reposant de rester assis toute la journée, au contraire.

Céleste Lambert a un sourire timide.

– Tu vas oublier cela. On va passer un bon réveillon.

L'épicier ouvre la trappe pour descendre à la cave.

– Et comment ! C'est la fête ! Je vais aller chercher ma meilleure bouteille.

Il disparaît, tandis que Céleste va dans la cuisine de leur appartement, qui est attenante à la boutique. Armand la rejoint peu après, alors qu'elle est en train de préparer la dinde. Il ricane.

– Ces idiots de docteurs ! Un choc nerveux…

C'est en effet un choc nerveux qu'ont diagnostiqué à l'hôpital les médecins, pour expliquer la totale absence de réactions musculaires des membres inférieurs. Après sa chute, Armand Lambert n'avait que des contusions légères, pas même une fêlure. Mais ses jambes étaient apparemment sans vie ; alors il fallait bien justifier le phénomène.

Son certificat médical en poche, Armand Lambert est aussitôt allé trouver la compagnie d'assurances auprès de laquelle il avait souscrit un gros contrat en cas d'accident. On ne peut pas dire qu'ils aient eu l'air contents à la compagnie, mais allez donc faire quelque chose contre l'avis des médecins ! Ils ont dû payer la somme convenue en cas de paralysie définitive des deux jambes : cent mille francs ! De quoi acheter la boutique du crémier qui a fait faillite, à côté. Et ce n'est pas tout… Armand Lambert a du mal à parler à sa femme, tant il rit.

– Derrière la caisse, j'ai fait les comptes : aujourd'hui, on a battu tous les records.

Céleste approuve d'un hochement de tête.

– Il y avait une personne sur trois que je ne connaissais pas…

Car, c'est bien cela le plus extraordinaire : la fausse infirmité d'Armand Lambert ne lui a pas permis seulement d'empocher l'argent de l'assurance, elle a fait faire un bond prodigieux au chiffre d'affaires. Dans tout le quartier, les gens se sont apitoyés sur son sort. Beaucoup de ceux qui allaient chez les concurrents ont changé leurs habitudes parce qu'il fallait « faire quelque chose pour ce pauvre M. Lambert qui a eu un tel malheur et sa pauvre femme qui est si méritante… ». Céleste regarde son mari.

– Ce n'est pas trop dur pour toi ?

L'épicier sourit.

– Si, mais avec l'habitude cela va sûrement s'arranger. Et dès qu'on aura gagné assez, on partira tous les deux dans le Midi, au soleil, là où personne ne nous connaît.

Mars 1913. L'épicerie de M. et Mme Lambert, qui a doublé de surface depuis qu'ils ont racheté la boutique du crémier d'à côté, ne désemplit pas. Jamais les affaires n'ont été aussi bonnes. Pourtant, ce jour-là, une fois le rideau de fer baissé, ce ne sont pas des propos optimistes que l'épicier échange avec sa femme. Armand Lambert saute à bas de son fauteuil roulant.

– Je n'en peux plus, Céleste !

Céleste Lambert essaie maladroitement de calmer son mari :

– Un peu de patience…

Du coup, Armand Lambert explose tout à fait :

– Un peu de patience : tu en as de bonnes ! Ce n'est pas toi qui es soumise à ce supplice quotidien. Tu sais dans combien de temps nous aurons assez d'argent pour descendre dans le Midi ? J'ai fait le calcul : pas avant trois ans.

– Au début, tu disais que tu allais t'y faire…

– Eh bien, je m'étais trompé, voilà ! Quand on est vraiment

paralysé, on n'a pas le choix. Mais quand on ne l'est pas, quand on sent que ses jambes vivent et qu'on ne peut pas les bouger, c'est trop dur... Céleste, je ne pourrai pas !

L'épicière regarde son mari avec effarement.

– Pourtant, il le faut, Armand !

– Je ne pourrai pas, je te dis ! Je suis capable de me lever, comme cela, en plein magasin, devant tout le monde, pour que ce soit fini.

– Mais ce n'est pas possible ! Tu iras en prison, il faudra fermer boutique. Nous serons ruinés, déshonorés.

Armand Lambert baisse la tête. Vis-à-vis de sa femme, il s'était toujours comporté en maître. Mais cette fois, il est humble, pitoyable.

– J'ai fait une erreur, Céleste. J'ai sous-estimé les difficultés. Je te demande pardon. Nous sommes perdus...

L'épicier et l'épicière restent un long moment silencieux. Soudain, Céleste Lambert se met à parler d'une voix troublée :

– Non ! Pas cela. Il ne faudrait pas !

– Tu as trouvé une idée ?

– J'ai honte d'avoir pensé une chose pareille.

– Dis-le-moi.

– Non !

– Parle, Céleste ! C'est un ordre.

Alors, Céleste Lambert parle... Ce qu'elle a imaginé, contrainte et forcée par la situation, est effectivement très particulier et, il faut bien le dire, très osé.

13 août 1913. Les Lambert sont seuls dans un compartiment de première classe en direction de Paris. Ce n'est pas à Paris qu'ils se rendent, mais les communications directes entre villes de province sont souvent inexistantes et, de Dijon, il faut passer par la capitale pour se rendre à Lourdes.

Car telle était l'idée de Mme Lambert : un faux miracle ! Après s'être baigné dans l'eau miraculeuse, son mari n'aurait qu'à prétendre qu'il était guéri et tout rentrerait dans l'ordre...

Quand elle lui a dit cela, Armand Lambert a sauté au cou

de sa femme et l'a embrassée avec des larmes de reconnaissance. Puis il s'est employé à vaincre ses scrupules, car Céleste a, comme on dit, de la religion. Ensuite, il a ajouté au scénario sa touche personnelle. Il fallait que le « miracle » ait le plus grand retentissement possible. Car non seulement il lui permettrait de retrouver ses jambes, mais, du jour au lendemain, il deviendrait une vedette, il serait connu dans toute la région, peut-être même dans toute la France. On s'écraserait dans son épicerie, on viendrait acheter n'importe quoi rien que pour le voir.

Oui, à eux deux, les Lambert ont mis au point quelque chose d'aussi franchement répugnant que parfaitement génial. Le faux accident leur a apporté l'aisance et le faux miracle va rendre l'accidenté comme avant, en leur apportant, cette fois, pas loin de la fortune.

Voilà pourquoi ils ont attendu la mi-août pour aller à Lourdes. Le 15 août est le jour où il y a le plus de monde à Lourdes et le miracle aura, ce jour-là, un retentissement sans égal. Pour cela, Armand Lambert n'a pas hésité à rester quelques mois de plus dans son fauteuil roulant. Il avait désormais un moral à toute épreuve…

Dans le compartiment de première classe, Armand sourit à sa femme.

– Quand on rentrera à Dijon, il faudra peindre une Sainte Vierge sur la devanture. Et il faudra aussi rebaptiser le magasin. Qu'est-ce que tu penses de « Au Miraculé » ?

Céleste Lambert fait la moue.

– Un peu vulgaire… Je préférerais : « Chez Sainte Bernadette »…

Leur conversation roule sur cet intéressant sujet et sur leurs innombrables projets d'avenir pendant tout le voyage et, le surlendemain 15 août, c'est le grand jour. Céleste a le cœur qui bat en poussant le fauteuil de son mari. Elle a passé toute la journée de la veille chez le coiffeur.

– Il m'a coupé les cheveux un peu court, tu ne trouves pas ? J'ai peur que cela fasse mauvais genre sur les journaux.

– Mais non. Ne t'inquiète pas…

– Je n'aurais pas dû mettre ma robe bleue. Le bleu ne me va pas.

– Les photos ne seront pas en couleurs.

– C'est vrai. Tu as raison. Je suis si émue…

La longue file des fauteuils roulants et des brancards avance lentement au son des cantiques, vers le bassin où l'on plonge les malades. Armand et Céleste Lambert remarquent les nombreux journalistes et photographes. Ils ont bien choisi leur jour…

Plusieurs heures passent dans une chaleur accablante. C'est enfin à eux. Deux infirmiers vigoureux saisissent Armand Lambert et le plongent dans la piscine. Celui-ci se laisse couler puis se dresse sur ses jambes et lance, d'une voix bouleversée :

– Mais… je marche !

Dans la foule, il y a d'abord un flottement, puis un brouhaha et enfin un cri de triomphe s'élève :

– Mon mari marche ! C'est un miracle !

Alors, c'est un mouvement d'allégresse indescriptible. Certains tombent à genoux et récitent des prières, tandis que d'autres tentent de se rapprocher de l'ancien paralytique qui brandit son fauteuil à bout de bras au milieu des photographes et qui crie :

– C'est un miracle !…

Le soir, dans leur hôtel, les Lambert sont appelés au téléphone. C'est l'un des adjoints au maire de Dijon. Sa voix est vibrante :

– Monsieur Lambert, nous vous attendons avec impatience. Quand comptez-vous rentrer ?

Armand Lambert déplie ses jambes et se renverse sur sa chaise :

– Je ne sais pas encore.

– Monsieur Lambert, tout le conseil municipal sera là, de même que le préfet, la fanfare et, bien entendu, les autorités religieuses.

L'épicier se rengorge. Il avait vu juste. C'est le début de la gloire. Il fait mine de réfléchir.

– Eh bien, avec tous les engagements que nous avons jusqu'ici, disons le 20 août…

20 août 1913. Le train Lourdes-Paris roule rapidement. Dans moins de dix heures, ce sera l'arrivée à Dijon et, pour les Lambert, le triomphe et la fortune… Armand et Céleste, seuls dans leur compartiment comme à l'aller, sont repartis dans leur éternelle discussion :

– L'épicerie s'appellera : « Au Miraculé » !

– Non. C'est trop vulgaire ! Je préfère : « Chez Sainte Bernadette ».

C'est à ce moment qu'il y a un long, un très long coup de freins et puis un choc. Le Lourdes-Paris vient d'entrer en collision avec un train de marchandises à l'arrêt sur la voie. Le choc est peu violent. Il n'y a pas de victimes et pas de blessés, sauf dans le wagon qu'occupaient Armand Lambert et sa femme…

Céleste est indemne mais son mari a été touché aux jambes par une glace qui s'est brisée dans le choc et l'a atteint en tombant. Il est transporté à l'hôpital.

Lorsque Céleste vient prendre de ses nouvelles, le médecin essaie de cacher son désarroi :

– Il vivra.

– C'est grave ?

– C'est-à-dire… Il fallait faire vite. Nous avons été obligés de l'amputer.

– L'amputer ?

– Oui, hélas… Des deux jambes.

L'épicerie des Lambert n'a pas changé de nom. Elle ne s'est appelée ni « Au Miraculé », ni « Chez Sainte Bernadette ». Au début, lorsque les Lambert sont revenus, ce fut l'affluence, la cohue. Tout le monde voulait exprimer sa sympathie au malheureux Armand. Mais il était vraiment trop triste, trop désespéré. À la longue, les clients n'ont pas supporté la montagne de malheur qui s'exhalait de ce petit homme maigre dans son fauteuil à roulettes. On avait beau lui répéter :

– Il faut vous dire que c'est comme avant le miracle, monsieur Lambert. Rien n'a changé, voilà tout…

Cela ne faisait que le rendre plus malheureux, plus agressif encore. Alors, peu à peu, tout le monde est allé faire ses achats ailleurs. L'épicerie a fait faillite et les Lambert sont partis à leur tour. Peut-être vers le Midi, qui sait ?…

On n'a reparlé d'eux qu'en 1940, à la mort de Céleste Lambert, quinze ans après celle de son mari. Elle avait laissé une confession publique qu'ont reproduite les journaux. En apprenant l'histoire, les croyants ont dit :

– Le bon Dieu l'a puni !

Et les autres, toutes opinions confondues :

– C'est bien fait !

Le faux trésor de Rennes-le-Château

Contrairement à ce qu'on pourrait supposer, Rennes-le-Château n'est pas une bourgade bretonne sur les bords de l'Ille ou de la Vilaine. C'est l'Aude qui passe non loin. Le climat est celui, brûlant, des Corbières toutes proches, le paysage est à la fois sauvage et beau. Le village lui-même est bâti dans un site particulièrement impressionnant, sur un piton rocheux. Il a été oppidum romain, camp retranché des Wisigoths, forteresse médiévale. C'était une place cathare, qui a été ravagée par Simon de Montfort. Comme on le voit, il a derrière lui une histoire violente : quand on creuse un peu profond, on trouve des ossements...

Son église Sainte-Marie-Madeleine est décorée de manière étrange. Le bénitier est soutenu par un diable, qui lui sert de pilier. C'est une composition étonnante, presque morbide, en plâtre colorié avec des yeux de verre et qui laisse une impression de malaise, presque de peur. Les statues des saints et des saintes qui décorent le reste de l'église sont de la même facture : en plâtre avec des yeux de verre. Eux aussi font peur bien que ce ne soit pas leur rôle. Ils sont figés dans des attitudes d'un réalisme insolite et ils vous dévisagent avec leurs regards fixes. On dirait des morts vivants.

Le décor est planté et l'histoire qui va s'y dérouler n'est pas moins extraordinaire. La preuve : un siècle après, on en discute encore.

L'histoire de Rennes-le-Château, c'est celle de l'abbé Saunière...

Étonnante destinée que celle de François Béranger Saunière, étonnant personnage aussi ! Né en 1852, il manifeste les dons les plus brillants pour l'étude. Il est le meilleur élève du séminaire de Narbonne. Il pratique couramment non seulement le latin et le grec, mais aussi l'hébreu. Ses qualités sont tellement vives qu'une fois ordonné prêtre, il reste au séminaire, mais en tant que professeur cette fois.

Seulement, l'abbé Saunière a un grave défaut : ce sont ses idées, des idées « avancées » comme on dit à l'époque. Et l'Église d'alors n'est pas précisément libérale.

François Béranger Saunière est un danger pour les jeunes esprits qu'il a mission de former et l'évêque n'hésite pas à sévir. Il l'envoie dans l'une des plus pauvres paroisses de son diocèse, dans la partie la plus aride des Corbières, à Rennes-le-Château.

À Rennes-le-Château, l'abbé Saunière découvre une église en ruine et des caisses tout aussi pitoyables. Il y a, en tout et pour tout, pour faire fonctionner la paroisse, six cents francs laissés par son prédécesseur et cinq cent dix-huit francs légués par une dévote.

Cela ne l'empêche pas de se mettre courageusement à sa tâche pastorale, mais il montre dès le début que, décidément, il n'est pas un religieux comme les autres. Il engage comme servante une jeune ouvrière, Marie Denardaud. Elle n'a pas l'âge canonique, elle aurait plutôt l'âge diabolique : elle vient d'avoir dix-huit ans. Mais François Béranger Saunière s'en moque absolument et ne se soucie pas davantage de cacher leur liaison, qui ne tarde pas. Il a des idées avancées dans tous les domaines et pas seulement en politique... Cela, d'ailleurs, lui réussit. Cet homme de trente ans, bien bâti, au visage qui exprime à la fois l'autorité et la joie de vivre, et cette jeune fille vive et enjouée forment un couple assorti et les villageois finissent par les accepter...

C'est en décembre 1891 que tout commence. L'abbé Saunière a fini par obtenir de la municipalité un prêt de mille francs pour réparer le maître-autel, une somme bien modeste, mais astronomique par rapport à ses revenus : pendant toute l'année précédente, les quêtes ne lui ont pas rapporté plus de vingt-cinq francs.

Les maçons sont au nombre de deux. Ils commencent par desceller l'autel, qui est une simple table de pierre, posée sur un pilier datant des Wisigoths. Ils s'encouragent en poussant des cris, pèsent de toutes leurs forces sur leur barre de fer. La jointure cède. Ils soulèvent la pierre, la retournent et c'est au tour de François Béranger Saunière de pousser un cri : la dalle est sculptée à l'envers. C'est un très curieux motif représentant un homme à cheval tenant un sceptre. Mais surtout, le pilier est creux. L'abbé se penche. Il y a trois petits étuis de bois, contenant des parchemins. Il se retourne vivement vers les ouvriers.

– Vous pouvez partir. Je n'ai plus besoin de vous.

– Mais on vient juste de commencer.

– Allez-vous-en, je vous dis. Je me débrouillerai tout seul.

– Ces choses qu'on vient de découvrir...

– Ce sont des reliques !

Les deux maçons savent bien que le curé n'est pas commode quand il a quelque chose en tête, mais ils sont tellement désorientés qu'ils protestent tout de même :

– Monsieur le maire nous a payés pour deux jours. Qu'est-ce qu'on va faire ?

Le curé les pousse hors de l'église :

– Allez boire un coup à ma santé.

L'abbé ne reste pas seul longtemps. Le maire ne tarde pas à faire irruption. Quand il l'aperçoit, l'abbé Saunière glisse prestement les manuscrits dans sa soutane.

– Qu'est-ce que c'est que cette histoire de parchemins, monsieur le curé ?

L'abbé Saunière n'est pas de nature à se laisser impressionner.

– Ils étaient dans l'église, donc ils appartiennent à l'église. Je compte les vendre. Ce sera un moyen de rembourser ma dette.

L'argument porte. Le maire n'insiste pas.

– D'accord, mais il me faut le contenu pour les archives de la commune.

Le curé approuve rapidement :

– Bien sûr, bien sûr… Je vous en ferai un calque.

Ce calque, c'est Marie Denardaud qui l'apporte au maire quelques jours plus tard : une suite de mots latins totalement incompréhensibles. Mais s'agit-il de la véritable reproduction ? Car l'original, nul ne l'a vu…

Quoi qu'il en soit, à partir de ce moment, François Béranger Saunière se met à veiller fort tard. On voit de la lumière allumée presque toute la nuit au presbytère. Et quelque temps après, il fait revenir les maçons dans son église. Il leur désigne une dalle près de l'autel.

– Vous allez me la desceller.

La dalle finit par céder et, cette fois, c'est bien plus extraordinaire encore : elle révèle une cavité, avec, au fond, une marmite remplie d'objets brillants. Comme la première fois, le curé envoie promener les ouvriers.

– C'est bien comme cela. Je vous remercie.

– Mais, monsieur le curé, on vient de découvrir un trésor !

– Ce sont des pièces sans valeur, vous n'y connaissez rien. Allez, bonsoir !

À Rennes-le-Château, la nouvelle est aussitôt connue : monsieur le curé a trouvé un trésor. L'abbé Saunière dément avec hauteur, mais il refuse de montrer les pièces…

La semaine suivante, François Béranger Saunière monte à Paris. On chuchote qu'il se rend à la Bibliothèque nationale en quête d'une information qui lui manque pour trouver le reste du trésor… Il rentre cinq jours plus tard.

Et il semble bien avoir fait une découverte, car il se met aussitôt au travail. Les habitants de Rennes-le-Château voient l'abbé Saunière et Marie Denardaud se livrer, la nuit, à des fouilles. Elles sont bien étranges. Une nuit sur deux, ils sont au cimetière attenant au presbytère. À l'aide de ficelles et de mètres pliants, ils prennent des mesures. De temps à autre, ils creusent un trou peu profond et inscrivent quelque chose sur un carnet.

Une nuit sur deux, au contraire, ils s'en vont à pied au plateau de Razes, à une dizaine de kilomètres de là, portant chacun une hotte. Ils en reviennent au petit matin, et l'un et l'autre semblent lourdement chargés.

Alors, le trésor est-il réparti en deux endroits ? Ou bien François Béranger Saunière hésite-t-il encore sur son emplacement ? Ou bien encore l'une des deux fouilles n'est-elle qu'une mise en scène pour brouiller les pistes ? À moins que ce ne soit les deux. Tout se passe peut-être ailleurs, à l'abri des regards, dans l'église par exemple...

Toujours est-il que cela dure des années et que, en date du 12 mars 1895, les habitants de Rennes-le-Château se plaignent au préfet que leur curé détériore les tombes de leurs familles : « Nous, électeurs, protestons que monsieur le curé n'a pas le droit qu'après que nous avons fait des embellissements ou placé des croix et des couronnes, tout soit remué, levé ou changé dans un coin... »

Mais ce travail de Romain porte soudain ses fruits, car, en 1897, tout change brutalement !

À partir de ce moment, François Béranger Saunière, qui ne récoltait de ses fidèles que vingt-cinq francs par an, se lance dans de folles dépenses. Il achète un terrain près de l'église et se fait bâtir la maison de ses rêves : une énorme bâtisse au goût plus que douteux, de style néo-gothique. Il n'oublie pas sa maîtresse : Marie Denardaud a droit elle aussi à sa maison près de la sienne.

Le train de vie du curé de Rennes-le-Château est extraordinaire. Il importe par barriques du rhum de la Jamaïque. Il élève des canards qu'il nourrit avec des biscuits à la cuillère. Il fait venir à grands frais une cantatrice célèbre et des musiciens pour des concerts privés.

Bien entendu, les autorités ecclésiastiques s'émeuvent. L'évêque de Carcassonne le suspend de ses fonctions en l'accusant de ce qu'on appelle en langage ecclésiastique trafic d'indulgences ou simonie, c'est-à-dire de vendre contre de l'argent la promesse du paradis. Cela ne l'empêche pas de rester à Rennes-le-Château comme simple citoyen et de continuer la même vie qu'auparavant. Avec son argent, il engage même les meilleurs avocats de l'époque pour plaider sa cause auprès du Vatican et il retrouve sa cure en 1915...

Malheureusement François Béranger Saunière ne pourra pas réaliser son dernier rêve : construire une chapelle avec une piscine pour les baptêmes. Il meurt brusquement en janvier 1917. Marie Denardaud a la curieuse idée d'exposer son cadavre dans son fauteuil de velours cramoisi à glands dorés. Les habitants de Rennes-le-Château défilent devant lui et prennent les glands en guise de reliques.

Quand on ouvre son testament, on espère connaître l'étendue de sa fortune, voire y trouver la révélation de l'emplacement du trésor. Mais c'est une cruelle désillusion : il n'a plus un sou. Il a légué tous ses biens – les bâtiments de mauvais goût qu'il a fait construire – à Marie Denardaud. C'est désormais vers cette dernière que convergent tous les regards. Elle et elle seule sait où est le trésor. Marie se contente, d'ailleurs, de dire de temps à autre, comme pour entretenir la curiosité :

– Un jour, je vous dirai comment devenir puissant...

Mais si elle sait où est le trésor, une chose est certaine : elle n'en profite pas pour elle-même. Pendant les trente-six ans où elle survit au curé, elle ne vit pas dans le luxe, elle est même dans la gêne et finit par vendre tout son avoir en viager. Mais bien qu'on ait mis un magnétophone à côté de son lit de mort, elle s'éteint sans avoir fait la moindre révélation et le mystère du trésor de Rennes-le-Château reste intact.

C'est ici que s'arrête l'histoire. Depuis la mort de l'abbé Saunière, plusieurs livres et des dizaines d'articles ont été consacrés à Rennes-le-Château et ce village perdu des Corbières a acquis, non seulement en France mais à l'étranger, une incroyable notoriété. Il a vu défiler des dizaines de faux touristes, feignant de s'intéresser aux beautés du site ou de l'architecture et s'activant, la nuit principalement, dans les environs, avec une pioche, voire un détecteur de métaux. Rennes-le-Château est devenu un chapitre obligé de tous les livres traitant des trésors cachés.

Et pourtant, c'est bien dans un ouvrage consacré aux grandes arnaques que l'histoire de l'abbé Saunière a sa place, car, n'en déplaise aux amateurs de sensationnel, c'est lui et lui seul qui a tout inventé. Et la vérité, telle qu'on peut l'établir aujourd'hui avec une presque totale certitude, défie l'imagination, car l'abbé a fait preuve en la circonstance d'une diabolique ingéniosité...

François Béranger Saunière n'était pas seulement ce religieux non conformiste qui aimait s'entourer d'un certain panache. Il avait un grave défaut : il aimait aussi l'argent. C'est pourquoi il pratiquait effectivement la simonie, le trafic des indulgences. À la fin du XIXe siècle, les gens sont encore très croyants, surtout dans les campagnes, et beaucoup, sentant leur dernière heure arriver, ou même avant, sont prêts à payer cher un prêtre qui leur donnerait, moyennant finances, l'assurance du paradis.

François Béranger n'a pas eu de scrupules à accepter. Seulement, comment justifier cet argent, alors que les caisses de la paroisse contenaient moins de douze cents francs lorsqu'il a pris ses fonctions et qu'il prétend ne recevoir de ses fidèles que vingt-cinq francs par an ?

Il est en train de se poser ces questions, quand, brusquement, en décembre 1891, Dieu fait un miracle ! Les ouvriers mettent au jour de vieux parchemins sous le maître-autel. Grâce à la présence d'esprit qui lui est coutumière, le curé de Rennes-le-Château comprend tout de suite le parti qu'il peut tirer de la situation. Il chasse les ouvriers en leur disant des rouleaux : « Ce sont des reliques. »

Et le comble est qu'il ne ment absolument pas ! Jadis, quand on élevait un autel à colonnes, on faisait une colonne creuse, appelée « tombeau », dans laquelle on mettait des ossements de saints et un parchemin indiquant la date de consécration de l'autel, ainsi que le nom de l'évêque qui avait procédé à la cérémonie. Il n'y avait rien d'autre sur les fameux manuscrits et certainement pas le plan d'un trésor.

Et toute la suite n'est qu'une brillante mise en scène : la seconde fouille dans l'église et la découverte de cette marmite pleine de pièces qu'il a sans doute déposée lui-même, le voyage à Paris, les nuits passées dans le cimetière, les fouilles au plateau de Razes et les retours au matin en compagnie de Marie Denardaud, tous deux courbés sous le poids d'un fardeau imaginaire.

En 1897, François Béranger Saunière se décide enfin à profiter des sommes considérables que son trafic d'indulgences lui a permis d'amasser. Et chacun croit dur comme fer qu'il vient de découvrir le trésor. Il n'y a que la hiérarchie ecclésiastique qui n'est pas dupe et qui le suspend de ses fonctions...

Alors, comment, dans ces conditions, s'étonner qu'après la mort du curé, la servante n'ait rien dit ? Parler aurait été souiller la mémoire d'un homme qu'elle avait aimé. Elle s'est donc tue et a été assez habile pour entretenir le mystère avec des phrases ambiguës...

Il faut le dire et le répéter : le trésor de Rennes-le-Château n'a jamais existé, car, aujourd'hui encore, il se trouve des gens pour affirmer le contraire, au mépris de l'évidence. Il n'y a jamais eu, à Rennes-le-Château, que la mise en scène d'un mystificateur de génie, qui avait la particularité d'être ecclésiastique. N'est-ce pas, dans le fond, plus étonnant encore ?

Meegeren de Delft

25 mai 1945. Il y a tout juste un peu plus de deux semaines que la guerre est terminée. Deux hommes en imperméable sonnent à la porte d'une opulente maison particulière du centre d'Amsterdam. S'ils en ont l'allure, ils n'ont rien à voir avec les sinistres agents de la Gestapo, qui ont sévi aux Pays-Bas pendant l'Occupation. Au contraire, ils font partie de la police militaire hollandaise chargée de traquer les collaborateurs.

Un homme maigre entre cinquante et soixante ans vient leur ouvrir. Il semble malade, usé. Il a une petite moustache mal entretenue, de profondes rides sur le front.

– Henri Van Meegeren ? Nous aimerions vous poser quelques questions...

L'homme les fait entrer dans le luxueux salon de sa demeure.

– Le nom de Miedl vous dit-il quelque chose ?

– C'est un banquier.

– Parfaitement, un banquier allemand, agissant pour le compte d'Hermann Goering. Fin 1943, vous lui avez vendu pour la somme de un million six cent cinquante mille florins la *Femme adultère* de Vermeer.

– Je croyais bien faire. Il m'avait dit qu'en échange il permettrait la restitution de tableaux de maîtres hollandais.

– Vous vous moquez de nous ? Vous croyez que c'est dans les habitudes des Allemands ? Vous avez cédé un trésor national à l'occupant !

– Vous m'arrêtez ?

– Oui. Pour collaboration. Et vous risquez le maximum : la prison à vie !

Une lueur d'angoisse passe dans le regard du petit homme.

– Alors, je préfère tout vous dire. Je n'ai pas collaboré avec les Allemands. Je leur ai joué un bon tour, au contraire. Le tableau que je leur ai vendu était un faux.

– Un faux ? Et de qui ?

– De moi. Je suis un faussaire. Il y a des années que je fais de faux Vermeer…

Les deux policiers ne croient visiblement pas un mot de ce qu'ils viennent d'entendre et lui passent les menottes.

– Vous raconterez tout cela au juge. Suivez-nous…

Mais devant le juge d'instruction, Henri Van Meegeren maintient ses aveux, il les amplifie, même.

– Depuis 1937, j'ai vendu quatorze faux Vermeer pour plus de sept millions de florins.

– Quels faux Vermeer ?

– Toute sa peinture religieuse.

– Vous ne voulez pas dire que *Les Pèlerins d'Emmaüs* du musée Boymans de Rotterdam et le *Christ dans la maison de Marthe et de Marie* du Rijksmuseum d'Amsterdam sont faux ?

– Si. C'est moi qui les ai peints.

– Vous dites n'importe quoi pour échapper à votre châtiment !

Le juge n'y croit pas. Il ne veut pas y croire ! *Les Pèlerins d'Emmaüs* de Vermeer, un faux, peint par ce petit homme maladif ? *Les Pèlerins d'Emmaüs*, la gloire du musée Boymans, qui, tout comme la *Ronde de nuit* de Rembrandt, bénéficie d'une exposition privilégiée, avec une cordelière rouge pour empêcher les visiteurs d'approcher trop près et un tapis de grand prix posé devant…

Mais si c'était vrai, ce serait le monde qui s'écroulerait ! Et tous les critiques du monde entier qui se sont extasiés à qui mieux mieux sur la découverte de la peinture religieuse de Vermeer et tous les experts, plus renommés les uns que les autres, qui ont délivré des certificats d'authenticité !… Il est en présence d'un mythomane, il n'y a pas d'autre explication. Un collaborateur mythomane...

Le petit homme maigre pousse un soupir.

– Je vois que vous ne me croyez pas. Mais j'ai un moyen de prouver ce que j'avance : mettez-moi à l'épreuve.

– Comment cela ?

– Enfermez-moi chez moi, dans mon atelier. Je vous peindrai un faux Vermeer sur un sujet de votre choix.

Le juge accepte et décide comme thème : « Jésus enseignant dans le temple »... Henri Van Meegeren est reconduit dans sa luxueuse maison particulière d'Amsterdam et il se met au travail, surveillé en permanence par des policiers. Le juge vient voir tous les jours l'avancement de la toile. Et une fois les esquisses terminées, il blêmit. C'est cela ! C'est exactement cela ! Van Meegeren reproduit à la perfection la manière du maître de Delft, qu'on croyait inimitable. Un Vermeer est en train de naître sous ses yeux, un faux Vermeer...

Il est en présence du plus grand faussaire artistique de tous les temps et cela signifie que les chefs-d'œuvre que les musées hollandais avaient acquis récemment et qui faisaient la gloire du pays sont bons à jeter... Henri Van Meegeren, tout en maniant avec précision ses pinceaux, peut l'entendre murmurer :

– C'est une catastrophe !

Henri Van Meegeren est né cinquante-six ans plus tôt, en 1889, à Deventer, ville moyenne du nord-est des Pays-Bas. Dès son plus jeune âge, il est malingre, de constitution fragile, mais doué des plus vifs dons artistiques.

Il veut devenir peintre. Ses parents s'y opposent et acceptent seulement qu'il soit architecte. Il étudie donc l'architecture, mais il choisit de le faire à Delft, la ville de Vermeer, car il a toujours voué au peintre une véritable dévotion.

Il abandonne vite l'architecture et, en 1912, il est nommé professeur de dessin et d'histoire de l'art, toujours à Delft. Il peint également des tableaux, qui ont un succès réel. Ils sont plusieurs fois primés et lui permettent de vivre dans l'aisance.

Mais cela ne lui suffit pas. Il est hanté par son idole, Vermeer, dont il sent l'ombre flotter dans les rues de la ville. Il a conscience de la médiocrité de sa peinture par rapport à la sienne. Il veut faire aussi bien que lui et peu à peu une idée naît en lui. Le meilleur moyen d'égaler Vermeer serait de faire la même chose que lui, de faire du Vermeer ! Et puis, il y a les critiques et les experts, qu'il déteste. Il aimerait bien donner une bonne leçon à ces gens toujours sûrs d'eux, prétentieux, les ridiculiser à jamais !

En cachette de sa femme, qui ne sera jusqu'au bout au courant de rien, il lit tous les ouvrages existants sur la technique du grand artiste de Delft. Il découvre un ouvrage rare : *La Technique des huiles grasses*, traité scientifique, non destiné aux peintres, mais qui permet de savoir comment on peut donner à un tableau l'aspect de l'ancien. Il court les antiquaires pour trouver des tableaux contemporains de Vermeer. Il achète ainsi à vil prix des peintures médiocres, mais seuls l'intéressent le bois du cadre et la toile.

Pour mener à bien son entreprise, il ressent le besoin de se couper de ses amis et relations. En 1936, il s'installe dans une villa de Roquebrune, sur la Côte d'Azur, et là, il se met au travail. Dans son atelier où il ne laisse entrer personne, pas même sa femme, il s'applique à reconstituer les couleurs de l'époque. Il rencontre beaucoup de difficultés avec les huiles, notamment les huiles de fleurs employées alors, mais il parvient tout de même au résultat désiré.

Il se fabrique également des pinceaux semblables à ceux qu'employait Vermeer, avec des soies de blaireau et non de porc. Il pousse la méticulosité jusqu'à acheter chez les antiquaires des ustensiles flamands de l'époque, qu'il reproduira sur ses toiles et, après avoir gratté la peinture médiocre figurant sur une toile contemporaine du peintre, il se met à l'ouvrage… Il décide de faire faire à Vermeer, qui n'avait peint dans toute sa vie qu'un seul tableau sacré, une œuvre religieuse, et choisit pour sujet : « Les Pèlerins d'Emmaüs. »

Il lui faut six mois d'efforts pour peindre son faux, après quoi intervient l'opération techniquement, sinon artistiquement, la plus difficile : le vieillir. Il passe la toile enroulée autour d'un gros tube de métal au four à cent dix degrés pour donner à la peinture le durcissement normal de trois siècles, puis la remet sur le châssis d'origine. Voilà, c'est parfait ! Il peut tenter l'épreuve de vérité...

Il se rend à Monte-Carlo, début 1937, et fait savoir qu'il est possesseur d'un Vermeer qu'il désire vendre. Le plus grand spécialiste du peintre, l'expert hollandais Abraham Bredius, se déplace spécialement pour l'expertiser. Là, il ne peut cacher sa surprise. Les dimensions de l'œuvre (1,20 x 1,17 m) sont tout à fait inhabituelles. Vermeer peignait au contraire de petits tableaux. Et le sujet est plus étonnant encore. Alors que tout le monde l'ignorait, Vermeer était donc aussi un grand peintre religieux !... Malgré tout, Abraham Bredius n'a pas une seconde d'hésitation et conclut à l'authenticité.

Il a tout de même une question à poser à son interlocuteur :

– Comment se fait-il que vous soyez en possession d'une telle merveille ?

– J'agis pour le compte d'une famille de l'aristocratie italienne, qui se trouve actuellement dans la misère.

– Vous ne voulez pas me dire laquelle ?

– Non. Elle exige l'anonymat pour qu'on ne sache pas sa situation.

L'explication est plausible et la nouvelle fait le tour du monde : Vermeer est l'auteur d'un grand tableau religieux : *Les Pèlerins d'Emmaüs*. Les musées se bousculent pour l'acheter, surtout ceux des Pays-Bas, afin de récupérer ce qu'ils considèrent comme une partie du patrimoine national. C'est le musée Boymans de Rotterdam qui l'emporte. L'Association Rembrandt lui permet de compléter la somme considérable demandée : cinq cent vingt mille florins...

Du jour au lendemain Henri Van Meegeren devient follement riche. Pour justifier sa subite fortune, alors que normalement tout devrait revenir à la famille italienne ruinée, il dit qu'il a gagné gros à la Loterie nationale française. Et c'est alors que tout bascule... Primitivement, son intention était de se prouver à lui-même qu'il pouvait peindre aussi bien que Vermeer et de ridiculiser les experts et les critiques. Mais tout a été si facile et puis, il y a l'appât du gain : il continue…

En 1939, il rentre en Hollande et s'achète une luxueuse maison particulière dans le centre d'Amsterdam. Dans les années suivantes, de 1939 à 1943, quatre autres Vermeer religieux apparaissent et sont achetés des centaines de milliers de florins. En 1943, le Rijksmuseum d'Amsterdam acquiert pour un million deux cent cinquante mille florins un *Christ dans la maison de Marthe et de Marie* de Vermeer.

D'autres toiles de Vermeer, toujours religieuses, continuent de circuler et des doutes commencent à naître, car on croyait que l'artiste, mort jeune, avait très peu peint. Et c'est d'autant plus étrange que toutes sont proposées par la même personne, Henri Van Meegeren, agissant pour le compte d'une mystérieuse famille italienne. Quelle était donc cette fabuleuse collection dont on ignorait tout ?

Mais la guerre empêche qu'on approfondisse ces questions. Dans la Hollande occupée, la Gestapo fait la chasse aux juifs et aux résistants. Tout comme en France, il y a des attentats et des représailles sanglantes. Et c'est à la Libération, par le biais d'un tableau vendu à Goering, que l'affaire Van Meegeren est découverte…

Tel est le dossier que peuvent constituer les policiers après son arrestation, en mai 1945. La suite de l'enquête ne fait que confirmer les dires du faussaire. À Roquebrune, sont retrouvés les objets flamands de l'époque, pots et assiettes en étain, figurant comme éléments de décor sur les toiles. Ces dernières sont analysées scientifiquement sous la direction du professeur Coremans, directeur du laboratoire central des musées de Belgique. L'examen aux rayons X permet de découvrir les anciens tableaux, contemporains de Vermeer, que Van Meegeren a utilisés. Les analyses chimiques sont tout aussi concluantes : la peinture contient de la résine synthétique, produit fabriqué seulement depuis le XXe siècle.

C'est le 12 octobre 1947 qu'a lieu le procès Van Meegeren. La salle du tribunal, dont les revues du monde entier publient des photos, ressemble à un musée, avec toutes ces toiles accrochées au mur. L'accusé, en revanche, attire beaucoup moins l'attention, avec son physique insignifiant. Il n'est pas, bien sûr, poursuivi pour collaboration, mais sous l'inculpation vague de « fraude »...

Les nombreux journalistes présents restent sur leur faim. Les autorités hollandaises ont tellement peur d'être ridiculisées dans cette affaire que les débats sont expédiés à toute allure. Ils ne durent que quelques heures. Et pourtant, Van Meegeren fait d'importantes révélations ! Il avoue qu'il a commis beaucoup d'autres faux de peintres hollandais : Pieter De Hooch, Frans Hals, Gerard Terborch... C'est à peine si on l'écoute et le verdict tombe déjà : un an de prison.

Van Meegeren demande l'autorisation de peindre dans sa cellule. Elle lui est accordée. Et ce n'est pas le travail qui va lui manquer. Il peut se croire à l'orée d'une nouvelle et incroyable carrière, une carrière de faussaire officiel, en quelque sorte ! De partout, en effet, affluent des commandes pour « l'homme qui sait peindre comme Vermeer »... Mais le destin en décide autrement. Quelques jours seulement après sa condamnation, le 31 octobre 1947, Henri Van Meegeren meurt subitement d'une crise cardiaque...

Il y a un second épilogue judiciaire à cette affaire... En 1952, un collectionneur hollandais, qui avait acheté en 1941, à Van Meegeren, une *Cène* de Vermeer pour un million six cent mille florins, refuse de s'avouer vaincu et intente un procès au professeur Coremans. Il est soutenu par un expert belge qui affirme que la résine synthétique ne provient pas de la peinture originelle, mais a été déposée par un vernis moderne.

S'ensuit une nouvelle bataille d'experts, qui dure quatre ans, mais le 4 avril 1956, les héritiers du collectionneur, mort entre-temps, sont déboutés. Ils sont même condamnés à verser d'importants dommages et intérêts au professeur Coremans, dont la réputation professionnelle avait été mise en cause.

Cette fois, le doute n'était plus permis : Vermeer de Delft n'a jamais été un grand peintre religieux et Meegeren de Delft a bien été le plus grand faussaire artistique de tous les temps.

Le coffre de Thérèse Humbert

Un individu hors de lui fait irruption dans la grand-salle du château de l'Œillet, aux environs de Toulouse, ou plutôt dans la pièce commune de la ferme mal entretenue que son propriétaire a baptisée ainsi. Il brandit une liasse de papiers.

– Monsieur d'Aurignac, payez-moi mes traites. Vous avez déjà un mois de retard !

L'homme ainsi interpellé ne s'émeut nullement.

– Je vous paierai, mon cher.

– Avec quoi ? Vous devez de l'argent à tout le monde.

– Je n'en devrai pas longtemps… Approchez. À vous, à vous seul, je vais dire un secret.

Le créancier, un paysan aisé, vêtu comme on l'est à la campagne en cette fin du Second Empire, ne peut s'empêcher d'être troublé par l'assurance d'un homme qu'on dit être un noble ruiné et qui a les bonnes manières de la ville. Ce dernier baisse la voix.

– Voilà… Mme d'Aurignac n'est pas réellement ma mère. Il s'agit, en fait, de Mme Mont-Malette de Castel, châtelaine près de Toulouse, dont je suis l'unique héritier. J'en ai les preuves ici même… (il lui désigne un des meubles de la pièce, vaguement médiéval, aux ferrures compliquées et à la serrure fermée)… dans ce coffre.

Le paysan fixe l'objet, visiblement impressionné.

– Alors ? M'accordez-vous un délai ? Mme Mont-Malette de Castel est fort âgée et, à sa mort, je serai en mesure de tout vous rembourser avec de gros intérêts.

– Évidemment, si c'est ainsi…

M. d'Aurignac n'a plus qu'à raccompagner son créancier en le prenant familièrement par l'épaule. Quand il revient, une petite fille d'une dizaine d'années, qui avait assisté à toute la scène, se précipite vers lui.

– Père, est-ce vrai que nous allons être riches un jour ?

Son père a un sourire. Il va chercher une grosse clé dans le buffet et l'introduit dans la serrure du coffre.

– Mieux que cela, Thérèse. Regarde !…

Il y a un grincement. Le couvercle se soulève et l'intérieur apparaît. Il y a beaucoup de poussière et une bouteille vide.

– L'important, ce n'est pas d'être riche, c'est de faire croire qu'on l'est. Tu comprends ?

Oui, Thérèse comprend. La scène du coffre, elle ne l'oubliera jamais et elle la rééditera plus tard à sa manière. Mais si son père était roublard, elle a tout simplement du génie. Et elle va devenir un des plus grands escrocs de tous les temps, un mot qui – on se demande bien pourquoi – n'a pas de féminin.

Thérèse, la future Thérèse Humbert, naît en 1856, dans un environnement familial difficile. Son père est un enfant naturel que sa mère refuse de reconnaître. Il n'a d'autre ressource que de se faire appeler par ses deux prénoms : Guillaume Auguste. C'est seulement quand il est âgé de trente-huit ans que sa mère, Mme Daurignac, consent enfin à le déclarer comme sien. Il devient donc Guillaume-Auguste Daurignac et, pendant qu'il y est, s'invente une particule et se prétend comte. Noblesse obligeant, la ferme où il habite, au lieu-dit l'Œillet, près de Toulouse, devient le « château de l'Œillet ».

Cela n'empêche pas la famille de vivoter. Le « comte d'Aurignac » est agent matrimonial et vigneron amateur, activités d'un rapport médiocre. La jeunesse de Thérèse est pourtant heureuse. Elle adore ce père plein de vie, d'esprit, et elle partage ces sentiments avec ses frères et sa sœur : Émile, Romain et Marie. Pour eux, la moralité est une notion plus que vague et, quand il s'agira de passer à l'action, toute la famille sera derrière Thérèse…

Thérèse grandit. Nous sommes en 1877 et elle a de peu dépassé ses vingt ans… Les d'Aurignac ont depuis quelques années pour voisins et amis les Humbert. Gustave Humbert, qui possède une propriété de vacances non loin de l'Œillet, vient s'y reposer tous les étés. Il a acheté une barrique de vin à Guillaume d'Aurignac et des relations se sont nouées entre les deux familles.

Gustave Humbert n'est pas n'importe qui. C'est un personnage important, considérable, même. C'est un des hommes politiques les plus en vue de la IIIe République : il est sénateur, procureur général à la Cour des comptes et professeur de droit à la faculté de Toulouse. Il a un fils, Frédéric, qui termine sans enthousiasme des études de droit et Thérèse ne tarde pas à tomber amoureuse du jeune homme.

Elle-même n'est pas belle. Un journaliste la décrira ainsi : « Son nez contourné, cassé, busqué, sa lèvre supérieure trop longue qui confère à l'ensemble un aspect caricatural, son menton d'homme, tout cela ne donne aucune grâce à sa physionomie. » Mais il ajoute : « Cette femme qui est laide, mais d'une laideur peu banale, séduit par un étrange don de persuader. » En fait, le charme de Thérèse vient de son intelligence et Frédéric ne tarde pas à tomber amoureux lui aussi.

Il n'y a certainement aucun calcul de la part de Thérèse. Les deux jeunes gens s'aiment, c'est tout. Elle, qui a passé toute sa vie à mentir, dira plus tard : « Le seul être que j'ai séduit sincèrement, c'est mon mari. » Mais s'ils s'aiment, il ne peut être question de mariage entre eux. La différence de notoriété et de fortune de leurs deux familles l'interdit. Alors, Thérèse d'Aurignac va se souvenir du coffre, elle va inventer une première histoire d'héritage…

Une histoire fort habilement construite. Elle a recueilli la succession d'une demoiselle Baylac, propriétaire du château de Marcotte. Cela représente une fortune importante, mais il existe une usufruitière, Mlle de La Trémoillière, qui se montre particulièrement tatillonne. Thérèse a entrepris les démarches pour lui fournir les documents demandés ; malheureusement, elle s'est aperçue que son prénom avait été mal orthographié par l'état civil, ce qui a nécessité une procédure judiciaire.

Le mensonge n'est pas destiné à Frédéric. Peut-être même le met-elle dans la confidence et est-il son complice. C'est le futur beau-père, Gustave Humbert, qu'il faut convaincre, bien sûr… Et cela marche ! Le professeur de droit à la faculté de Toulouse, le procureur général de la Cour des comptes accepte toute l'histoire, sans chercher un instant à faire la moindre vérification. C'est que, comme tous les grands escrocs, Thérèse inspire spontanément la confiance. Non qu'elle en impose. Bien au contraire, elle a l'air de tout sauf d'une intrigante. Elle feint admirablement la naïveté, presque la sottise. Elle est hésitante, timide, un léger zézaiement la rend touchante. Bref, Gustave Humbert s'écrie, conquis :

– Dans mes bras, ma belle-fille !

Et le mariage a lieu sans tarder, courant septembre 1878… À cette occasion, d'ailleurs, la nouvelle Mme Humbert donne un échantillon de son talent. Alors que son coiffeur vient lui réclamer sa note de deux mille francs, elle réussit à ne pas le payer et à lui faire avancer la location des voitures du cortège, dont il ne sera jamais remboursé…

Le couple s'installe à Paris, rue Monge, dans le quartier modeste de Mouffetard. Comme ils n'ont pas d'argent, ils hypothèquent Marcotte, ce qui ne leur coûte pas grand-chose, puisque la propriété n'existe nulle part ailleurs que dans l'imagination de Thérèse. Dès ce moment, les jeunes mariés sont complices et il faut reconnaître qu'ils se complètent admirablement. L'histoire a retenu le seul nom de Thérèse Humbert, mais c'est un peu injuste ; il vaudrait mieux dire : « le couple Humbert. » Elle, sait mentir comme personne, lui, connaît le droit. Elle va être une actrice géniale, il va se montrer tout aussi génial dans les artifices juridiques.

Pendant quelques années, tout comme le père de Thérèse, ils vivotent de petites escroqueries… Pour qu'une existence prenne un tour exceptionnel, il faut un coup de pouce du destin et c'est alors qu'il se produit : en 1882, Gustave Humbert devient garde des Sceaux. Du jour au lendemain, les voilà le fils et la belle-fille du ministre de la Justice. Leur couple est l'un des plus en vue de Paris. C'est le moment ou jamais d'en profiter !

Thérèse Humbert n'hésite pas un seul instant : elle va rééditer le coup du coffre, elle va emprunter en donnant pour garantie un héritage fictif. Mais elle n'ignore pas les difficultés qu'elle va rencontrer. Il ne s'agit plus, cette fois, de berner un maquignon de province ou de convaincre un père attendri par les sentiments de son fils. L'escroquerie à l'héritage est l'une des escroqueries les plus délicates, car elle oblige à tromper des professionnels : banquiers, notaires, prêteurs de métier. Ces gens-là sont tout sauf des naïfs et ils se montrent particulièrement méfiants lorsqu'il s'agit d'avancer des sommes sur un héritage à venir. Ils vérifient soigneusement sa réalité et la validité des droits de l'emprunteur.

Et c'est là que Thérèse Humbert va faire preuve de génie. Pour empêcher les vérifications, elle va monter de toutes pièces un procès entre elle et une partie adverse lui disputant les droits à la succession, et elle va s'arranger pour que sa cause soit bien meilleure que celle de l'adversaire. Comme, des deux côtés, on va dépenser des sommes considérables dans la procédure, comment douter de la réalité de l'héritage ? Et comme le droit de Thérèse sera meilleur, les prêteurs n'hésiteront pas.

Voici donc toute l'histoire, celle de l'héritage Crawford, qui sera bientôt connue de la France entière… Henry Robert Crawford, richissime Américain, avait été l'ami intime des d'Aurignac et même l'amant de la mère de Thérèse. Le 6 septembre 1877, il a fait à Nice un testament instituant Thérèse, sa fille adultérine, comme légataire universelle de sa fortune : cent millions en actions françaises au porteur. Il est mort peu après.

Thérèse Humbert allait entrer en possession de la somme, quand un autre testament a été découvert. Henry Robert Crawford léguait sa fortune à Marie d'Aurignac, sœur de Thérèse, et à ses deux neveux Henry et Robert Crawford. Thérèse n'avait plus qu'une rente viagère de trente mille francs.

La loi a prévu le cas : quand il y a deux testaments, c'est le plus récent qui est valable. Malheureusement, comme il arrive quelquefois avec les millionnaires, Henry Crawford était un excentrique. Il a fait les deux testaments le même jour. Tout de suite après avoir choisi Thérèse comme héritière – ou tout de suite avant, on ne peut pas le savoir –, il est allé chez un autre notaire niçois pour faire l'autre donation.

Comme le problème juridique semblait insoluble, les deux parties sont convenues d'un accord : la fortune revenait à Thérèse Humbert, à charge pour elle de verser six millions à Henry et Robert Crawford. Le protocole a été signé, mais peu après, les deux neveux se sont rétractés et se sont opposés à ce que Thérèse Humbert entre en possession de l'héritage...

Les choses en sont là, début 1883, quand les Humbert racontent pour la première fois l'histoire à leurs amis et connaissances. Or, il se trouve que les deux neveux Crawford sont alors à Paris. Thérèse et son mari leur envoient leur avocat, qui se rend à l'adresse indiquée, une suite d'un grand hôtel. Ils sont reçus par deux hommes à l'accent américain. En fait, il s'agit de Romain et Émile d'Aurignac, les frères de Thérèse, qui ont accepté de tenir le rôle.

– Que venez-vous faire ici, monsieur ?

– Vous demander de respecter l'accord que vous avez signé avec Mme Humbert.

– Il n'en est pas question ! Et puisque c'est ainsi qu'on nous traite dans ce pays, nous retournons en Amérique et nous ne reviendrons pas...

Aussitôt dit, aussitôt fait : ils quittent l'hôtel et prennent le train pour Le Havre. Mais avant de s'embarquer, les pseudo-Américains rendent visite à un avocat de la ville, Me Parmentier, lui donnant la responsabilité de leur cause et le chargeant de recruter tous les avocats nécessaires à Paris. C'est un trait de génie, car à partir de là, personne ne verra plus les neveux Crawford et personne ne s'en étonnera. Quant aux avocats parisiens, ils ne mettront pas en doute l'honnêteté de leur confrère havrais. La partie adverse fantôme est donc admirablement constituée et sa mauvaise foi étant évidente, elle ne pourra que perdre son procès.

Me Parmentier est même si honnête que, dans un premier temps, il refuse cette cause perdue d'avance.

– Messieurs, je ne peux pas accepter. Vous avez signé ce protocole. Vous n'avez aucune chance.

Peut-être même a-t-il des soupçons. Quelqu'un qui veut plaider en étant sûr de perdre, cela peut cacher quelque chose. Mais Thérèse Humbert avait tout prévu… Voici ce que révèlent ses frères déguisés à Me Parmentier. Ils n'avaient accepté le protocole d'accord, en apparence désavantageux pour eux, que parce qu'il était entendu verbalement que Robert Crawford épouserait Marie d'Aurignac. Or, celle-ci s'est rétractée depuis.

Bien sûr, ils vont perdre leur procès, mais ils veulent se venger de Thérèse Humbert ! Ils veulent que celle-ci entre le plus tard possible en possession de son héritage. Et l'un des deux frères conclut, avec un fort accent :

– Pour cela, maître, nous sommes prêts à employer toutes les ressources de la procédure.

Tandis que l'autre ajoute, cherchant ses mots en français :

– L'argent, ce n'est pas important. Nous sommes très, très riches. Vous aurez tous les moyens qu'il faut.

Cette fois, Me Parmentier ne peut plus refuser. Les motifs des Crawford sont parfaitement logiques : c'est une sorte de vengeance que leur permet leur fortune et, accessoirement, c'est pour lui la perspective d'honoraires considérables. Il se met à l'ouvrage…

Le procès est engagé et le bruit court rapidement dans le Tout-Paris que la belle-fille du garde des Sceaux, Thérèse Humbert, a hérité de cent millions-or. Ils sont presque à elle, ils sont même chez elle. Ils sont entreposés dans un coffre à son domicile. Malheureusement, elle ne peut pas y toucher, car deux Américains de mauvaise foi lui ont intenté un procès qu'ils sont sûrs de perdre.

Face aux moyens déployés par les neveux Crawford, Thérèse Humbert n'a que son bon droit pour elle et, même si elle est sûre de gagner, elle a besoin d'argent pour son procès. Comme elle l'avait prévu, c'est la bousculade ! Banquiers, notaires et hommes d'affaires se précipitent pour lui prêter de l'argent.

Psychologiquement, il est pratiquement impossible de concevoir que les neveux Crawford dépensent tant d'argent pour un héritage qui n'existe pas. Et de surcroît, comment douter de l'honnêteté de la belle-fille du ministre de la Justice ?

C'est le début d'une interminable procédure et… de la fortune de Thérèse Humbert. Me Parmentier, habile manœuvrier, va employer tous les moyens d'opposition mis à sa disposition par la loi. Frédéric Humbert, de son côté, va trouver des artifices juridiques pour rallonger encore les choses. Et pendant tout ce temps, les prêteurs de toutes sortes, alléchés par le mirifique héritage Crawford, vont payer, payer… Cela va durer vingt ans !

Avec les millions qu'on leur prête, les Humbert s'installent d'abord rue Fortuny, un nom qui ne s'invente pas, puis dans un luxueux hôtel particulier de l'avenue de la Grande-Armée. En même temps, ils achètent le château des Vives-Eaux, près de Melun, et mènent un train princier. Le couple est un des plus en vue de Paris ; il donne des réceptions fastueuses. Les prêteurs se battent pour avoir l'honneur de leur avancer de l'argent, car Thérèse Humbert accepte sans difficulté les taux les plus élevés…

Au bout de trois ans, les Crawford ont employé tous les moyens prévus par la législation française : défaut, opposition, incompétence, suspicion légitime et, le 27 octobre 1886, le tribunal rend son verdict : Thérèse Humbert obtient gain de cause. Les Crawford doivent exécuter le protocole. Thérèse leur remettra les six millions et entrera en possession de la fortune d'Henry Robert Crawford.

Les prêteurs se précipitent pour la féliciter et reprendre leur argent avec les intérêts. Elle accueille tout le monde avec une joie qui fait plaisir à voir et donne une fête inoubliable dans l'hôtel particulier de la Grande-Armée. Après quoi, les Humbert font enregistrer la transaction, ce qui leur coûte cent vingt mille francs de frais de procédure, environ trois cent mille euros, et ils attendent de pouvoir procéder à l'ouverture du coffre.

Et c'est alors que se produit la catastrophe, malgré tout prévisible : les neveux Crawford, les horribles neveux Crawford, font appel ! Il faut à nouveau attendre. Tout est à recommencer…

Tout recommence donc, avec plus d'éclat encore que par le passé : la bousculade des prêteurs, alléchés par les taux usuraires qu'accepte Thérèse, les réceptions avenue de la Grande-Armée, les fêtes somptueuses au château des Vives-Eaux. Frédéric Humbert se lance dans la politique et, avec son argent et ses relations, il n'a aucun mal à se faire élire député de Seine-et-Marne. Bref, c'est le triomphe sur toute la ligne.

Malgré tout, la procédure suit son cours et, quatre ans après le jugement en première instance, le 3 janvier 1890, la Cour d'appel rend son arrêt qui est, bien entendu, favorable à Thérèse Humbert. Cette fois, c'est, apparemment, la fin de la grande aventure, toutes les possibilités légales étant épuisées.

Eh bien non ! Car après avoir fait preuve de tant d'habileté, le couple Humbert est servi par une chance insolente. En prononçant le verdict, le président commet une erreur matérielle, puis la rectifie. Or, c'est contraire à la loi et, bien entendu, les Crawford se pourvoient en cassation, sûrs du succès.

Dans le Tout-Paris, on ne parle que de cela. Jamais on n'a vu un pareil feuilleton judiciaire. Mais personne n'a pour l'instant le moindre soupçon. Thérèse Humbert est victime d'adversaires d'un acharnement incroyable et, de surcroît, le sort lui est contraire. Les cent millions-or sont là, chez elle, à portée de main, dans son coffre, mais hélas il lui est interdit d'y toucher. C'est une malheureuse. On la plaint de tout cœur.

Toutefois, certains créanciers commencent à réclamer leur argent. Ce n'est pas qu'ils se méfient ; simplement, ils en ont besoin. Thérèse Humbert les rembourse en empruntant à d'autres et elle a même alors une idée grandiose, fabuleuse ! Elle se met dans la tête de rembourser tout le monde.

Elle a à sa disposition des sommes considérables et elle décide de faire comme les banquiers : faire fructifier l'argent des autres. En 1893, elle fonde avec des prête-noms « La Rente viagère de Paris », une société dont le siège social se trouve 16 rue Pergolèse, ce qui n'est autre que l'entrée de service de l'hôtel de la Grande-Armée, puis elle se lance dans les placements immobiliers.

Et elle est aussi bonne femme d'affaires qu'escroc. Elle réalise des profits considérables. Si elle dispose du temps suffisant, elle va peut-être avoir réellement les cent millions qu'elle prétend détenir. Elle aura ainsi réussi l'escroquerie parfaite, absolue : gagner une fortune sans que cela ait coûté un sou à ses victimes, puisqu'elle les aura toutes dédommagées. Partie de rien, du vide, d'un mensonge, elle va devenir fabuleusement riche sans léser personne !

C'est une question de temps... Malheureusement pour Thérèse Humbert, la Cour de cassation a pris ses malheurs judiciaires en pitié et, bien que le vice de forme de la Cour d'appel soit patent, elle essaie de trouver un moyen de ne pas casser un jugement où le bon droit l'emporte aussi clairement. Elle y parvient, grâce à un travail remarquable qui figure, aujourd'hui encore, dans les manuels de droit. Le jugement en appel n'est donc pas cassé, Thérèse peut toucher les cent millions du coffre, à charge pour elle d'en verser six aux Crawford. C'est de nouveau la catastrophe !

Pourtant, face à une situation désespérée, les Humbert – en l'occurrence Frédéric, le spécialiste du droit – font preuve de génie. Ils compliquent encore l'imbroglio judiciaire. Ils font savoir qu'un nouveau protocole vient d'être signé avec Henry Crawford, se portant garant de son frère Robert. C'est donc ce nouveau protocole qui est valable et l'ancien, celui qui avait été l'objet du procès en appel, est nul et non avenu. Mais apprenant la chose, Robert Crawford fait savoir qu'il n'a jamais donné son accord et intente un procès à son frère et aux Humbert. Toute la procédure repart !

Cette fois, on est tout de même étonné de ces péripéties jamais vues. Pour prévenir tout danger, Thérèse décide de frapper un grand coup. Elle propose, par l'intermédiaire de son avocat, que l'avocat de Robert Crawford vérifie le contenu du coffre. Mais ce dernier reçoit une lettre de son client, en réalité écrite par Romain d'Aurignac, lui interdisant de vérifier la totalité du coffre, ce qui pourrait être interprété comme un acquiescement au protocole d'accord. Il devra simplement constater que les intérêts de la somme y figurent. Au jour dit, Thérèse Humbert exhibe devant lui cinq cent quatre-vingt-dix-sept mille francs, qui sont remis dans une enveloppe scellée à l'intérieur du fameux coffre…

Et la haute société défile de plus belle dans l'hôtel particulier de la Grande-Armée. Le préfet de police Lépine est l'un des plus assidus. Les Humbert, grâce aux placements immobiliers de la société de Thérèse, commencent à figurer parmi les plus grosses fortunes de France. Cela fait quinze ans que l'escroquerie a commencé et la confiance n'est pas entamée. La meilleure preuve est que certains créanciers demandent à la Lloyd's de garantir leur remboursement et que la grande compagnie de Londres accepte sans difficulté.

Thérèse, qui a le sens de la mise en scène, accroît encore son capital de sympathie en faisant circuler une lettre de Robert Crawford où celui-ci a des mots particulièrement peu élégants sur l'inconduite de Mme d'Aurignac, femme de Guillaume-Auguste. Cela ne change rien au fond de l'affaire, mais Thérèse prend la chose avec une grande dignité qui émeut tout le monde… Les années passent encore. La fin du siècle approche et l'affaire de l'héritage Crawford a débuté en 1883 !

Pourtant, il y a maintenant des signes avant-coureurs de la fin. Pour la première fois des personnes posent la question : les Crawford existent-ils ? En 1898, Girard, directeur de la Banque d'Elbeuf, qui avait prêté dix millions à Thérèse, se suicide. L'émotion est vive. Thérèse Humbert se défend : Marie d'Aurignac va épouser Robert Crawford ; elle expose même dans sa maison le trousseau de la future mariée. Elle rembourse un créancier important qui venait de porter plainte et qui la retire.

Mais c'est trop tard. Car c'est alors, et alors seulement, que le syndic de la faillite de la Banque d'Elbeuf pose à Thérèse Humbert cette question à laquelle personne n'avait pensé jusque-là : où habitent les Crawford ? En effet, leur courrier leur était adressé « poste restante, New York ». Elle répond au hasard « 1202 Broadway ». On vérifie : c'est l'adresse d'un square…

Le journal *Le Matin* mène une campagne acharnée contre les Humbert. L'avocat de la Banque d'Elbeuf, Waldeck-Rousseau, qui sera bientôt président du Conseil, proclame :

– C'est la plus grande escroquerie du siècle !

La justice est saisie début mai 1902, mais cette fois, pas à propos de l'héritage Crawford : contre le couple Humbert. Paradoxalement, c'est leur avocat qui va précipiter leur chute. Ce dernier, Me du Buit, croit sincèrement à leur bonne foi et, comme le président la met en doute, il s'écrie indigné :

– Je propose, afin d'arrêter toute insinuation malveillante, de faire ouvrir leur coffre-fort pour inventaire.

Le magistrat accepte avec empressement :

– L'ouverture aura lieu le 9 mai à deux heures de l'après-midi. L'inventaire sera fait par Me Lanquest, président de la chambre des notaires.

Au jour et à l'heure dits, il y a foule avenue de la Grande-Armée. Les curieux se mêlent aux journalistes venus de toute la France et même de l'étranger. Le service d'ordre est dirigé par le préfet de police Lépine en personne, responsabilité dont l'ancien intime des Humbert se serait sans doute volontiers passé. Hommes de loi, policiers et notaire se font ouvrir la porte. L'un des membres de la nombreuse domesticité officiant dans l'hôtel particulier affirme d'un ton stylé :

– Monsieur et madame sont dans leur château des Vives-Eaux, mais ils ne sauraient tarder.

Tout le monde se rend alors dans le bureau de Frédéric où trône le fameux coffre… Le coffre-fort des Humbert, que les caricaturistes de toute la presse ont reproduit, est là, énorme, avec sa porte massive et ses serrures dernier modèle.

Malgré les assurances prodiguées, les Humbert tardent pourtant à rentrer. Et le procureur de la République se décide : il fait appel aux services d'un serrurier. Après des heures d'efforts, la porte cède enfin. Dans le silence religieux succédant aux coups frappés sur le métal, Me Lanquest, notaire chargé de l'inventaire, s'approche et annonce :

– Un vieux journal et un sou italien…

Non, le coffre n'était pas vide ! Un coffre vide, c'est banal, c'est triste, c'est digne d'un vulgaire escroc et Thérèse était tout sauf vulgaire. Le coffre de Thérèse Humbert n'était pas plus vide que jadis celui, aux allures moyenâgeuses, du château de l'Œillet. Le vieux journal et le sou italien n'étaient pas là par hasard, par oubli. C'était un clin d'œil, un hommage à celui qui lui avait dit un jour : « L'important, ce n'est pas d'être riche, c'est de faire croire qu'on l'est… »

La suite ressemble aux épilogues de toutes les affaires frauduleuses. Non seulement les Humbert ne reparaissent pas avenue de la Grande-Armée, mais ils ne sont pas non plus au château des Vives-Eaux où la police se précipite.

Ils ne sont même plus en France. Ils se sont réfugiés, en compagnie des frères et sœur d'Aurignac, à Madrid, en emportant la caisse de « La Rente viagère de Paris ». La France réclame et obtient leur extradition et, au mois de décembre 1902, ils sont arrêtés.

Thérèse Humbert passe en jugement, avec son mari, ses deux frères et sa sœur, le 8 août 1903, au milieu d'un public tout acquis à sa cause. La « Grande Thérèse », comme on l'appelle dans la presse, n'inspire, en effet, que la sympathie. Elle n'a escroqué que des nantis attirés par l'appât du gain, qui ont eu, dans le fond, ce qu'ils méritaient et elle a fait rire la France entière.

Les jurés auront d'ailleurs la même indulgence, compte tenu de l'énormité de l'escroquerie : des dizaines de milliards d'anciens francs, peut-être cent milliards. Ils infligeront seulement cinq ans de prison aux époux Humbert, trois ans à Romain d'Aurignac, deux à Émile et acquitteront Marie. Mais il y a des cas où la réprobation cède le pas à l'admiration et la Grande Thérèse méritait bien ce coup de chapeau.

Le collier de la reine

Paris, 12 octobre 1793. Une femme vieillissante aux cheveux blancs, qui n'a pourtant que trente-huit ans, répond au Tribunal révolutionnaire réuni pour la juger. Elle s'appelait autrefois Marie-Antoinette, reine de France, elle n'est plus à présent que la veuve Capet, son mari Louis XVI ayant été guillotiné au mois de janvier précédent. Le président Hermann l'interroge :

– N'est-ce pas au Petit Trianon que vous avez connu pour la première fois la femme La Motte ?

– Je ne l'ai jamais vue.

– N'a-t-elle pas été votre victime dans l'affaire du fameux collier ?

– Elle n'a pu l'être puisque je ne la connaissais pas.

– Vous persistez donc à nier que vous l'avez connue ?

– C'est la vérité que j'ai dite et que je persisterai à dire...

Le président Hermann n'insiste pas. Il pense sans doute que c'est effectivement la vérité. Et puis, il y a tant d'autres accusations, bien réelles celles-là, contre l'ancienne reine : dilapidation de l'argent public, intelligence avec l'ennemi, menées contre-révolutionnaires. Les débats se poursuivent. Ils aboutiront à la condamnation et à l'exécution de la « veuve Capet ».

Oui, Marie-Antoinette était totalement étrangère à ce qu'on a appelé l'« affaire du collier de la reine », totalement innocente des faits qu'on lui reprochait alors. Et, pourtant, le paradoxe veut que ce soit cet énorme scandale qui ait ruiné à jamais sa réputation, l'ait fait haïr du peuple et soit l'une des causes de sa mort.

L'affaire du collier de la reine est aussi – on l'oublie souvent en raison de ses répercussions politiques – une des plus fantastiques escroqueries de tous les temps, commise avec une audace folle et qui a rapporté une fortune à ses auteurs. Et au départ de tout, il y a une aventurière de génie…

Cette femme, « la femme La Motte », comme dit le président du Tribunal révolutionnaire, s'appelle en réalité Jeanne de Valois. Ce nom prestigieux n'est nullement usurpé. Elle descend réellement des Valois par le roi Henri II, mais sa famille est par la suite tombée dans la misère et la déchéance.

Son extraordinaire destinée commence en 1780. Elle végète à Bar-sur-Aube, lorsque, à vingt-sept ans, elle épouse un officier de gendarmerie, Marc-Antoine de La Motte. Ils sont aussi ambitieux et dénués de scrupules l'un que l'autre. Ils se font appeler comte et comtesse de La Motte-Valois et se rendent à Paris pour faire fortune.

Jeanne est jolie, pas loin d'être ravissante, et elle gravite parmi les grands personnages de la cour, essayant d'attirer l'attention sur « le triste sort d'une orpheline du sang des Valois ». Après un an de tentatives plus ou moins réussies, elle finit par arriver à ses fins en la personne du cardinal de Rohan.

Louis, cardinal de Rohan, porte l'un des plus grands noms de France. Il est né, quarante-sept ans plus tôt, dans le château des princes de Rohan, en Bretagne ; il est archevêque de Strasbourg, grand aumônier de France, commandeur de l'ordre du Saint-Esprit et membre de l'Académie française. Mais, malgré ces prestigieuses distinctions et son état ecclésiastique, c'est un homme futile et mondain, grand amateur de femmes. Il est de surcroît fort naïf, ce qu'a su remarquer un autre aventurier, Joseph Balsamo, dit Cagliostro, qui est parvenu à devenir son homme de confiance.

Les La Motte-Valois profitent pendant quelque temps, comme tant d'autres parasites de la cour, des libéralités du grand personnage. Le « comte » est nommé capitaine des dragons de Monsieur, frère du roi, et la « comtesse » bénéficie des largesses du cardinal. Mais pour elle, cela ne saurait suffire. Elle veut aller plus loin, beaucoup plus loin. Elle a une assurance que rien ne désarme. Comme tous les grands escrocs, elle a reçu du ciel le don de persuasion ; elle peut dire les pires extravagances et être crue. C'est ainsi qu'elle fait courir le bruit qu'elle voit fréquemment la reine, pensant que cela pourra lui être utile. Les résultats vont dépasser ses espérances...

Car il se trouve que la reine est la blessure secrète du cardinal de Rohan. Il a été ambassadeur à Vienne, mais il a eu le malheur de déplaire, à cause de la légèreté de ses mœurs, à l'impératrice Marie-Thérèse, mère de Marie-Antoinette. Sanctionné, rappelé à Versailles, il a constaté à quel point la reine, sans doute convaincue par sa mère, lui était hostile. Le faible Louis XVI a adopté la même attitude que sa femme et, depuis, le cardinal se trouve au désespoir.

Aussi, entendant dire que Jeanne de La Motte-Valois est devenue une familière de la souveraine, il s'enhardit à lui demander :

– Croyez-vous que vous pourrez parler de moi à Sa Majesté ?

La « comtesse » promet de faire son possible et, après un long délai, justifié par la délicatesse d'une telle démarche, lui déclare un beau jour :

– Je suis autorisée par la reine à vous faire demander par écrit votre retour en grâce.

Le cardinal, fou de joie, prend sa plus belle plume pour solliciter son pardon. Jeanne transmet la lettre et – ô miracle ! – la reine répond. Certes, le ton est froid, sévère même, mais la glace est rompue et la souveraine n'interdit pas à Rohan de continuer à correspondre.

Une correspondance va donc s'établir, toujours par l'intermédiaire de la comtesse de La Motte-Valois. En réalité les lettres de Marie-Antoinette sont écrites par Marc-Antoine Rétaux de

Villette, un ancien gendarme, camarade du comte et devenu amant de Jeanne, avec la bénédiction du mari, car le personnage est fort habile et peut leur servir.

Et cela dure. Cela dure trois ans !... Pas un instant le cardinal de Rohan ne doute qu'il correspond avec la reine : il a tellement attendu que cela arrive, il a tellement besoin d'y croire ! À la longue, pour son plus grand ravissement, le ton de sa royale correspondante s'adoucit, devient presque tendre. Elle demande bien, de temps à autre, quelques milliers de livres pour faire face à un embarras imprévu. Mais quoi de plus naturel ? Chacun sait que la souveraine est follement dépensière et toujours à court d'argent. C'est même un honneur qu'elle s'adresse à lui. Le prélat s'empresse de remettre la somme demandée à Jeanne de La Motte-Valois, intermédiaire infatigable, et baise mille fois les lettres écrites par l'ancien gendarme...

La crédulité humaine a pourtant ses limites. Le cardinal de Rohan finit par trouver étrange que Marie-Antoinette, qui lui témoigne par écrit l'amitié la plus vive, continue à lui manifester chaque fois qu'elle le voit les marques du plus profond mépris. À la fin, il n'y tient plus et pose la question à Jeanne :

– Comment Sa Majesté peut-elle m'écrire des lettres aussi chaleureuses et se montrer aussi hostile vis-à-vis de moi en public ?

La fausse comtesse n'est jamais à court d'argument.

– C'est qu'elle veut garder votre réconciliation secrète, monseigneur. À cause du roi et de certaines autres personnes de la cour.

Elle est pourtant trop fine pour comprendre que cela ne durera pas éternellement ainsi. Elle en parle à son mari et à son amant. Tous trois sont d'accord. La mystification ne pourra se poursuivre que si l'on franchit un pas de plus. Il faut organiser une rencontre entre la reine et le cardinal, une rencontre secrète !

Pour cela, il faut un sosie de Marie-Antoinette. C'est le comte qui en fait la découverte au Palais-Royal. Il s'agit d'une jeune fille pas trop farouche, Mlle Oliva. M. de La Motte fait sans grand mal sa conquête et l'amène à sa femme. Celle-ci se présente comme une intime de la reine et entre dans le vif du sujet.

– Ma chère, pourriez-vous me rendre un petit service en échange de quinze mille livres ?

La jeune demoiselle ne peut que balbutier :

– Qu'aurai-je à faire pour cela ?

– Aller à Versailles, rencontrer de nuit un grand personnage, lui remettre une rose et une lettre.

– Et… c'est tout ?

– Vous lui direz : « Vous savez ce que cela veut dire… »

Si étonnant que cela paraisse, du temps des rois, l'accès aux jardins de Versailles était pratiquement libre, à la différence d'aujourd'hui. La nuit convenue, le 11 août 1784, aux environs de minuit, Mlle Oliva est conduite sur les lieux. Elle est revêtue d'une robe de linon moucheté blanc, réplique de celle que portait Marie-Antoinette sur le dernier tableau de Mme Vigée-Lebrun. Jeanne de La Motte-Valois lui fait prendre place sous une charmille du « bosquet de Vénus », revient avec le cardinal et s'éclipse.

Mlle Oliva voit le grand dignitaire de l'Église se prosterner à ses pieds et lui baiser le bas de sa robe. Elle est tellement émue qu'elle ne lui donne que la rose, oublie la lettre et bredouille plus qu'elle ne prononce la phrase convenue… À ce moment arrive l'ancien gendarme Rétaux de Villette, déguisé en domestique de la reine, qui s'écrie à mi-voix :

– Voici le comte et la comtesse d'Artois !

Mme de La Motte surgit à son tour et prend Mlle Oliva par le bras.

– Vite, vite ! Venez !

Le cardinal de Rohan reste seul. Il est ébloui, transporté. Il est si bouleversé qu'il est sûr d'avoir entendu, dans les balbutiements de Mlle Oliva, la reine lui dire :

– Vous pouvez espérer que le passé sera oublié…

À partir de là, leur correspondance reprend, mais le ton n'en est plus tout à fait le même. La reine est plus exigeante ; elle demande beaucoup plus d'argent. Le cardinal, de son côté, se laisse aller à la passion la plus débordante. Il lui écrit bientôt, dira Rétaux de Villette, « des lettres dont un homme qui se respecte ne pourrait achever la lecture ».

Nous sommes dans les derniers jours de 1784 et c'est alors que va avoir lieu le deuxième acte. Jeanne de La Motte-Valois entend pour la première fois parler du collier.

Il a déjà toute une histoire…

Il a été conçu par Böhmer, joaillier de la cour, et son associé Bassenge. Il ne s'agit pas vraiment d'un collier, mais d'un énorme pendentif assez laid, « un poitrail pour cheval de cirque », a-t-on pu écrire. L'ensemble est d'un goût plus que douteux, mais c'est le bijou le plus fabuleux qu'on puisse concevoir : six cent quarante-sept diamants admirables, pesant en tout deux mille huit cents carats.

Il y a bien longtemps que Böhmer et Bassenge l'ont mis en vente, mais sans succès. Il a été refusé par Louis XV pour la comtesse du Barry. La cour d'Espagne l'a refusé aussi. Dix ans plus tôt, en 1774, Böhmer avait supplié Marie-Antoinette de l'acheter. Mais il en demandait un million six cent mille livres et la reine avait repoussé le disgracieux bijou. Au désespoir, Böhmer avait menacé, se jetant à ses genoux, d'aller se précipiter dans la Seine. Elle l'avait sèchement prié de « mettre fin à ses contorsions de désespoir ».

Depuis, les deux joailliers restent avec cette fabuleuse marchandise invendue sur les bras. Aussi, on peut imaginer leur joie lorsque, le 29 décembre 1784, Mme de La Motte-Valois, qu'ils savent être une intime de la reine, vient les trouver pour se faire montrer le collier.

Elle ne fait aucun commentaire et, aussitôt après, va voir le cardinal de Rohan.

– Monseigneur, la reine désire le collier de Böhmer, mais le roi désapprouve cette folie. Aussi, elle veut l'acheter en cachette sur sa cassette personnelle. Pour cela, elle a besoin d'un intermédiaire. Elle a pensé à vous.

– À moi ?

– Vous lui feriez plaisir en négociant cet achat…

Il n'en faut pas plus pour convaincre Rohan. Sa crédulité peut paraître invraisemblable, mais elle s'explique en grande partie par la réputation de la reine. Chacun sait qu'elle est légère, follement dépensière, prête aux folies les plus ruineuses. Les bruits les plus extravagants courent à son sujet. Ne dit-on pas qu'une salle entière du Trianon, que le roi a fait construire pour elle, est tapissée de diamants ? Qu'elle a coûté plus cher à la France que toutes les favorites de Louis XV ?

Le 21 janvier 1785, Mme de La Motte revient trouver Böhmer. La reine, lui explique-t-elle, désire acquérir son collier par l'intermédiaire du cardinal de Rohan. On se met d'accord sur la somme de un million six cent mille livres, payables en quatre versements sur deux ans, le premier devant intervenir le 1er août suivant.

Dès lors, tout est mené rondement. Le 29 janvier, le cardinal de Rohan remet à Böhmer une lettre écrite de sa main résumant leur accord. La comtesse de La Motte-Valois en prend possession et la rapporte quelques jours plus tard avec la mention : « Approuvé, Marie-Antoinette, reine de France. » Les bijoutiers n'ont plus qu'à remettre le collier au cardinal, qui le donne à la comtesse de La Motte-Valois. Celle-ci se présente en compagnie de Rétaux de Villette, porteur d'un billet de la même écriture que les lettres de la reine, confirmant l'achat du bijou. Le cardinal de Rohan reconnaît l'homme qui était apparu la nuit du bosquet de Vénus. S'il avait un dernier doute, il a disparu…

Dès qu'ils sont seuls, c'est, pour les trois complices, le moment du triomphe. Rétaux, Jeanne et le comte dépècent le collier avec un couteau et contemplent leur butin. Les six cent quarante-sept pierres, toutes de la qualité la plus rare, s'étalent devant eux. C'est vraisemblablement le plus grand vol de diamants de tous les temps !

M. de La Motte se charge de les vendre aux bijoutiers de Paris et c'est à ce moment que la catastrophe manque de se produire. Devant le prix ridicule qu'il demande pour de telles merveilles, les négociants préviennent la police et il est arrêté. Mais comme aucun vol de bijou n'est signalé, on le relâche.

Il juge plus prudent d'aller en Angleterre pour écouler la marchandise. Il négocie ainsi, pour deux cent quarante mille livres, des diamants endommagés « comme s'ils avaient été arrachés d'une parure ». Là encore, les bijoutiers préviennent l'ambassade de France, mais là encore, en l'absence de plainte pour vol, l'affaire n'a pas de suite.

Le comte revient donc en France avec une fortune. Jeanne de La Motte-Valois quitte Versailles et ils s'installent dans la ville de leurs origines, à Bar-sur-Aube, où ils mènent une vie princière. Ils achètent des carrosses, des chevaux, des meubles qu'ils font venir de Paris dans quarante-deux voitures de rouliers. Ils donnent des fêtes fabuleuses, insensées, dignes de la cour, mais sans que personne ne les soupçonne de quoi que ce soit.

À la cour, justement, la vie se poursuit et le bijoutier Böhmer est un peu surpris que Marie-Antoinette ne porte pas son collier. Il profite de ce qu'il lui apporte une parure pour lui remettre, le 12 juillet 1785, un billet où il lui fait part d'une manière assez alambiquée de son étonnement. La reine le prend distraitement et ne le lit qu'une fois qu'il est parti : « Madame, nous sommes au comble du bonheur d'oser penser que les derniers arrangements qui nous ont été proposés et auxquels nous nous sommes soumis avec zèle et respect, sont une nouvelle preuve de notre soumission et dévouement aux ordres de Votre Majesté. Et nous avons une vraie satisfaction de penser que la plus belle parure qui existe servira à la plus grande et la meilleure des reines. »

Marie-Antoinette ne comprend évidemment pas un traître mot et demande à sa première femme de chambre, confidente et amie, Mme Campan, si elle a plus de lumières qu'elle. Mme Campan avoue, elle aussi, son incompréhension. La reine déclare, irritée :

– Cet homme existe pour mon supplice. Il a toujours quelque folie en tête. Je ne compte plus me servir de lui !

Il y a une chandelle allumée. Elle en approche vivement la lettre.

– Cela ne vaut pas la peine d'être gardé !

L'instant d'après, le billet de Böhmer n'est plus que cendres... Sans le savoir, Marie-Antoinette a commis un geste lourd de conséquences. Car la lettre tendait à prouver qu'elle n'était au courant de rien. À présent qu'elle l'a détruite, on pourra toujours prétendre qu'elle savait et qu'elle était complice...

Deux semaines passent. Le 1er août, date de la première échéance, Böhmer voit arriver le cardinal de Rohan. Mais au lieu des quatre cent mille livres attendues, ce dernier lui remet une lettre signée Marie-Antoinette, demandant un délai et proposant de régler sept cent mille livres le 1er octobre. Il apporte, en outre, trente-cinq mille livres pour les intérêts.

Dire que Böhmer est furieux est au-dessous de la vérité. Pour lui, ce contretemps signifie la ruine, car il a déjà réglé ses fournisseurs. Et surtout, il devine, il comprend tout ! La reine, qui avait si sèchement refusé le collier la première fois, la reine qui ne l'a jamais porté depuis qu'elle l'a prétendument acheté, la reine qui n'a pas répondu à son billet, la reine n'est au courant de rien ! Il est livide.

– Monseigneur, vous avez été trompé par la comtesse de La Motte-Valois !

Le cardinal, lui aussi, a blêmi. Mais il se ressaisit.

– Si je vous disais que j'ai traité directement avec la reine, me laisseriez-vous tranquille ?

– Oui, monseigneur, mais...

Il lève la main en signe de serment.

– Eh bien, j'ai traité directement avec elle. Elle a pris l'argent en ma présence, dans le petit secrétaire de son boudoir.

Et il s'en va, laissant le bijoutier en proie aux sentiments les plus contradictoires...

Le cardinal a menti. Il s'est parjuré pour gagner du temps, mais lui aussi a enfin compris l'escroquerie dont il a été victime. Il fait venir son ami Cagliostro pour lui demander conseil.

L'aventurier italien, qui se dit alchimiste, mage et prétend avoir vécu au temps du Christ, ne lui donne pas en l'occurrence un mauvais avis :

– Monseigneur, il n'y a qu'une chose à faire : aller tout raconter au roi et implorer son pardon.

Malgré tout, Rohan hésite. Il pense à payer lui-même le collier. Mais la somme est tellement énorme que la chose ne peut se faire facilement. Il faudra vendre d'importants biens familiaux… Cette hésitation va lui être fatale. Le temps presse et le scandale va éclater.

Car Böhmer n'est, malgré tout, pas entièrement convaincu. Après le départ du cardinal, il rend visite à Mme Campan.

– Pourrais-je savoir, madame, quand la reine donnera réponse à mon billet ?

– Jamais, monsieur. Elle l'a brûlé sans même avoir compris ce que vous vouliez dire.

– Ah, madame, ce n'est pas possible ! La reine sait bien qu'elle a de l'argent à me donner.

– Quel argent ? Il y a longtemps que la reine vous a soldé vos derniers comptes.

– Pas mon collier ! La reine me doit un million six cent mille francs pour mon collier.

– Ce collier dont vous lui parlez depuis des années et dont elle ne veut pas ?

– Elle le veut, madame. Elle l'a fait acheter par le cardinal de Rohan.

– Vous perdez la raison ! La reine n'a pas adressé une seule fois la parole au cardinal depuis son retour de Vienne. Il n'y a pas, à la cour, une personne plus en sa défaveur.

– C'est vous qui perdez la raison ! La reine a remis au cardinal trente-cinq mille livres, qu'il m'a données à titre d'intérêts pour le retard. Elle a pris l'argent en sa présence dans le petit secrétaire de son boudoir.

– C'est le cardinal qui vous a dit cela ?

– Bien sûr, madame, le cardinal lui-même…

Mme Campan ne comprend qu'une chose : l'affaire est grave. Elle va tout raconter à Marie-Antoinette qui convoque le joaillier. Celui-ci lui fait un récit extravagant, selon lequel le cardinal de Rohan, grand aumônier de France, serait venu pour lui acheter le collier pour la reine. Marie-Antoinette est folle furieuse.

– Comment avez-vous pu croire une chose pareille, alors que tout le monde sait que je ne rencontre jamais le cardinal ?

– Il ne vous a rencontrée qu'une seule fois, Majesté, quand vous lui avez remis les trente-cinq mille livres d'intérêts. Le reste du temps, c'était Mme la comtesse de La Motte-Valois qui servait d'intermédiaire entre lui et vous.

– La Motte-Valois ?

– La descendante du roi Henri II, Majesté, votre dame de confiance...

– Mais je n'ai jamais entendu prononcer ce nom...

Marie-Antoinette, abasourdie par ce qu'elle appelle un « étrange roman », demande à Böhmer un mémoire résumant tout. Il le lui apporte le 12 août et elle le remet aussitôt au roi. La machine est en marche et les circonstances, ainsi que l'incroyable légèreté des uns et des autres, vont donner au scandale un éclat inouï.

C'est le 15 août que Louis XVI réunit en conseil secret Breteuil, ministre de la Maison du roi, Miromesnil, garde des Sceaux, et la reine. Le cardinal de Rohan, en tant que grand aumônier de France, vient de célébrer la messe solennelle de ce jour d'Assomption et il attend, en habits pontificaux, dans la galerie des Glaces, en compagnie de toute la cour.

Marie-Antoinette parle la première. Elle veut qu'on fasse arrêter immédiatement le cardinal qui s'est parjuré, car, évidemment, il ne l'a jamais vue prendre de l'argent pour le lui remettre. Breteuil, qui déteste Rohan, est du même avis. Miromesnil est pour la prudence, Louis XVI aussi.

– Ne serait-il pas préférable d'attendre un peu ? Aujourd'hui, cela risque de produire un effet fâcheux...

Mais Marie-Antoinette est hors d'elle. Elle tempête, elle crie, elle pleure et le roi n'a jamais su lui résister quand elle est ainsi. Il ordonne :

– Qu'on fasse venir le grand aumônier !

Il est onze heures… Rohan arrive en robe d'apparat dans le cabinet du roi. Ce dernier l'apostrophe.

– Mon cousin, avez-vous acheté des diamants à Bôhmer ?

– Oui, sire.

– Qu'en avez-vous fait ?

– Je croyais qu'ils avaient été remis à la reine.

– Qui vous a chargé de cette mission ?

– Une dame s'appelant madame la comtesse de La Motte-Valois.

La reine s'étrangle de fureur.

– Comment avez-vous pu croire, vous à qui je n'ai pas adressé la parole depuis huit ans, que je vous choisissais pour conduire cette négociation par l'intermédiaire d'une pareille femme ?

– Je vois que j'ai été cruellement trompé. L'envie que j'avais de plaire à Votre Majesté m'a aveuglé et je n'ai vu nulle supercherie. Je paierai le collier.

Le roi reprend son interrogatoire.

– Où est cette femme ?

– Sire, je ne sais pas.

– Où est le collier ?

– Il est entre ses mains.

– Et où sont les billets prétendument écrits par la reine ?

– Je les ai. Je les remettrai à Votre Majesté.

Louis XVI se tait. On sent qu'il hésite, qu'il est tout de même disposé à temporiser, mais Marie-Antoinette redouble de fureur. Elle crie, elle hurle, elle gémit pour que justice soit faite.

– Arrêtez-le, Majesté ! Il faut que ses vices hideux soient démasqués ! Il faut que la France et l'Europe le sachent !

Égarée par la haine, la reine vient, en cet instant, de décider de sa perte. Car c'est elle qui va être l'objet du scandale et non le cardinal, dont tout le monde se moque. Et, à bien y réfléchir, ce n'est pas entièrement injuste. Si le grand aumônier a pu croire que la reine acceptait de ruiner les finances publiques en cachette du roi et entretenait avec lui une correspondance indécente, n'est-ce pas à cause de tout ce qu'il avait entendu dire d'elle ? Certes, dans l'affaire du collier, Marie-Antoinette est innocente, mais elle aurait pu être coupable : c'est ce que retiendra l'opinion.

Louis XVI en a peut-être le pressentiment, mais il est faible. Il cède une fois de plus à son épouse. Il se tourne vers le cardinal.

– Monsieur, je vous préviens que vous allez être arrêté.

Rohan est pâle comme la mort.

– Ah, Votre Majesté ! Épargnez-moi la douleur de l'être dans mes habits pontificaux, aux yeux de toute la cour.

– Il faut que cela soit !

Le prélat a le temps de demander à l'abbé Gorel, son collaborateur, de « détruire le portefeuille rouge », c'est-à-dire celui où il conserve toute la pseudo-correspondance de la reine. L'instant d'après, le marquis de Breteuil le pousse devant lui et ouvre la porte. En ce jour de fête, la cour, qui n'est au courant de rien, est là au complet, et attend la venue du roi. Breteuil s'adresse au capitaine de ses gardes :

– Arrêtez monsieur le cardinal !

La foudre tombant au milieu des courtisans n'aurait pas produit plus de saisissement. Le retentissement est énorme. Pendant des semaines, on ne va parler que de cela, non seulement dans toute la France mais, comme le souhaitait Marie-Antoinette, dans toute l'Europe...

Sur le plan policier, les choses se font sans difficulté aucune.

On découvre Jeanne de La Motte-Valois à Bar-sur-Aube où elle ne se cachait pas le moins du monde. On lui laisse le temps de brûler les lettres enflammées que le cardinal avait écrites à Marie-Antoinette et on l'expédie à la Bastille le 18 août. Interrogée, elle nie les faits et met en cause Cagliostro et Mlle Oliva, qui la rejoignent à la Bastille. Le comte de La Motte-Valois se trouvait alors à Londres pour vendre les derniers diamants et l'Angleterre, trop heureuse de cette affaire qui embarrasse la France, refuse son extradition.

Bien que les faits soient parfaitement clairs, Mme de La Motte choisit pour se défendre d'accuser le cardinal.

– C'est M. de Rohan qui a volé le collier. C'est sur son ordre que nous avons fait vendre les diamants qui en provenaient...

Les ministres sont d'avis d'étouffer l'affaire ou, du moins, de la laisser à ses dimensions purement pénales, de la traiter comme une simple escroquerie. Mais encore une fois, Marie-Antoinette, dans son désir de vengeance contre Rohan, va provoquer la catastrophe. Elle ne cesse de harceler son mari :

– C'est une affaire politique. Il faut qu'elle soit jugée par le Parlement !

Et elle finit par obtenir satisfaction : le Parlement de Paris jugera le cardinal de Rohan... C'est ce qui s'appelle donner des verges pour se faire battre ! Le Parlement, toujours en lutte contre le pouvoir royal, ne va pas perdre une telle occasion de prendre sur lui une éclatante revanche. Et il sera soutenu en cela par le peuple tout entier, qui déteste celle qu'il n'appelle plus « la reine », mais « l'Autrichienne »... Comment ! Elle achète un collier un million six cent mille livres, alors que les pauvres gens des villes et des campagnes meurent de faim ! Elle se laisse courtiser par un cardinal, elle lui donne la nuit un rendez-vous secret ! La colère gronde.

L'un des membres du Parlement, un homme aux idées avancées – ce qui ne l'empêchera pas d'être guillotiné en 1794 –, s'écrie avec clairvoyance :

– Grande et heureuse affaire ! Que de fange sur la crosse et sur le sceptre ! Quel triomphe pour les idées de liberté !

Et la cour elle-même n'est pas en reste. Dans ce milieu où l'on passe son temps à se jalouser et à se haïr, les pires calomnies se mettent à circuler. On présente l'arrestation du cardinal comme une manifestation de l'odieux arbitraire royal. On affirme que la reine était au courant de l'achat du collier. La preuve, c'est qu'elle a brûlé le billet de Böhmer...

Le 22 mai 1786, le Parlement de Paris se réunit pour instruire l'affaire. Le 30 août, c'est l'audition de Mme de La Motte-Valois. On la presse de questions sur la correspondance détruite entre le cardinal et la reine et la réponse vient :

– Son Éminence m'a montré deux cents lettres de la reine où elle le tutoyait.

Le cardinal de Rohan lui succède. Il est accusé non pas du vol des diamants, reconnu le fait du couple La Motte-Valois, mais de lèse-majesté, pour avoir cru que la reine pouvait lui avoir donné un rendez-vous galant et lui avoir écrit des lettres enflammées.

Sa déposition est parfois à la limite du compréhensible. Il est livide, il balbutie son discours. Mais il est visible qu'il n'a pas de souci à se faire. Le tribunal, qui comme tout le monde hait la reine, lui est entièrement acquis et, quand il se retire, le Parlement se lève pour le saluer.

Le verdict de l'affaire du collier de la reine tombe le 31 mai 1786. Le cardinal de Rohan, par vingt-six voix contre vingt-deux, est « déchargé de toute espèce d'accusation », Cagliostro et Mlle Oliva sont acquittés, Rétaux de Villette est banni du royaume. Quant à Jeanne de La Motte-Valois, elle est condamnée à être marquée au fer rouge aux deux épaules du « V » de « voleuse » et emprisonnée à vie. Lorsque le jugement est connu, le peuple de Paris se répand dans les rues et pavoise.

L'exécution publique de la sentence contre Jeanne de La Motte-Valois, le 20 juin 1786, va encore ajouter à l'impopularité royale. La condamnée pousse des cris horribles, elle se débat furieusement, ce qui oblige les bourreaux à la mettre à demi nue et, comme elle est fort bien faite, la foule tombe sous son charme. Elle voit dans son châtiment – pourtant bien léger, à une époque où l'on pendait les domestiques pour avoir volé un sou – une horrible manifestation de tyrannie.

La fausse comtesse ne restera d'ailleurs que quelques mois en prison. Elle s'évade, grâce à de mystérieuses complicités, rejoint son mari en Angleterre où elle mourra en 1791...

Marie-Antoinette a été furieuse à juste titre de l'acquittement de Rohan. C'était une véritable gifle qui lui était infligée. Le roi, sous son influence, a exilé le cardinal dans son abbaye de La Chaise-Dieu, ce qui était une nouvelle maladresse, car c'était remettre en cause la chose jugée. Mais de toute manière, le mal était fait. Marie-Antoinette était discréditée à jamais. C'était la première fois qu'une reine de France était perdue de réputation depuis Isabeau de Bavière, quatre siècles plus tôt, et elle allait entraîner dans sa chute la royauté elle-même.

Mirabeau l'a dit le premier et tous les historiens sont d'accord sur ce point : l'affaire du collier a été le prélude de la Révolution.

L'affaire Stavisky

Malgré la nuit et la neige, une voiture roule à vive allure sur la nationale 6 en provenance de Paris et en direction du sud. L'hommc qui se tient à côté du chauffeur a la quarantaine légèrement dépassée. Il ne manque pas de charme : il est mince, avec un visage glabre, des yeux noirs très vifs, une bouche expressive. Il se tourne vers le conducteur :

– Plus vite !

– Je fais ce que je peux, mais il y a du verglas.

Effectivement, il y a du verglas et fort peu de monde sur les routes. Cela se comprend. C'est l'heure du réveillon : nous sommes le 24 décembre 1933, et il faut avoir une raison bien pressante pour prendre le volant dans ces conditions.

La raison est simple : dans la journée, la police vient de lancer un mandat d'arrêt contre le fugitif : « Mandat d'arrêt contre Stavisky, Sacha, dit Alexandre, Serge, né le 20 novembre 1886 à Slobodka (Russie). Rechercher très activement cet individu et, en cas de découverte ou même d'un renseignement susceptible d'orienter les recherches, aviser d'urgence M. le directeur de la Police judiciaire. »

Pour Stavisky, qui se fait appeler depuis plusieurs années Serge Alexandre, l'heure est grave. Une seule solution dans l'immédiat : se cacher. Ensuite, il sera toujours temps d'aviser. Pour cela, il a fait confiance à l'un de ses amis, René Pigaglio, qui a eu l'idée de le conduire à Servoz en Savoie, dans les bâtiments d'une colonie de vacances, vides en cette saison.

Mais la route est décidément trop glissante. Les deux hommes doivent abandonner leur voiture et prendre le train. Quand ils arrivent à Servoz, autre contretemps : la colonie de vacances est inhabitable à cause du froid. Il faut donc louer une villa. Une habitante du village, Mme Dussay, a un chalet vide, « Les Argentières ». Elle accepte de le louer pour la période de Noël.

C'est Pigaglio qui a négocié l'affaire. Stavisky ne s'est pas montré. Il entre dans la maison une fois que tout est conclu et s'enferme dans une chambre. Il a été convenu avec la propriétaire que son jardinier viendrait préparer les repas et les poserait sur une table, sans déranger personne.

Cette précaution un peu voyante se comprend mieux si l'on sait les mesures prises par la police. Au même moment, les frontières, les ports, les aérodromes sont surveillés. Dans toute la France, des milliers de gendarmes et d'agents participent aux recherches. C'est que l'affaire est grave, très grave. Ce n'est pas loin d'être une affaire d'État.

Alexandre Stavisky est le fils d'un juif russe qui a quitté son pays à cause des persécutions et qui a été naturalisé français en 1900. Tout jeune, il montre des dispositions évidentes pour la malhonnêteté. Son père est dentiste et il commence par lui voler de l'or pour prothèses. À dix-sept ans, il sort du lycée et se lance dans des liaisons avec des dames mûres.

En 1908, à vingt-deux ans donc, le jeune Alexandre réussit son premier gros coup, avec la complicité de son grand-père Abraham Stavisky, de qui il tient vraisemblablement. Tous les deux louent pendant le mois d'août le théâtre des Folies-Marigny. Ils engagent un nombreux personnel : artistes, machinistes, ouvreuses, etc., contre le versement d'une caution en argent. Puis ils disparaissent avec douze mille francs.

L'affaire est découverte. Alexandre passe en jugement en 1912. Entre-temps, son grand-père est mort. Il choisit comme avocat Me Albert Clemenceau, le frère de Georges. Dès le départ, il a eu cette intuition : rechercher l'appui des milieux politiques pour échapper à la justice. En l'occurrence, le procédé est un succès puisqu'il est condamné à quinze jours de prison avec sursis et vingt-cinq francs d'amende. Comparé aux douze mille francs qu'il a mis dans sa poche, ce n'est guère dissuasif.

La guerre arrive. Stavisky est mobilisé, mais il parvient à se faire réformer en janvier 1915. Toutefois, comme il a appartenu à une unité combattante, il bénéficie de l'amnistie automatique. C'est donc avec un casier judiciaire vierge que, pendant que les autres se font tuer, il mène de front plusieurs affaires fructueuses : faux chèques, recel, trafic de stupéfiants, tripots clandestins, escroqueries au moyen de sociétés fictives. Bien entendu, il y a des plaintes, des poursuites mais il s'en sort à chaque fois par un non-lieu. Sans doute, dès cette époque, a-t-il des relations bien placées.

La police, quant à elle, ne se fait aucune illusion puisqu'elle a rédigé cette note sur lui : « Type parfait du chevalier d'industrie capable d'entreprendre n'importe quoi. Il sait utiliser avec une habileté incroyable les relations qu'il a su se ménager dans les milieux les plus divers. »

Mais tout a une fin. En 1926, après un vol de titres chez un agent de change, Stavisky est arrêté. Le commissaire Pachot, qui le traque en vain depuis longtemps, tient sa revanche. Elle est de courte durée. Alexandre Stavisky parvient à s'échapper lors de sa comparution dans le bureau du juge d'instruction, sans doute, une fois encore, grâce à des complicités.

Son vieux père, le dentiste, va trouver les policiers. Il les supplie d'accepter un million, toute sa fortune, pour rembourser les vols d'Alexandre. La police refuse cette transaction illégale et M. Stavisky père se suicide de désespoir.

Le commissaire Pachot ne lâche pas sa proie. Par un indicateur, il apprend que l'escroc se cache dans une somptueuse villa de Marly-le-Roi. Le 28 juillet 1926, a lieu une arrestation théâtrale. Stavisky donne un grand dîner d'adieu, en compagnie de sa maîtresse Arlette Simon, un mannequin de chez Chanel. Dix personnes sont arrêtées en même temps que lui, mais Arlette, enceinte, est laissée en liberté.

Pour la première fois, Alexandre Stavisky connaît la prison.

Il y reste dix-huit mois en attendant d'être jugé. Mais elle lui réussit particulièrement mal puisque, le 22 décembre 1927, il bénéficie d'une liberté médicale pour « tumeur abdominale profonde ».

La santé lui revient vite. Quinze jours plus tard il épouse Arlette Simon qui lui a déjà donné un fils, Claude, et qui lui donnera une fille, Micheline. Quant au procès, il n'aura jamais lieu. De 1926 à 1933, Stavisky n'obtient pas moins de dix-neuf reports. Il a des complicités au Palais, dont Me André Hesse, député radical, ancien ministre. Est-ce qu'il a des complicités aussi au Parquet de Paris ? La question sera posée et elle est d'importance. À sa tête, se trouve en effet le procureur général Pressard, beau-frère de Camille Chautemps, président du Conseil à plusieurs reprises. À ses côtés, le rôle du conseiller Prince, chargé plus spécialement de la section financière, et donc des escroqueries, est loin d'être clair. Disons que les deux hommes n'ont pas fait preuve d'empressement pour suivre les nombreux rapports adressés par la police, notamment par le commissaire Pachot.

Et Stavisky, pendant ce temps ? Eh bien, plus personne n'en entend parler. Il semble avoir disparu. En revanche, un nouveau personnage commence à se faire remarquer dans les milieux mondains et financiers : Serge Alexandre.

C'est en effet ce pseudonyme transparent qu'a choisi l'escroc pour continuer ses activités. Et il est bien décidé à les pratiquer désormais sur une grande échelle. Il fait la connaissance d'un certain Desbrosses, directeur du Crédit municipal (c'est-à-dire le mont-de-piété) d'Orléans. Desbrosses doit émettre des bons de caisse sur gages. M. Alexandre fonde alors avec un complice une « Société de bijoux et orfèvrerie Alex ». Il fait expertiser des émeraudes véritables, qu'il remplacera par des fausses au moment de les mettre au coffre. Le Crédit municipal d'Orléans peut donc émettre ses bons remboursables avec les pierres précieuses. Personne n'a remarqué la supercherie.

Parallèlement, M. Alexandre semble en proie à une véritable fièvre de création d'entreprises : la « Foncière d'entreprise générale de travaux publics », dont le conseil d'administration est présidé par l'ancien préfet de police Hudelo ; une « Société d'installation de machines agricoles », et encore une « Société immobilière pour l'aménagement du quartier de la Muette ». Désireux de faire bien les choses, Serge Alexandre prend conseil, pour toutes ces opérations, auprès de René Renoult, ancien garde des Sceaux. En outre, pour soigner sa publicité, il s'est acheté un journal assez mal nommé *La Volonté* et dirigé par Albert Dubary.

Puisque l'affaire du Crédit municipal d'Orléans a si bien marché, M. Alexandre décide de la refaire en plus grand, à Bayonne, dont il connaît le député-maire radical-socialiste Joseph Garat. Celui-ci se laisse sans mal convaincre d'ouvrir un mont-de-piété dans sa ville, et la direction en est confiée à Gustave Teissier, homme de confiance de M. Alexandre. Comme à Orléans, les bons de caisse sont gagés sur de fausses pierres précieuses : un bouchon de carafe en cristal d'une valeur de quinze cents francs est estimé six cent mille francs, etc.

Comment aurait-on des doutes ? Les recommandations viennent du plus haut niveau. Pour faire plaisir à son ami Garat, le ministre du Travail et du Commerce Dalimier n'hésite pas à écrire publiquement : « Étant donné les avantages de sécurité que présentent de tels placements, je suis certain que les conseils d'administration, et plus particulièrement ceux de la région de Bayonne, réserveront un bon accueil aux offres qui leur seront faites. »

D'autres personnalités s'engagent dans le même sens, tels le général Bardi de Fortou, ancien attaché militaire en Bulgarie, ou le diplomate sud-américain Dorn y Alsua, grand-croix de la Légion d'honneur.

Parmi les gros et les petits épargnants, c'est la ruée. La compagnie d'assurances « La Confiance » (cela ne s'invente pas) souscrit à elle seule pour deux cent trente-huit millions de bons de caisse.

Cette fois, pour M. Alexandre, c'est la fortune. Avec la ravissante Arlette, ils deviennent les vedettes du Tout-Paris. Ils ont un appartement au Claridge, une villa à Vaucresson, une écurie de courses et même un théâtre, l'Empire. On voit le couple partout où il est de bon ton d'être vu : dans la capitale, à Deauville, à Biarritz ou à Cannes. Pourtant, plusieurs personnes ne sont pas dupes. Le commissaire Pachot, en particulier, inonde le Parquet de Paris de rapports selon lesquels Serge Alexandre est en réalité Alexandre Stavisky. Mais ses rapports disparaissent mystérieusement...

Dans ce type d'escroquerie, l'auteur est contraint à la fuite en avant. En effet, tout se découvre tôt ou tard, et il faut alors rembourser l'affaire compromise par une autre affaire, tout aussi frauduleuse, mais encore plus importante. Stavisky Alexandre tente donc une opération extrêmement audacieuse et considérable sur les bons de réparations de guerre des propriétaires hongrois dépossédés. Le mécanisme en est très compliqué, mais le bénéfice escompté est absolument fabuleux : un milliard de l'époque. Seulement, pour cette transaction internationale, Stavisky a besoin de l'accord du gouvernement français. Et Georges Bonnet, dont dépend la décision, ne l'aime pas. Il refuse tout net.

Une catastrophe n'arrivant jamais seule, au même moment le pot aux roses est découvert à Bayonne. La compagnie d'assurances « Urbaine-Vie » porte plainte. Gustave Teissier est arrêté et passe des aveux complets. Il a pourtant le temps de prévenir Stavisky par un coup de téléphone laconique :

– Nous sommes cuits !

Stavisky est un homme plein de ressources. Le 24 décembre 1933 au matin, une terrible catastrophe ferroviaire fait deux cents morts près de Lagny. Il va voir aussitôt un de ses amis, le louche inspecteur de police Bonny. Il lui demande de glisser ses papiers sur un cadavre défiguré pour faire croire à sa mort. Mais Bonny refuse. Il est trop avisé pour ne pas se rendre compte que la chance de M. Alexandre a tourné. Il faut être du bon côté. Et il sera un des enquêteurs les plus actifs par la suite.

Alexandre Stavisky n'a plus le choix. René Pigaglio, un des êtres obscurs qui gravitent dans son entourage, lui propose d'aller dans la colonie de vacances de Servoz. Il accepte...

À la villa « Les Argentières », Stavisky s'ennuie ferme. Pigaglio, sur son ordre, est retourné à Paris pour essayer de rapporter quelque argent. Il vit enfermé dans sa chambre, communiquant avec le jardinier par des billets qu'il glisse sous la porte. Ce dernier finit par trouver bizarre ce locataire qui ne veut pas se montrer et il alerte la police.

C'est sur ces entrefaites que René Pigaglio revient avec un complice, Henri Voix, et sa maîtresse, Lucette Almeras. À juste titre, Pigaglio considère qu'il serait dangereux de rester et tout le monde part à la recherche d'un nouveau refuge. On le trouve à Chamonix, sous la forme d'un chalet, « Le Vieux Logis », loué à M. Chatou, ancien maire de la localité. Stavisky s'y installe discrètement. Dans sa cachette, il ne se fait guère d'illusions : les journaux ne parlent que de lui. Il découpe avec nostalgie les photos d'Arlette en première page.

La fin est proche, effectivement. La police l'a manqué de peu à Servoz, mais elle est sur sa piste. Le commissaire Charpentier, responsable de l'enquête, a appris qu'une malle marquée aux initiales S.A. avait été envoyée à Chamonix. Le 8 janvier, il acquiert la certitude que le fugitif se cache au « Vieux Logis ».

À quatorze heures, la maison est cernée par les gendarmes. René Pigaglio, Henri Voix et Lucette Aimeras sont sortis faire des courses. Le commissaire Charpentier entre avec la clé en compagnie du propriétaire, M. Chatou. Le chalet, qui ne comprend qu'un rez-de-chaussée, est vide, sauf une pièce fermée à clé. Au lieu d'essayer d'entrer, le commissaire envoie alors un de ses inspecteurs explorer le sous-sol en compagnie de M. Chatou. Une visite bien minutieuse puisqu'elle ne dure pas loin d'une heure et demie. Les deux hommes remontent enfin. Le commissaire Charpentier, qui était en ligne avec Paris, raccroche. Il se dirige vers la porte fermée à clé et frappe. Une voix s'élève de l'autre côté :

– Qui est là ?

– Ouvrez, au nom de la loi !

Pour toute réponse, un coup de feu éclate. Deux gendarmes entrent par l'extérieur en cassant un carreau et vont ouvrir. Le spectacle est affreux : Stavisky gît sur la descente de lit, la tête fracassée, dans une mare de sang. À ses côtés, un revolver 6,35 ; sur la table de chevet une lettre d'adieu destinée à Arlette.

« Ma femme bien-aimée,

J'aurais voulu te laisser dans une plus belle situation matérielle mais tu es courageuse et tu pourras installer un petit commerce grâce auquel tu vivras et tu élèveras dignement les enfants. Quand je songe que j'ai possédé tant d'argent et que je te laisse dans une si pénible situation, c'est une raison de plus pour que je disparaisse… »

Dans l'opinion, le scandale est énorme. *L'Action française* publie les lettres du ministre Dalimier, recommandant de souscrire aux bons de Bayonne. Dalimier démissionne, suivi peu après par tout le ministère Chautemps.

De jour en jour, le scandale grossit. Le député de Paris Bonnaure est convaincu d'avoir été appointé cinq cent mille francs par mois par Stavisky. D'autres députés sont compromis à leur tour : Garat, le maire de Bayonne, bien sûr ; mais aussi Hulin, Proust, Hesse, le sénateur René Renoult. La presse publie également une lettre de Charles Wurtz, président honoraire du Conseil d'État, se plaignant à Stavisky de ne pas percevoir des honoraires suffisants.

Les sommes détournées par l'escroc défient l'imagination. La seule affaire de Bayonne lui aurait rapporté cent soixante millions, soit environ quatre-vingt-dix millions d'euros. Si le projet hongrois s'était réalisé, il aurait fallu multiplier la somme par cinq…

Stavisky s'est-il réellement suicidé ? Personne ou presque dans l'opinion ne le croit. « Un décès bien opportun », titre *Le Figaro* en annonçant le drame ; quant au *Canard enchaîné*, il ironise dans son style à lui : « Stavisky s'est suicidé d'une balle dans la tête tirée à trois mètres. Ce que c'est que d'avoir le bras long ! »

La formule est brillante mais fausse : la balle n'a pas été tirée à trois mètres mais à bout portant. En fait, l'élément troublant vient de sa trajectoire, qui semble indiquer que Stavisky était assis lorsqu'il a tiré. Or il n'y avait pas de chaise dans la pièce. D'autre part, sa femme Arlette jure qu'il n'avait jamais possédé de revolver. Mais ce témoignage ne peut pas vraiment être pris en considération. Dans le fond, le plus louche est l'attitude de la police. Pourquoi le commissaire Charpentier a-t-il isolé à la cave le propriétaire du chalet pendant une heure et demie ? Il est évident qu'il a pris pendant ce temps des directives au plus haut niveau. Mais quelles étaient-elles ?

Malgré tout, et tout bien considéré, le suicide semble difficilement réfutable. La pièce du drame était bien fermée lorsque le commissaire a frappé. À l'intérieur, une voix a bien demandé : « Qui est là ? » et un coup de feu a bien éclaté. Si ce n'était pas Stavisky, qui cela pouvait-il être ?

En fait, même s'il y a des détails obscurs, même si cette manière de mettre fin à ses jours cadrait peu avec la personnalité d'un escroc sans honneur, il n'y a pas d'argument de poids pour réfuter le suicide. Stavisky, se rendant compte que tout était perdu pour lui, a choisi de disparaître, comme il l'a écrit lui-même à sa femme…

Si Alexandre Stavisky est mort, l'affaire Stavisky commence. Elle va constituer un événement historique de première importance.

En 1933, la situation économique se dégrade rapidement. La France, qui avait été épargnée par la crise de 1929 en raison de la faiblesse même de son économie, est frappée à son tour de plein fouet. Ce sont des faillites en série, le chômage, les marches de la faim.

Mais les ouvriers ne sont pas seuls touchés, les classes moyennes sont atteintes elles aussi. Des ligues de mécontents se constituent ; elles regroupent la droite traditionnelle, l'Église, les anciens combattants, mais aussi les extrémistes, alors très actifs : royalistes, admirateurs de ce qui se passe de l'autre côté des Alpes ou du Rhin.

À tous ces gens-là, il faut des boucs émissaires et l'affaire Stavisky leur en fournit. Stavisky était juif et certains en font le symbole d'une « race » sans foi ni loi, composée d'individus apatrides dont le seul intérêt est l'argent. Pour une partie des

Français, tous les juifs sont des Stavisky, des « stavisqueux », selon l'adjectif qui vient d'être inventé. Un flot de haine semblable à ce qu'on avait connu pendant l'affaire Dreyfus se répand dans la presse.

Mais Stavisky n'était pas seul dans cette affaire. Il y a tous les personnages politiques qui l'ont protégé, presque exclusivement des radicaux, dont beaucoup étaient francs-maçons. Là encore, pour l'Église notamment, le scandale va être l'occasion de régler un vieux compte. Le prétendu « complot judéo-maçonnique » a été inventé à la suite de l'affaire Stavisky.

Le 6 février 1934, dans le but patent d'abattre le régime, les ligues d'extrême droite manifestent place de la Concorde aux cris de « La France aux Français », « À bas les voleurs ! ». Il y a vingt morts et deux mille blessés.

Paradoxalement, les conséquences du 6 février seront diamétralement opposées au but de ses auteurs. Devant la menace, la gauche manifeste à son tour et l'unité se crée spontanément à la base. Sur la lancée, communistes et socialistes emporteront les élections de 1936 et l'affaire Stavisky sera une des causes directes du Front populaire.

La droite n'admettra jamais cet échec et prendra sa revanche sous l'Occupation. L'affaire Stavisky aura empoisonné la vie française pendant plus de dix ans, créant un facteur de guerre civile.

Il arrive parfois – comme ce fut le cas dans l'affaire du collier de la reine, dont il a été question précédemment – que les escrocs jouent un rôle déterminant dans l'histoire. Ce n'était certainement pas dans leurs intentions et ce n'est guère conforme à la morale, mais c'est ainsi.

Le faux Utrillo

L'arnaque la plus imparable – et la plus réjouissante aussi – est celle où la victime a voulu faire preuve de malhonnêteté. Car, lorsqu'elle découvre qu'elle a été dupée, elle ne peut s'en prendre qu'à elle-même. Et, dans ce domaine, l'histoire du faux Utrillo représente la perfection. Elle a l'allure d'une petite fable qu'on pourrait intituler « Le voleur volé » ou « Tel est pris qui croyait prendre »...

Elle se passe à Paris au début des années cinquante. Elle met en scène un milliardaire américain, que nous appellerons M. Smith pour ne pas le désobliger, et un marchand de tableaux fort connu à l'époque que nous nommerons M. Durand pour les mêmes raisons de discrétion.

Nul n'étant ni tout à fait blanc ni tout à fait noir, M. Smith possède à la fois un bon et un mauvais côté. Son bon côté, c'est son goût pour l'art et en particulier la peinture. Il emploie sa fortune à réunir une des plus belles collections de tableaux de la planète, qu'il léguera à sa mort aux musées. Son mauvais côté, c'est sa rapacité, grâce à laquelle, parti de rien, il est précisément devenu milliardaire. Son appât du gain en toutes circonstances est proverbial, sa pingrerie fait la colère des employés des palaces dans lesquels il descend ; de mémoire de portier, de groom ou de maître d'hôtel, on n'a jamais vu M. Smith donner un pourboire...

Bref, M. Smith est pour M. Durand un aussi bon client qu'un détestable interlocuteur. Il achète beaucoup, et avec beaucoup de discernement, mais c'est toujours à la suite de négociations acharnées : il conteste, il ergote, il mégote. Tant et si bien que M. Durand finit par concevoir tout un plan pour lui faire regretter de confondre marchand de tableaux et marchand de tapis et aussi, sans doute, pour s'enrichir à ses dépens...

Ce jour-là, après les discutailleries habituelles, M. Smith vient d'acquérir toute une série de toiles contemporaines abstraites, car il ne s'intéresse pas qu'aux valeurs confirmées, il spécule aussi sur les jeunes talents. Il se rend avec M. Durand dans le bureau de ce dernier, attenant à la galerie, pour signer le chèque.

La pièce est, comme à l'accoutumée, dans un désordre on ne peut plus artistique : des toiles qui viennent d'être vendues, d'autres, qui attendent au contraire d'être exposées, traînent un peu partout. M. Smith sort son stylo sans perdre de temps, car, selon la formule consacrée : *Time is money*, mais il s'arrête soudain... Il vient d'apercevoir, posé à même le sol, à côté de la corbeille à papiers, un tableau sans cadre représentant la place du Tertre et signé « Utrillo ».

– Qu'est-ce que c'est ?

– Quoi donc ?... Ah, le faux Utrillo !

– Je peux le regarder ?

– Si vous y tenez...

Le milliardaire ramasse la toile abandonnée et l'examine longuement. Le directeur de la galerie a une expression amusée.

– Pas mal imité, hein ?

– Oui, pas mal...

« Pas mal », c'est le moins qu'on puisse dire !... Dès cet instant, M. Smith a une certitude : ce n'est pas un faux Utrillo qu'il tient en main, c'est un vrai. Et pas n'importe lequel : un représentant de la période blanche, la meilleure, la plus chère. Il n'est pas expert au sens strict du mot, mais il s'y connaît suffisamment pour ne pas se tromper... Son interlocuteur veut le ramener à la réalité.

– Donc, pour nos abstraits...

– Attendez ! Celui-là aussi m'intéresse. Je vous l'achète.

– Vous plaisantez ? Je ne vends pas de faux.

– Cela ne fait rien. Il me plaît. Cinq cent mille francs…

– C'est hors de question.

– Un million…

Le marchand de tableaux s'approche de son client.

– Écoutez, monsieur Smith, je ne vous vendrai pas ce tableau pour deux raisons. La première, c'est qu'il n'a aucune valeur ; il vaut peut-être dix mille francs en tant qu'honnête imitation… La seconde, c'est que pour moi, il en a une : une valeur sentimentale. C'est la première toile que j'ai achetée. Elle était dans ma chambre de jeune homme quand je suis monté à Paris.

– J'insiste…

– Je suis désolé, monsieur Smith…

Cette fois, l'Américain se tait. Continuer paraîtrait suspect et M. Durand a peut-être raison. Il peut s'agir d'un faux exceptionnel, mais d'un faux… Il a déjà son plan en tête. Il signe le chèque pour les tableaux abstraits, salue et s'en va…

Quelques heures plus tard, deuxième acte de la pièce. M. Smith est en grande discussion, dans sa suite d'un des plus luxueux hôtels parisiens, avec Hervé S., expert de renom.

– Ce que vous me demandez est à la limite de la légalité, monsieur Smith…

– C'est une expertise, voilà tout. Une expertise discrète.

– Et pour quelle raison irais-je trouver Durand ?

– Pour lui acheter un tableau. Le fait d'être expert ne vous interdit pas d'avoir envie d'une toile. Vous vous arrangez pour aller dans son bureau et vous examinez l'Utrillo…

Hervé S. finit par accepter contre une importante rétribution et se rend sans plus attendre à la galerie de tableaux…

Troisième acte : le fameux expert et critique d'art Hervé S. fait son entrée dans la galerie. M. Durand l'accueille avec chaleur.

– Cher ami ! Quel bon vent ?…

– Vos abstraits… Il paraît que vous en avez déniché de prometteurs.

– Je vous laisse vous faire une idée. Nul n'est mieux qualifié que vous…

Après avoir fait mine de s'intéresser aux tableaux exposés, Hervé S. a un brusque mouvement de contrariété.

– J'oubliais : un coup de fil urgent à donner. Me serait-il possible ?...

– Mais bien sûr, cher ami. Passez dans mon bureau à côté.

En homme discret, le directeur de la galerie laisse l'expert seul dans la pièce. Celui-ci se précipite vers la vue de la place du Tertre négligemment abandonnée par terre. Il sort une loupe de sa poche, mais sa conviction est déjà faite. C'est un authentique Utrillo de la période blanche, la meilleure et la plus chère, une pièce de musée... Il n'a plus qu'à annoncer la bonne nouvelle à M. Smith, étonné tout de même qu'un homme averti comme l'est Durand ait pu se tromper aussi lourdement...

Quatrième acte : le marchand de tableaux voit revenir le lendemain matin dès l'ouverture de la boutique son client américain.

– Monsieur Durand, je n'ai pas pu dormir de la nuit à cause de votre Utrillo !

– Encore ? Je vous avais dit...

– J'ai beau savoir qu'il est faux, il me plaît tel qu'il est. Je veux l'emporter en Amérique comme souvenir de Paris.

– C'est impossible !

Une expression de crainte passe subitement sur le visage du milliardaire.

– Vous l'avez vendu ?

– Mais non. C'est impossible parce qu'il n'est pas à vendre. N'ai-je pas été assez clair hier ?

– Un million... Cela fait longtemps que nous nous connaissons, monsieur Durand. Nous sommes pour ainsi dire de vieux amis. Vous ne pouvez pas refuser.

– C'est justement parce qu'il y a entre nous des liens d'amitié qu'il est exclu que je vous vende un faux. Et puis, je vous l'ai dit, cette toile a pour moi une valeur sentimentale...

Et la conversation reprend, chacun s'accrochant à sa position. Finalement, de guerre lasse, M. Durand capitule pour la somme de deux millions de francs. Il fait passer son acheteur dans le bureau et ramasse la toile sans cadre, qui était toujours à la même place, près de la corbeille.

M. Smith lui jette à peine un coup d'œil et sort son carnet de chèques. Deux millions de francs d'alors correspondent en gros à soixante mille euros d'aujourd'hui. C'est beaucoup, mais rien du tout comparé à un Utrillo authentique de cette classe. Il va réaliser aux dépens du malheureux M. Durand la meilleure affaire de sa vie ! Il lui adresse son plus large sourire.

– Sachez combien je vous suis reconnaissant du sacrifice que vous me faites.

Mais le marchand de tableaux l'arrête d'un geste.

– Attendez. Je ne veux pas qu'on puisse m'accuser de malhonnêteté. Il me faut une décharge.

– Tout ce que vous voudrez.

– Alors, écrivez sur cette feuille de papier : « Je soussigné M. Smith, reconnais avoir acheté ce jour à M. Durand un faux Utrillo pour la somme de deux millions de francs. M. Durand m'a expressément spécifié que le tableau était un faux et qu'il ne valait en aucune manière une telle somme. » Voilà, vous datez, vous signez et vous n'avez plus qu'à me faire votre chèque. Je vous emballe votre faux Utrillo…

Le cinquième et dernier acte a lieu dans le palace parisien où loge M. Smith. Hervé S., le grand expert, arrive à la suite d'un coup de fil affolé du milliardaire. Il n'a rien voulu lui dire au téléphone, mais il lui a demandé s'il pouvait passer toutes affaires cessantes… Hervé S. aperçoit la place du Tertre contre le dossier d'un fauteuil.

– Eh bien, que vous arrive-t-il, mon cher ? Vous l'avez votre Utrillo. Vous l'avez réussie l'affaire du siècle !

Mais M. Smith n'a pas du tout l'air de quelqu'un qui a réussi l'affaire du siècle. Il est pâle, il est même blême.

– C'est que… en déballant la toile, j'ai eu une curieuse impression…

L'expert s'approche et pousse un cri.

– Mais c'est un faux !

– Vous en êtes sûr ?

– Certain. C'est une bonne imitation, mais incontestablement un faux.

– Comment avez-vous pu vous tromper ? Vous m'aviez affirmé que c'était un Utrillo de la période blanche.

– Je ne me suis pas trompé et vous le savez parfaitement ! Le tableau que nous avons vu vous et moi dans le bureau était authentique, celui-ci ne l'est pas. Il y a eu substitution. Vous vous êtes fait rouler, c'est tout !

Devant l'air effondré du milliardaire, Hervé S. se radoucit.

– Vous avez raté l'affaire du siècle, mais vous pouvez récupérer votre argent. Attaquez Durand. Portez plainte !

La voix du milliardaire n'a sans doute jamais été aussi piteuse de toute sa vie.

– Je lui ai signé un papier reconnaissant que j'achetais un faux en connaissance de cause malgré ses mises en garde...

Rideau. L'expert n'a plus qu'à se retirer sur la pointe des pieds en réprimant un sourire... Il s'est, bien sûr, empressé de raconter toute l'histoire, qui a fait rapidement le tour des milieux artistiques. C'est grâce à lui qu'elle nous est connue. M. Durand et M. Smith, pour des raisons différentes, se seraient bien gardé, eux, de l'ébruiter, ce qui, avouons-le, aurait été dommage !

La bonbonne d'uranium

En ce bel été 1950, le baron Michel de Rosier s'ennuie. Il a pourtant tout pour lui dans la vie. À trente ans, il est bel homme, avec un physique qui lui permettrait, s'il lui en prenait l'envie, de faire du cinéma. À l'écran, il pourrait fort bien avoir pour partenaire son épouse Rosita, vingt-cinq ans, d'origine sud-américaine, une beauté à couper le souffle. Et comme si cela ne suffisait pas, le baron de Rosier est riche, très riche : un hôtel particulier à Paris, une villa de rêve sur la Côte d'Azur, des actions, des immeubles.

Dans le fond, c'est peut-être pour cela que le baron Michel de Rosier s'ennuie. Il ne fait rien, il vit de ses rentes. En ce mois d'août 1950, il est en vacances dans sa propriété de la Côte. Mais que signifie pour lui le mot « vacances » ? Ne rien faire au soleil au lieu de ne rien faire en ville, les réceptions sur les yachts au lieu des réceptions dans les salons, l'oisiveté en smoking blanc au lieu de l'oisiveté en smoking noir…

Dieu que tout cela est monotone ! Michel de Rosier soupire en vidant son whisky-soda, dans le bar du casino de Monte-Carlo où il vient de perdre quelques dizaines de milliers de francs, en l'absence de Rosita, qui déteste le jeu. Pour un peu, il envierait les ouvriers et tous ces gens qui ont un patron, des horaires, des fins de mois, mots vides de sens pour lui… Pourtant, il ne les aime guère, les ouvriers ; il ne les aime pas du tout, même ! Car le baron de Rosier a un second souci dans la vie, à part l'ennui : la politique.

La tournure des événements depuis la guerre l'inquiète au plus haut point. La vague communiste, partie de l'Est, menace la France. Si le danger devient trop pressant, il n'hésitera pas, il s'expatriera aux États-Unis. Mais lui en laissera-t-on le temps ? Les bolcheviks ne le rattraperont-ils pas avant ? Ne connaîtra-t-il pas le sort de ses malheureux ancêtres pendant la Révolution ?

Bref, le baron de Rosier a peur des Rouges. Ce n'est pas qu'il soit de naturel craintif. Au contraire, il a fait partie de la Résistance et a fini la guerre dans les services de renseignements de l'armée française. Mais c'est cette inaction qui est intolérable. Être là à ne rien faire, à attendre les coups...

– Drôle d'époque que nous vivons, monsieur le baron...

Un homme de son âge environ, assis à côté de lui au bar, le regarde en souriant. Lui aussi a un physique de cinéma, menton carré, regard viril, genre héros redresseur de torts.

– Comment me connaissez-vous ?

– Qui ne vous connaît ici, monsieur le baron ? Et puis, c'est un peu mon métier. Je me présente : inspecteur Bertino...

La conversation s'engage. L'individu est sympathique et Michel de Rosier ne tarde pas à lui confier ses préoccupations concernant la situation politique. Il constate avec plaisir que l'inspecteur Bertino partage exactement son point de vue... Soudain celui-ci baisse le ton.

– J'ai l'impression que je peux vous faire confiance. Je vais vous faire un aveu : j'appartiens à la DST.

– Vous faites partie du contre-espionnage ?

– Oui. Réseau Centre-Europe...

Le baron de Rosier se met à son tour à chuchoter.

– Moi aussi, j'ai fait du renseignement pendant la guerre...

Devant son interlocuteur attentif, il se met à raconter les divers exploits qu'il a accomplis. Lorsqu'il se tait enfin, l'autre hoche la tête et dit d'un ton pénétré :

– Je vois, je vois... Vous êtes quelqu'un sur qui on peut compter pour des missions délicates.

– Bien sûr. Dites-moi quoi !

– Pas si simple. Il faut d'abord que j'en parle à mes chefs

et que nous prenions nos renseignements sur vous. Mais nous nous reverrons, monsieur le baron.

– Quand ?

– Le moment venu… À notre future collaboration !

Tout en trinquant, le baron de Rosier est aux anges : enfin, il se passe quelque chose dans son existence si monotone ! Et pas n'importe quoi : il va pouvoir se dévouer pour la cause qui lui tient à cœur, se battre pour elle…

Son interlocuteur est tout aussi euphorique que lui. Il tient l'homme qu'il cherchait. Pas l'espion de haut vol capable de tenir tête aux Russes, bien sûr, puisqu'il n'a jamais appartenu à la DST… Non, il a enfin trouvé le pigeon idéal après lequel ils couraient, lui et ses complices, depuis un bon moment. Et celui-là, ils ne vont pas le lâcher !

L'inspecteur Bertino n'a pourtant pas entièrement menti quand il s'est présenté au baron. Il s'agit bien de son vrai nom – il s'appelle Sauveur Bertino, originaire de Corse – et il a bien été inspecteur ; il a juste omis de dire qu'il avait été radié de la police pour diverses indélicatesses…

En quittant le bar du casino, Bertino va immédiatement trouver ses acolytes : Léon Masiglia et César Carducci, deux truands de modeste envergure qu'il avait rencontrés dans ses activités de policier et avec lesquels il avait préféré s'entendre plutôt que de les arrêter. Mais s'ils n'appartiennent pas au grand banditisme, Masiglia et Carducci ont une qualité, qu'ils partagent d'ailleurs avec lui-même : une imagination débordante…

Tous trois échafaudent sans mal leur plan et conviennent de prendre leur temps. Il faut faire attendre le baron, le faire mourir d'impatience et, à ce moment-là, il sera prêt à avaler n'importe quoi…

Deux mois ont passé. Nous sommes en octobre 1950. À sa grande déception, le baron de Rosier est rentré à Paris sans avoir eu la moindre nouvelle de l'inspecteur Bertino… S'agissait-il d'un mystificateur ? Il ne veut pas y croire. En fait, la réalité est sans doute plus simple et plus décevante encore :

l'homme n'avait pas menti et il a bien transmis la demande à ses chefs ; seulement, ceux-ci ne l'ont pas jugé digne de faire partie du contre-espionnage. Michel de Rosier est abattu, déçu. Et Rosita partage son désappointement, car il avait tout raconté à son épouse et la jeune femme, qui n'a pas froid aux yeux, était décidée à partager ses risques...

Aussi, on imagine son émotion et sa joie lorsque son majordome vient le trouver dans le salon de son hôtel particulier.

– Il y a là un inspecteur Bertino qui vous demande, Monsieur.

Michel de Rosier se précipite pour aller accueillir l'arrivant.

– Cher inspecteur... Je ne m'attendais pas à vous voir ici !

L'inspecteur Bertino a plus que jamais ses allures de héros de film policier. Son visage énergique exprime la détermination.

– J'ai une bonne nouvelle pour vous, monsieur le baron.

– Vos chefs sont d'accord ?

– Non seulement ils ont donné leur accord, mais ils ont pensé à vous pour une mission particulièrement dangereuse.

– Laquelle ? Je l'accepte par avance.

– Un responsable militaire viendra vous donner ultérieurement des instructions...

Bien qu'il meure d'impatience, le baron de Rosier se garde bien de poser la moindre question et il laisse partir l'inspecteur, qui n'en ajoute pas davantage... Une semaine passe encore, interminable, insupportable, et c'est alors que le baron a la surprise de sa vie.

Une voiture militaire fait irruption dans la cour de son hôtel particulier. Elle est conduite par un simple soldat, qui va ouvrir la portière à un lieutenant-colonel en grande tenue. Michel de Rosier dévale les marches pour aller l'accueillir. Le militaire se présente de manière assez raide. On sent le meneur d'hommes, investi de lourdes responsabilités.

– Lieutenant-colonel Berthier, sous-chef du réseau Centre-Europe.

– Voulez-vous passer dans le salon, mon colonel ?

Devant un verre de fine, le lieutenant-colonel se détend un peu.

– Ce que je vais vous dire est, bien sûr, hautement confidentiel… Une bonbonne de soixante kilos de sable uranifère se trouve à vendre sur le marché et les Russes sont sur le point de l'acheter. Vous conviendrez avec moi que, si la chose se produit, c'est la catastrophe.

Le baron de Rosier a une expression d'effroi.

– Il faut à tout prix empêcher cela ! Les services français ne peuvent pas l'acheter avant ?

– Avec quoi, mon cher ? Nous dépendons des politiques, qui sous-estiment le danger. Nous n'avons qu'un budget de misère et pas un sou pour une telle transaction… Non, voyez-vous, ce qu'il faudrait c'est qu'un généreux patriote se porte acquéreur de la bonbonne. Malheureusement, c'est cher : dix millions…

– Il n'y a pas de problème, mon colonel. La somme est à vous.

L'officier a un large sourire qui illumine d'aise le baron.

– Je savais qu'on pouvait compter sur vous, Rosier ! Bertino ne s'était pas trompé, vous êtes un type bien… Mais rassurez-vous, il ne s'agira pour vous que d'une simple avance. Les Espagnols aussi sont sur le coup…

Le lieutenant-colonel Berthier se laisse servir un second cognac et, baissant le ton, explique toute l'affaire… Les Espagnols de Franco, « nos meilleurs alliés contre les Rouges », sont prêts à mettre dix-sept millions pour la bonbonne. Il faut donc la convoyer jusque chez eux. Michel de Rosier se remboursera de ses dix millions et donnera le bénéfice à la DST…

À peine s'est-il tu que le baron, sans phrase inutile, va chercher son carnet de chèques et inscrit la somme demandée, qui n'est, effectivement, pas négligeable : dans les cent cinquante mille euros. En le tendant au sous-chef du réseau Centre-Europe, il a un sourire timide.

– Mon colonel, est-ce que ma femme pourra m'accompagner ? Elle insiste beaucoup. Elle est très sûre.

L'officier fronce le sourcil. Visiblement, il ne s'attendait pas à une pareille demande. Mais après un moment de silence, il empoche le chèque avec un mouvement de tête affirmatif.

– Vous avez ma confiance, Rosier. Va pour votre épouse…

Mais soyez seul, demain, pour prendre la marchandise. Minuit, rue des Vinaigriers, Alfortville…

La rue des Vinaigriers, à Alfortville, est une artère tout ce qu'il y a de sinistre, à la chaussée défoncée et chichement éclairée, de place en place, par un bec de gaz. Le baron Michel de Rosier avise une voiture noire qui attend dans un endroit obscur. Il se gare à côté. Deux hommes en sortent. Ils sont en imperméable, avec un feutre enfoncé jusqu'aux yeux. Il reconnaît néanmoins le lieutenant-colonel et l'inspecteur. Ce dernier va ouvrir son coffre.

– Ne perdons pas de temps !

Le baron de Rosier découvre une bonbonne cerclée de plomb et de sparadrap, sur laquelle on a collé une étiquette : DANGER. NE PAS OUVRIR. Il aide l'inspecteur Bertino à la transporter dans son propre coffre. Lorsque l'opération est terminée, le lieutenant-colonel Berthier prend la parole à voix basse.

– Portez le colis à Saint-Jean-de-Luz. Là-bas, vous recevrez d'autres instructions.

– Quand dois-je partir ?

– Dès demain matin… Dernière chose : si vous vous apercevez que vous êtes suivi, abandonnez et réfugiez-vous dans votre villa de la Côte. Là, attendez.

Michel de Rosier aimerait poser une ou deux questions, mais le colonel et son adjoint se sont déjà engouffrés dans leur voiture noire, qui démarre en trombe…

Commence alors, pour Michel de Rosier et sa ravissante épouse Rosita, la plus rocambolesque des aventures. Craignant les radiations, ils se sont fait confectionner à tout hasard des gilets en amiante, ce qui leur donne une silhouette manquant pour le moins d'élégance. Mais, par chance, il ne fait pas chaud et ils ne quittent pas leurs manteaux.

Pourtant, le danger ne vient pas des radiations. Alors qu'il approche de Saint-Jean-de-Luz, le baron de Rosier constate qu'il est suivi. Une voiture ne quitte pas son rétroviseur. Obéissant aux instructions, il prend aussitôt la direction de la Côte d'Azur, imité jusqu'au bout par son mystérieux poursuivant.

Là, il attend, conformément aux ordres, avec la bonbonne toujours dans son coffre. Mais au lieu des services secrets français, c'est un tout autre contact qui l'attend. Dès le lendemain de son arrivée, on sonne à la porte de sa villa. Il se trouve nez à nez avec un individu à l'épaisse moustache brune. Ce dernier prend la parole avec un fort accent slave.

– Mon nom Revlov... Je viens pour objet dans voiture.

Le baron pâlit... Il serait étonné si on lui disait qu'il a déjà vu son interlocuteur – il est vrai qu'il faudrait être particulièrement physionomiste pour reconnaître dans l'espion russe l'insignifiant soldat qui conduisait la voiture du colonel. Léon Masiglia, qui interprète les deux rôles, a un incontestable don de transformation... Le baron l'empoigne par le col de son veston.

– Espèce de crapule, comment oses-tu ?

– Je peux trente millions, monsieur le baron...

Roué de coups, le faux Revlov s'enfuit comme il peut... Et, le soir même, le baron est tout heureux de raconter son exploit à l'inspecteur Bertino, qui se manifeste enfin au téléphone. Michel de Rosier ajoute :

– J'aurais peut-être dû descendre ce salaud. J'avais un revolver sur moi...

Au bout du fil, la voix de l'agent de la DST exprime un affolement subit.

– Surtout pas ! Ne faites jamais une chose pareille. C'est contraire à toutes les consignes...

Le baron doit promettre de ne plus avoir d'arme sur lui ; à la suite de quoi, l'inspecteur se calme un peu.

– Rentrez à Paris avec l'objet. Vous recevrez d'autres instructions...

À Paris, les instructions consistent en une nouvelle visite du lieutenant-colonel Berthier. Il est beaucoup plus détendu et cordial que la première fois.

– Compliments, Rosier. Vous vous êtes très bien comporté... Mais je ne vois pas votre charmante épouse.

– Elle peut assister à notre entretien ?

– Bien sûr. Elle est des nôtres, à présent...

Rosita, tout intimidée, vient donc les rejoindre. C'est pour entendre le sous-chef du réseau Centre-Europe déclarer :

– Nous avons retrouvé trois autres bonbonnes et un cylindre d'eau lourde. Il y en a pour cinquante millions. Inutile de dire que la DST n'a pas cette somme.

Pour la première fois, Michel de Rosier semble contrarié.

– C'est que je n'ai plus que dix millions sur mon compte. Je ne vois pas comment faire. À moins que Rosita...

Cette dernière n'a pas un instant d'hésitation.

– Je vais chercher mes bijoux. Il y en a bien pour quarante millions...

Un peu plus tard, le lieutenant-colonel a en main le chèque du baron et les bijoux de son épouse, le tout représentant au moins cinquante millions, soit sept cent soixante mille euros. Il a l'air bouleversé.

– Le général voudra certainement vous témoigner en personne sa reconnaissance.

– Quel général ?

– Mais mon supérieur, le grand patron du réseau Centre-Europe...

La rencontre a lieu un peu plus tard, dans un salon du Café de la Paix... Même en civil, avec sa cinquantaine distinguée, ses tempes argentées et sa rosette de la Légion d'honneur sur la poitrine, le général en impose. C'est pourtant le même personnage qui était apparu dans la villa de la Côte sous les traits de Revlov. Léon Masiglia a même dû attendre que son œil au beurre noir, dû à un direct du baron, ait disparu... Il s'incline pour baiser la main de Rosita et donne une chaleureuse accolade à son époux.

– Général Combaluzier... Mes amis, il n'y a pas de mots pour exprimer ma reconnaissance envers vous.

Il tapote le revers vierge de la veste du baron.

– C'est bien triste, tout cela ! Nous allons y mettre un peu de couleur.

– Mon général...

– Allons, allons ! Pour Noël, mon cher, je vous promets la Légion d'honneur...

Comme il arrive parfois aux grands acteurs, Léon Masiglia en a rajouté sur son rôle. Promettre une décoration est quelque chose de concret qui va forcément donner l'alerte à sa victime. Mais il est vrai que la mystification avait déjà pris de telles proportions qu'elle ne pouvait plus durer bien longtemps.

À Noël, le baron Michel de Rosier se jette sur le *Journal officiel*, pour constater qu'il n'est pas sur la liste des promus à la Légion d'honneur. Très déçu, il appelle le ministère de la Guerre et la DST. Mais personne n'a jamais entendu parler du général Combaluzier, du lieutenant-colonel Berthier et de l'inspecteur Bertino. On lui conseille de porter plainte. Ce qu'il fait...

S'ils avaient montré une imagination débordante, les trois complices firent preuve de moins de prudence. Alors qu'ils auraient dû s'enfuir, le pseudo-lieutenant-colonel Berthier, César Carducci, fut arrêté dès le 1er janvier à l'hôtel particulier des Rosier, alors qu'en galant homme, il allait porter des marrons glacés à la baronne. Et les deux autres ne tardèrent pas à le rejoindre derrière les barreaux.

Léon Masiglia ne fit aucune difficulté pour avouer que son pseudonyme de Combaluzier lui était venu juste avant le rendez-vous, en prenant l'ascenseur... Les bijoux étaient vendus depuis longtemps et l'argent dépensé. Il ne subsistait pratiquement rien des millions que le baron avait versés pour la patrie.

Restait ce qui avait fait l'objet de la transaction : les quatre bonbonnes de soixante litres et le cylindre métallique entreposés dans la cave de l'hôtel particulier. Afin de ne prendre aucun risque, les quatre volumineux objets furent amenés par des spécialistes, dans un camion spécial, au centre de contrôle du fort de Châtillon. Ils ne contenaient que du sable mouillé...

Le procès de Sauveur Bertino, Léon Masiglia et César Carducci s'ouvrit quelques mois plus tard devant la 13e chambre correctionnelle de Paris. Le baron Michel de Rosier, beau joueur, reconnut sa naïveté et se refusa à accabler les accusés.

– Tout est de ma faute. J'ai été bête, je ne serai pas inélégant.

Et il rit comme les autres lorsque, le président s'exclamant : « Du sable à ce prix-là ! Vous n'avez pas honte ? », Léon Masiglia, qui n'avait plus les intonations slaves de Revlov ni les tournures distinguées de Combaluzier, lui répliqua avec un bel accent marseillais :

– Oh, mais, monsieur le président, c'était du sable de Martigues, le plus cher !

Sauveur Bertino et César Carducci furent condamnés à quatre ans de prison et Léon Masiglia à dix-huit mois. L'histoire des bonbonnes d'uranium s'était terminée dans la gaieté et la guerre avec les Russes n'a jamais eu lieu. Que demander de mieux ?

1 + 1 = 3

1 + 1 = 3 : la formule est fausse, direz-vous ? Pas fausse, malhonnête. C'est celle d'un genre d'arnaque bien particulier : l'escroquerie à la paire. Pour la mettre en pratique, il suffit d'y ajouter un peu d'imagination, des dons d'acteur et un culot à toute épreuve. Démonstration...

Un homme distingué, âgé d'une quarantaine d'années, franchit la porte d'une bijouterie située dans une artère parisienne tout aussi distinguée. Nous sommes à la mi-janvier 1960, la période des fêtes est passée et les clients ne sont pas nombreux en ces premières journées de l'année. Aussi, l'arrivant est-il accueilli avec une chaleur toute particulière.

– Monsieur désire ?

– Des perles rares. Ma femme en raffole. C'est pour notre anniversaire de mariage.

– Bien sûr, monsieur. Nous sommes justement spécialisés dans la perle.

Le bijoutier s'empresse de sortir de ses écrins tout ce qu'il y a de mieux dans la boutique, mais il ne provoque chez son client que des moues désabusées... Ce peut être bon ou mauvais signe. Soit c'est le genre d'homme difficile qui n'achètera rien, voire un curieux qui n'est là que pour se rincer l'œil, soit c'est le gros client, celui qui veut le fin du fin... On ne va pas tarder à être fixé.

– Dans ce cas, monsieur, il me reste à vous montrer la perle en goutte d'eau…

Le joaillier va dans un coffre et en extrait un écrin avec une perle d'un éclat incomparable et d'une forme tout à fait particulière, semblable, en effet, à une goutte d'eau ou à une poire… Cette fois un sourire apparaît sur le visage de l'homme.

– C'est tout à fait cela ! Combien ?

Le chiffre astronomique, même exprimé en nouveaux francs qui viennent juste de remplacer les anciens, n'efface en rien le sourire du client… Pourtant, celui-ci devient songeur.

– Elle me convient. Mais vous n'en auriez pas une autre ?

– Vous voulez dire une perle semblable ?

– Oui. Je sais que ma femme a très envie de boucles d'oreilles. Et si vous aviez la paire…

– Certainement pas comme celle-ci. Elle est d'une forme très rare et d'un éclat également très particulier. Mais nous avons de très belles boucles d'oreilles en perles au magasin.

– Non, non… Je veux celle en goutte d'eau, pas une autre. D'ailleurs, je vous la prends. Mais j'aimerais que vous cherchiez sa jumelle.

– Cela risque de prendre du temps et le résultat est, je vous l'avoue, très improbable.

– Notre anniversaire de mariage est le 26 février. Vous avez un mois et demi.

– D'autre part, en cas de réussite, il risque d'y avoir un problème…

– Vous voulez parler du prix ? Je suis prêt à payer la deuxième le double de celle-ci.

– S'il en est ainsi, nous allons nous mettre tout de suite à l'ouvrage.

La perle en forme de goutte d'eau est luxueusement emballée… Au moment de payer, le client est pris d'un doute.

– Est-ce que je peux l'emporter ? Vous n'en avez pas besoin pour la comparer à l'autre ?

Mais le bijoutier le rassure.

– Toutes nos pièces sont photographiées. Soyez sans crainte…

L'homme paie donc, laisse sa carte de visite et se retire avec son achat, profondément salué par le commerçant. Ce dernier a tout lieu d'être satisfait : il vient de faire une grosse vente en période creuse et il a la perspective de réaliser une affaire plus rentable encore, s'il trouve l'oiseau rare.

Comme tous les gros joailliers, il est en relation avec ses confrères du monde entier. Il leur expédie des photos de la perle en spécifiant qu'il s'agit de trouver la paire pour un client. Ce détail a de quoi les allécher, car ils savent que le deuxième élément d'une paire vaut plus cher qu'un exemplaire unique et qu'ils pourront en demander un prix élevé...

Malheureusement, ainsi qu'on pouvait le craindre, la réplique exacte de la perle en goutte d'eau n'existe nulle part... C'est d'autant plus contrariant que le client n'a pas changé d'avis. Il téléphone même à plusieurs reprises.

– Comment se fait-il que vous ne trouviez pas ? Je veux absolument ces boucles d'oreilles !

Le 26 février approche et c'est alors, à quelques jours seulement de la date fatidique, que le bijoutier reçoit un appel d'un courtier belge.

– Je l'ai trouvée. C'est exactement la même. Prodigieux !... Je dois passer à Paris. Je vous l'apporte.

Le lendemain, le courtier dépose la perle sur le comptoir du joaillier parisien. C'est effectivement prodigieux : même forme, même éclat si particulier. La perle en goutte d'eau avait, contrairement à toute attente, sa jumelle !

Seulement, le prix qu'en demande le courtier est, lui aussi, prodigieux : le double de la première, exactement ce que proposait le client. Le bijoutier appelle ce dernier pour lui faire part à la fois de la bonne et de la mauvaise nouvelle.

– Nous l'avons trouvée !

Au bout du fil, il y a un cri de joie.

– C'est fantastique ! Félicitations.

– Seulement, il y a un ennui. Le prix est plus élevé que prévu...

Et le bijoutier annonce la somme, c'est-à-dire le double,

majoré de son bénéfice. Son interlocuteur est toujours aussi euphorique.

– Aucun problème ! Achetez. Je passe la prendre demain...

Mais, le lendemain, il ne se présente pas à la boutique, pas plus que le surlendemain ni le jour suivant. À la fin, le bijoutier n'y tient plus et rappelle.

– C'est au sujet de la perle, monsieur...

– Quelle perle ?

Le commerçant pense avoir fait un mauvais numéro et se prépare à raccrocher, mais la voix poursuit, de manière dolente :

– Ah, la perle en goutte d'eau...

– Eh bien, oui, la perle en goutte d'eau.

– Évidemment, vous ne pouviez pas savoir...

– Savoir quoi, monsieur ?

– Ma femme m'a quitté ! Alors, les cadeaux d'anniversaire de mariage...

– Mais monsieur, vous ne pouvez pas...

– Pas quoi ?

– C'est vous qui m'avez dit d'acheter !

– C'était avant son départ. Je ne me doutais de rien. Jamais je n'aurais pu imaginer une chose pareille !

– Enfin, monsieur, moralement...

– C'est à elle qu'il faut faire la morale, pas à moi !

Au bout du fil, retentit la tonalité « occupé » : le client a raccroché... Il a réussi à revendre la perle qu'il avait achetée un peu plus tôt – car il s'agissait de la même, bien entendu – le double de son prix, au même commerçant. Il n'a plus qu'à donner sa commission à son complice, le faux courtier, et à empocher le reste.

1 + 1 = 3 : CQFD. Le principe de l'arnaque à la paire vient de ce que deux bijoux identiques, ou n'importe quels objets précieux, valent environ trois fois la valeur d'un seul. On peut faire le même coup avec tout ce qui va par paires : les sujets de cheminée, les appliques, les meubles d'angle, les tables de nuit, les potiches, etc. Il suffit de proposer au commerçant

beaucoup plus cher que ce qu'on vient de payer pour avoir l'identique et de faire rapporter la marchandise plus tard par un comparse. L'arnaque à la paire ne marche pas toutes les fois, mais elle présente l'avantage d'être sans risque, car il est absolument impossible de prouver qu'il y a eu malhonnêteté.

Aussi, pour rester du côté de la morale, nous terminerons par un conseil aux commerçants. Si vous voyez arriver, de manière miraculeuse, le second élément de la paire que vous avait commandée un client, demandez à celui-ci de vous ramener l'autre pour comparer un détail. Et quand vous aurez les deux sous les yeux, faites affaire. Pas avant.

Les vrais faux billets de mille

– Monsieur Genet ! Psssst, monsieur Genet…

L'homme ainsi interpellé, Louis Genet, a la cinquantaine fatiguée. Le cheveu gras, le ventre débordant, le teint rouge, un éternel mégot au coin des lèvres. Il n'est guère reluisant de sa personne, mais il s'en moque complètement. Il vit seul depuis la mort de sa femme et plaire est le cadet de ses soucis. En fait, son seul souci est l'argent, plus précisément les loyers qu'il fait rentrer chaque mois, car Louis Genet exerce l'honorable profession de marchand de sommeil.

On ne peut appeler autrement, en effet, les locations en meublé qu'il propose dans sa bâtisse de Clichy : un vieil immeuble de cinq étages, sans confort, tout délabré, où s'entassent de pauvres gens qui n'ont pas les moyens d'aller ailleurs. Lui-même habite le rez-de-chaussée, dans des conditions guère meilleures que ses infortunés locataires, mais il est indifférent à son cadre de vie…

– Il faut que je vous parle, monsieur Genet…

Lucienne Lefèvre, qui est en train d'interpeller ainsi le propriétaire, est sa voisine. Elle habite le pavillon d'en face. Soixante ans, mais paraissant davantage, Lucienne Lefèvre est veuve. Son mari a été tué pendant la Grande Guerre, à Verdun, ce qui ne remonte pas si loin, car il faut préciser que nous sommes en juillet 1937.

– Qu'est-ce qu'il se passe, madame Lefèvre ?

La veuve baisse le ton.

– Pas dans la rue. Venez dans mon jardin…

Intrigué, Louis Genet la suit dans le jardinet de son pavillon.

– C'est au sujet de votre locataire du quatrième, l'Italien…

– M. Vincenzo ? Il n'est pas italien, il est français.

– Enfin, moi je l'appelle l'Italien… Vous avez remarqué ses horaires ? Il part tous les matins à six heures moins le quart et il rentre à onze heures du soir.

– C'est sans doute qu'il travaille loin.

– Vous savez ce qu'il fait dans la vie ?

– Non. Je ne le lui ai pas demandé. Moi, du moment qu'il me paie son loyer… Et depuis un an qu'il est ici, je n'ai jamais eu de problème.

Visiblement, Louis Genet est un peu agacé. Il considère la veuve d'un regard sans indulgence. Mais celle-ci poursuit sa pensée.

– Je vous demandais cela parce que je ne sais pas si c'est pour aller travailler qu'il part tous les matins.

– Pardon ?

– C'est plutôt chez vous qu'il travaille. Car – écoutez bien, c'est cela qui est extraordinaire –, quand il rentre à onze heures, il allume la lumière et elle reste allumée toute la nuit ! Il ne l'éteint qu'à six heures moins le quart, quand il part.

– Il ne dort pas ?

Le marchand de sommeil reste ébahi, la bouche entrouverte, son mégot jauni au coin des lèvres. Quelqu'un qui ne dort pas chez lui, c'est la première fois !

– Non. Je me suis dit qu'il dormait peut-être avec la lumière allumée. Les originaux, cela existe. Mais pas du tout ! On voit son ombre derrière les volets. Quelquefois même, il les ouvre et il passe la tête à la fenêtre, comme s'il cherchait quelqu'un.

– Il reçoit peut-être une femme.

– Non, pas de femme. Pas d'homme non plus. Personne de toute la nuit. J'en suis sûre… J'ai des insomnies.

– Mais alors ?

La veuve de guerre baisse la voix.

– Alors, si vous voulez mon avis, monsieur Genet, c'est un conspirateur, un terroriste !...

– Bon Dieu !...

Louis Genet se met à transpirer. Il se passe la main dans ses cheveux gras... Cette vieille chouette a sûrement raison ! Car des complots, des conspirations, on ne parle que de cela, en cette année 1937. Il y a la Cagoule, la mystérieuse organisation d'extrême droite, qui multiplie les attentats, et puis il y a les agents de l'Italie fasciste et de l'Allemagne nazie, sans compter les anarchistes de tout poil...

Mais quand même, Victor Vincenzo, il ne s'attendait pas à cela de lui. Un Français de pure souche, malgré son nom, né pas loin d'ici à Colombes, le plus régulier de ses locataires, payant d'avance, toujours le premier du mois... Évidemment, si c'est avec l'argent de son organisation, ce n'est pas difficile !

– Qu'est-ce que vous allez faire ? Vous allez prévenir la police ?

Louis Genet a malgré lui un sursaut.

– Je... je vais réfléchir...

La police, ce serait la catastrophe ! Si elle mettait son nez chez lui, même pour une affaire de terrorisme, elle remarquerait sûrement que l'état des lieux n'est pas réglementaire. Elle alerterait la brigade des garnis. Et puis, il y a sa comptabilité qui n'est pas en règle non plus. Il fraude le fisc.

– Je vais me débrouiller tout seul. Merci, madame Lefèvre.

– Vous me tiendrez au courant, hein ?...

Louis Genet marmonne quelques mots d'acquiescement et s'en va... En cet instant, il a très peur, physiquement peur. Il tremble pour sa vie. Pourtant, ses jours ne sont nullement en danger et ce n'est pas de terrorisme qu'il s'agit, mais d'escroquerie, d'arnaque. Mais cela, il ne le saura qu'à la fin. Trop tard, évidemment...

Toute la journée, Louis Genet hésite. Bien sûr, la sagesse lui commanderait d'appeler quand même la police. Ces gens-là sont dangereux ; face à eux, il ne peut pas faire le poids. Mais son avarice finit par être la plus forte. Pas question qu'on inspecte son meublé et ses comptes ! D'ailleurs, ainsi que la pipelette d'en face l'a noté, Victor Vincenzo ne reçoit personne. À un contre un, avec l'effet de surprise, il a sa chance. D'autant qu'il est armé. Il a un revolver – sans permis de port d'armes, il faut le préciser…

Onze heures du soir… Dans son petit appartement du rez-de-chaussée, où il a tout éteint pour faire croire qu'il dormait, Louis Genet entend le pas de son locataire du quatrième. Il a le cœur battant, mais sa résolution est prise. Il faut lui laisser le temps de commencer sa mystérieuse activité. Il n'interviendra qu'à minuit… Que va-t-il découvrir alors ? Que fait Vincenzo derrière ses volets clos ? Il fabrique des bombes ? Il décrypte des textes codés ? Il envoie des messages radio ?

À minuit, tremblant, dégoulinant de sueur, mais d'un pas ferme quand même, Louis Genet monte les quatre étages, son revolver dans la main droite, le double de la clé dans la main gauche. Il est devant la porte. La clé glisse sans bruit dans la serrure : il a pris soin de l'huiler, et il ouvre brusquement.

– Bon sang, qu'est-ce que c'est que ça ?

Le studio misérable, au plafond suintant, aux murs moisis et au plancher vermoulu, comme tous ceux de l'immeuble, est encombré d'un attirail invraisemblable. Il y a là des plaques de zinc, une presse à main, des bacs à acide, des flacons de produits chimiques, de minuscules pots de peinture… En le voyant, Victor Vincenzo, un grand brun moustachu, a levé les mains en l'air.

– Ne tirez pas !

– Mais qu'est-ce que vous fabriquez chez moi ?

– Des faux billets de mille francs. Je suis perdu !

– Des billets de mille ?…

Du coup, le marchand de sommeil baisse son arme et se met à sourire… Ce n'était donc pas un conspirateur, mais un faux-monnayeur ! Il pousse un intense soupir de soulagement. C'est tout de même moins dangereux… Son locataire s'effondre sur l'unique chaise bancale de la pièce.

– Cela devait forcément arriver ! C'est à cause de mes horaires que vous m'avez repéré ?

– Oui. C'est à cause de cela.

– Je travaille la nuit chez vous ; la journée, je vais dormir dans un autre garni et écouler mes billets. Vous avez dû vous demander : mais quand est-ce qu'il dort ?

Tout en l'écoutant, Louis Genet s'approche de l'installation clandestine. Sur la presse, il y a une coupure de mille francs encore tout humide. Trois autres billets sont accrochés par des pinces à linge à une ficelle tendue entre deux murs. Il en prend un, le palpe et le met devant l'ampoule nue qui pend au plafond.

– Pas mal imité...

– Vous êtes sévère. Cela fait des années que je m'entraîne et je crois être arrivé à la perfection. L'ennui, c'est qu'avec cette presse à main, je peux n'en faire qu'un par nuit.

– C'est ressemblant, mais on voit que c'est un faux.

– Je suis désolé : il est parfait. Allez le changer ce matin, vous verrez bien...

Victor Vincenzo lui donne les trois autres billets, y compris celui encore humide sous la presse.

– Changez-les eux aussi et si un seul vous est refusé, je ne m'appelle plus Vincenzo !

Le marchand de sommeil tient intérieurement conseil... Il est plus que jamais hors de question de prévenir la police. Un faux-monnayeur sous son toit, c'est le scandale et la ruine assurés. Si cela se trouve, il serait même arrêté comme complice... Après tout, rien ne presse. Le plus sage est d'attendre.

– Je ne veux pas d'histoires chez moi. Je vous boucle et je prendrai ma décision plus tard.

Le lendemain, ignorant les questions avides de Mme Lefèvre, Louis Genet se rend à son bar-tabac habituel, prend un café et un paquet de cigarettes et paie avec l'un des billets de mille. Le patron empoche l'argent sans sourciller et lui rend la monnaie. Louis Genet n'en revient pas. Il insiste :

– Tu es sûr qu'il est bon ? J'avais l'impression de m'être laissé refiler un faux billet.

Le buraliste l'examine de plus près.

– Des faux billets comme celui-là, j'en prends tous les jours !...

Dans l'esprit du marchand de sommeil, il se fait un trouble immense... Se pourrait-il qu'il ait chez lui, à sa disposition, pour ainsi dire, le faussaire absolu, parfait ? Mais si c'était le cas, ce serait la fortune !

Pour le savoir, il n'y a qu'un seul moyen. Il est risqué, évidemment, mais infaillible. Louis Genet se rend à la Banque de France, au guichet de la petite monnaie. Il réunit tout son courage pour s'adresser au caissier. Il lui tend les trois dernières coupures fabriquées par son locataire.

– Voilà... Je suis commerçant. Ces trois billets m'ont paru louches. Est-ce que vous pourriez les examiner ?

L'homme les palpe, sort une loupe et les examine par transparence. Il a un sourire :

– Ils sortent de chez nous. Vous n'avez aucune crainte à avoir...

Sur le chemin du retour, pendant tout le trajet qui le sépare de Clichy, Louis Genet a le temps d'échafauder son plan. Il va s'associer avec Vincenzo. Ce dernier n'a pas le choix : il a bien trop peur qu'il ne le dénonce. Il continuera sa production et ils partageront moitié-moitié. Mais plus question de la presse à bras et d'un billet par nuit. Pas de procédé de gagne-petit. Il faut faire les choses en grand !

En voyant la porte de son bouge s'ouvrir, Victor Vincenzo fait un bond. Puis, il écarquille les yeux, étonné.

– Vous n'êtes pas avec la police ?

– Non. Vous êtes un véritable génie et on n'arrête pas les génies.

– Vous n'allez pas me dénoncer ?

– Non plus. Dites-moi : combien coûterait une presse véritable pour faire des billets ?

– Oh, très cher, sinon il y a longtemps que j'en aurais une !

– Combien ?

– Il faut compter dix millions.

– Je vais revenir. Pardonnez-moi si je vous enferme, mais je tiens trop à vous...

En redescendant l'escalier, Louis Genet fait ses comptes... Ses activités de négrier lui ont rapporté à peu près, fraude fiscale comprise, cinq millions. Il en manque la moitié. Il doit donc s'associer avec quelqu'un. Mais qui ? Il ne faut en aucun cas que la chose s'ébruite.

Et c'est alors que la réponse lui vient : Lucienne Lefèvre, la pipelette d'en face. Elle a peut-être des économies et, de toute manière, il doit la mettre dans la confidence, sinon elle est capable de prévenir elle-même la police... Il va la trouver dans son jardinet.

– Alors, vous êtes enfin décidé à me dire ce qui se passe ?

– Je vais tout vous dire, madame Lefèvre. Et je vais même vous proposer une bonne affaire !

– Une bonne affaire ?...

Lucienne Lefèvre avait des économies et, étant aussi cupide que son voisin, elle n'a pas hésité à s'associer à part égale avec lui... Le marchand de sommeil a donc pu apporter, quelques jours plus tard, dix millions en liquide à son locataire.

Celui-ci s'est jeté à genoux en le voyant.

– Vous êtes mon sauveur !

– Pas votre sauveur, votre commanditaire. Allez vite acheter la machine et mettez-vous au travail !

– À l'instant même...

Et Victor Vincenzo a disparu, avec ses cinq millions et ceux de la veuve de guerre. Il a vraiment disparu, c'est-à-dire qu'il n'est jamais revenu. Il avait gagné dix millions dans l'affaire ou, pour être exact, 9 996 000 francs, car les quatre billets de mille qu'il avait remis à son propriétaire étaient effectivement d'authentiques coupures de la Banque de France.

Tout, depuis le début, n'était que mise en scène... Un jour ou l'autre, ses activités nocturnes allaient forcément attirer l'attention et son « atelier clandestin » allait être découvert. La cupidité humaine ferait le reste. Quand on a sous la main quelqu'un capable de faire de la monnaie parfaite, comment résister à la tentation ?

L'affaire nous a été révélée par Victor Vincenzo lui-même, qui, arrêté pour un délit mineur, n'a pas pu s'empêcher de raconter sa prouesse aux policiers. Louis Genet n'était d'ailleurs pas sa seule victime. Il avait fait le coup à d'autres marchands de sommeil. Mais aucun d'eux n'avait porté plainte, avouer qu'on a remis de l'argent à quelqu'un pour qu'il fabrique de la fausse monnaie étant pour le moins délicat.

Victor Vincenzo n'a pas été inquiété à la suite de ces déclarations. Il n'y avait, en effet, strictement rien à lui reprocher. Il n'avait pas fait de faux billets et l'argent lui avait été donné.

Il n'en est resté qu'une des arnaques les plus brillantes qui soient conservées dans les annales. L'une des moins immorales aussi. Car s'il y avait des gens qui ne méritaient pas d'être plaints, c'étaient bien ses victimes !

Bons baisers de Vénus

18 juin 1957. Paula Gobel, cinquante-huit ans, secrétaire dactylo aux Fromageries réunies de Milwaukee, dans l'État du Wisconsin, vit un des plus beaux moments de sa vie. Elle est en train de visiter la National Gallery de Washington et découvre les chefs-d'œuvre de ce musée prestigieux. Pour la première fois de sa vie solitaire – car Paula Gobel n'est pas mariée et c'est une vraie jeune fille –, elle a décidé de prendre des vacances et de quitter son Wisconsin natal. Une affiche, dans une agence de voyages, vantant un séjour dans la capitale fédérale, l'a convaincue de se rendre à Washington.

Paula Gobel vient de s'arrêter devant un tableau de grandes dimensions. Il est dû au peintre Rubens et s'intitule *Vénus entourée de tritons et de satyres.* On y voit au centre le corps potelé d'une femme peu voilée par l'écume de la mer, tandis que des hommes bruns soufflent dans des trompes ou jouent de la flûte de Pan. Les hommes en question, les tritons et les satyres, sont nus. Normalement, Paula Gobel, qui vient d'une contrée très puritaine, n'aurait jamais osé regarder un tel spectacle, mais comme il s'agit d'une œuvre d'art, elle se sent le droit de contempler et elle ne s'en prive pas. La plastique des satyres, en particulier, lui semble vraiment réussie…

Elle est toujours en train d'admirer ces beaux corps d'athlètes, quand une voix retentit derrière son dos.

– Eh oui, Vénus ! Si on savait…

Effrayée, Paula Gobel serre son sac à main sur son cœur et

se retourne. Il s'agit d'un homme à peu près de son âge. Elle bredouille :

– Pardon ?

– Oh, rien, madame. Toutes les fois qu'il est question de Vénus, l'espace s'ouvre devant moi. Vénus, l'étoile du soir. L'avez-vous déjà vraiment observée ?

Paula Gobel remarque que l'homme est habillé d'une manière distinguée, avec un costume de la meilleure coupe. Peut-être est-ce un des nombreux hauts fonctionnaires qui sont en service à Washington. Peut-être même travaille-t-il à la Maison-Blanche…

– Non, j'avoue que je ne fais jamais attention aux étoiles.

– Moi, je connais bien Vénus, très bien même. On vole à travers une vapeur bouillonnante qui cache sa surface, et puis on se trouve devant de vastes champs de fleurs parfumées qui nous sont inconnues. De grandes villes blanches…

L'homme élégant fixe un point lointain. Il a l'air à mille lieues de la National Gallery de Washington. Paula Gobel a une pensée qu'elle réprime aussitôt : il ressemble au séducteur âgé dans les romans de Daphné Du Maurier, son auteur préféré.

– Que voulez-vous dire, monsieur ?

– Vous avez entendu parler des soucoupes volantes ?

– Oui, bien sûr.

Il faut dire que les soucoupes volantes sont très à la mode en cette année 1957. On en voit partout.

– Et vous y croyez ?

– Je dois avouer que c'est troublant.

– Eh bien, je peux vous dire qu'elles existent ! Moi-même… Mais excusez-moi, je ne me suis pas présenté : je m'appelle Josuah Barney…

Paula tend une main timide.

– Paula Gobel, Mlle Paula Gobel…

Après s'être incliné, Josuah Barney baisse le ton.

– Parfois on ne peut garder pour soi tout ce qu'on sait. J'ai besoin de confier mon lourd secret à une âme sensible et je sais que vous l'êtes à la manière dont vous admiriez cette œuvre d'art. Accepteriez-vous de prendre une tasse de chocolat avec moi ?

Paula Gobel murmure un mot d'assentiment et suit son compagnon à la cafétéria. Qu'ils sont loin, en cet instant, les problèmes des Fromagers réunis de Milwaukee, Wisconsin ! Tout vient de changer. Elle a l'impression que sa vie entière vient de basculer…

Elle ne se trompe pas.

– Je suis fabricant d'antennes de télévision…

Les yeux fixés sur sa tasse de chocolat, Paula Gobel réprime une moue de déception. L'homme qui ressemble tant aux héros de Daphné Du Maurier ne travaille donc pas avec le Président. Mais il est vrai que la télévision, ce n'est pas mal non plus. C'est encore nouveau, en cette année 1957. Cela garde tout son prestige, tout son mystère… D'ailleurs, comme s'il avait deviné ses pensées, Josuah Barney ajoute aussitôt :

– J'ai aussi de fréquents contacts avec la Maison Blanche. Non officiels, il va de soi.

Paula n'ose poser aucune question à ce sujet et il poursuit :

– C'est en installant une de mes antennes que la chose est arrivée. Je suis entré en contact télépathique avec les Vénusiens.

– Comment est-ce possible ?

– Je ne sais pas. J'ai dû me régler sans le faire exprès sur leur longueur d'onde. Toujours est-il qu'ils m'ont dit qu'ils m'avaient choisi pour être le premier homme à venir voir les merveilles de leur planète. Et ils m'ont donné rendez-vous pour le lendemain minuit devant chez moi.

Josuah Barney semble perdu dans son rêve. Il ne regarde ni Paula ni sa tasse, mais un endroit indéterminé du plafond.

– Et à l'heure dite, ils étaient là. Leur soucoupe s'est posée sur ma pelouse dans une lumière bleue.

– Comment sont-ils ?

– Comme nous, sauf qu'ils sont plus petits et qu'ils ont la peau verte… Je suis monté, nous avons décollé et, vingt-cinq heures et demie plus tard, j'arrivais sur Vénus. Ils m'ont tout de suite conduit dans leur laboratoire et m'ont révélé le secret de leur énergie…

Josuah Barney se penche vers sa compagne et lui chochote quelque chose à l'oreille. Celle-ci, qui n'a rien entendu, le fait répéter.

– C'est le modulateur. Une invention grandiose, plus importante que l'énergie atomique. Avec lui, on peut se rendre maître des espaces intersidéraux.

Suivent des considérations techniques dont elle ne comprend pas un traître mot. Josuah Barney doit s'en rendre compte, car il y met brusquement un terme.

– Bref, je suis rentré de Vénus et je suis maintenant capable, grâce au modulateur, de construire la première soucoupe volante terrienne. J'ai créé pour cela une société : l'« Universal Modulator Association ».

– Une société ?

– Construire le modulateur coûte cher. Il me faut des capitaux. Chaque associé aura droit à une place dans la soucoupe et à autant de voyages sur Vénus qu'il voudra.

Cette fois, Paula Gobel a tout compris. Elle risque d'une voix timide :

– Vous avez déjà beaucoup d'associés ?

– Je vous l'ai dit : vous êtes la seule personne à qui j'ai osé parler de tout cela.

– Alors, je pourrais être la première... La première à aller sur Vénus avec vous ?

– Chère mademoiselle, ce serait tout bonnement merveilleux !

Paula ferme les yeux. Elle s'imagine quittant la terre à bord de la soucoupe, aux côtés de cet homme qui ressemble si fort au séducteur âgé de Daphné Du Maurier. Emportée par le puissant modulateur, elle voit les Fromageries réunies de Milwaukee, Wisconsin, s'éloigner à toute allure et elle se retrouve dans les étendues sidérales qui mènent à la planète Vénus.

– J'ai quelques économies...

– Vous ne sauriez en faire meilleur usage.

– C'est qu'il faut que je retourne d'abord chez moi.

– Vénus n'est pas à un jour près...

Il ne faut pas plus d'une semaine à Paula Gobel pour tout

régler. De retour à Milwaukee, elle démissionne de son poste de secrétaire dactylo et vide entièrement son compte en banque, qui contenait trente-huit mille dollars, fruit de quarante ans de travail et de vie austère. Après quoi, elle retourne à Washington et se rend sans plus tarder chez Josuah Barney.

L'adresse qu'il lui a donnée est celle d'un studio plutôt modeste, dans un quartier quelconque de la ville. Elle est un peu étonnée, car elle s'attendait à voir la maison sur la pelouse de laquelle les Vénusiens ont débarqué. Mais cela signifie sûrement que Josuah Barney possède deux domiciles.

D'ailleurs, ce dernier le lui confirme, quand il vient lui ouvrir.

– J'ai préféré vous faire venir ici plutôt que dans ma maison. C'est plus discret.

Paula jette un coup d'œil autour d'elle. Les murs du studio sont décorés de deux grandes photographies en couleurs : une planète, qui ne peut être que Vénus, et une carte du ciel sur laquelle a été tracé un itinéraire au crayon rouge... Comme tout cela est excitant ! Elle ne peut s'empêcher de demander :

– Vous n'avez pas une photo des Vénusiens ?

– Non, je suis désolé. Ils ne m'en ont pas donné. Ils sont d'un naturel assez timide.

– Parlez-moi encore d'eux.

Josuah Barney fait un geste vague de la main :

– Ils sont, disons... Ils font à peu près un mètre cinquante... Dites-moi, mademoiselle Gobel, vous avez apporté le chèque ?

Paula Gobel lui tend en rougissant son chèque de trente-huit mille dollars. Josuah Barney hoche la tête avant de le mettre dans sa poche.

– Et maintenant, en route pour la grande aventure cosmique !...

L'aventure cosmique consiste d'abord, pour Paula Gobel, à taper à la machine, ce qu'elle avait fait jusqu'à présent sans discontinuer pendant quarante ans. Josuah Barney lui dicte le manuscrit de son livre : *Deux semaines sur Vénus*. Mais passé le premier moment de déception, elle retrouve tout son enthousiasme. Cela n'a rien à voir avec la correspondance des Fromagers réunis. C'est passionnant, prodigieux !

Elle devient rapidement experte sur tout ce qui concerne Vénus. Dès la cent dixième page, elle sait circuler les yeux fermés à travers les dangereux courants magnétiques polarisés qui se trouvent entre la Terre et la lointaine planète. Dès la cent quatre-vingt-quinzième, elle connaît par cœur le laboratoire vénusien qui contient le modulateur. Il est fait d'une matière vitrifiée qui a des reflets verts sous la lune de Vénus...

Josuah Barney lui a généreusement cédé le studio, dans lequel elle s'est installée. Il vient lui dicter son livre une ou deux heures par jour ; mais le reste du temps, il ne chôme pas. Il passe son temps en conférences ultrasecrètes de la plus haute importance avec des personnalités de la Maison Blanche.

Un jour, elle le voit arriver avec un petit homme maigre qui cligne sans cesse des yeux. Il fait les présentations.

– M. McCalley, libraire à Washington, qui a investi vingt mille dollars dans l'Universal Modulator Association. À présent vous êtes deux associés dans la grande aventure !

À la demande de Josuah Barney, Mlle Gobel fait au nouvel arrivant une lecture à haute voix du livre et le libraire se déclare enchanté. Le bouche à oreille doit fonctionner car, dès lors, les visiteurs ne cessent d'affluer dans le petit studio de Washington. Tour à tour, un dentiste de New York, un brasseur du Minnesota et une riche veuve de Chicago découvrent les merveilles de Vénus et les prodiges du modulateur...

Un peu plus de six mois ont passé. Nous sommes au début de l'année 1958. Le livre *Deux semaines sur Vénus* est maintenant presque achevé. Le premier samedi de janvier, après avoir terminé sa tâche quotidienne, Josuah Barney dit brusquement à Paula :

– Je vais devoir m'absenter. Une soucoupe atterrit cette nuit.

La demoiselle sent son cœur se nouer.

– Et moi, je ne pourrai pas... ?

Josuah Barney la prend affectueusement par l'épaule.

– Non, mademoiselle Gobel, vous ne pouvez pas m'accompagner. Je dois d'abord annoncer votre visite. Les Vénusiens n'accepteraient jamais d'être en présence d'une inconnue. Je serai de retour dans trois semaines.

– Je comprends…

– Mais rassurez-vous, en tant que première associée de l'Universal Modulator Association, vous serez la première à venir avec moi. La prochaine fois nous irons tous les deux, rien que tous les deux.

Paula Gobel fait de son mieux pour retenir ses larmes.

– Alors, soyez prudent. Faites attention aux champs de protubérances de la *Borea Australis*.

– C'est promis !

– Et aussi à la météorite errante…

Paula Gobel ne revit jamais Josuah Barney… Ce qui ne veut pas dire qu'elle n'eut pas de nouvelles de lui. Car un mois plus tard, alors qu'elle se mourait d'inquiétude, elle eut la surprise de recevoir un courrier de Vénus. À vrai dire, il portait le cachet d'Eagle Pass, un village du Texas, et il était affranchi par un vulgaire timbre de l'US Mail. Mais il venait bien de Vénus. Un certain Marcellus, fonctionnaire du gouvernement de la planète, était venu sur la Terre pour poster la lettre et était reparti aussitôt.

Hélas, de quelle triste nouvelle il s'agissait ! « Chère mademoiselle Gobel, j'ai la douleur de vous apprendre que Josuah Barney est décédé sur Vénus. En tant que première associée de l'Universal Modulator Association et sa plus fidèle collaboratrice, c'était vous que je devais informer en priorité. »

Surmontant sa douleur, Paula Gobel décida d'agir sans retard. Elle écrivit au président Eisenhower. Sous la mention « confidentiel », elle racontait la triste mort de Josuah Barney sur Vénus, rapportée par le fonctionnaire Marcellus. L'employé qui ouvrit l'enveloppe ne sourit même pas en lisant. C'est par dizaines, en effet, que les lettres de déséquilibrés arrivent à la Maison-Blanche tous les jours. Elles sont déposées au casier n° 3, prévu à cet effet, et incinérées le soir même.

Ne recevant pas de réponse du président, Paula Gobel décida

d'aller confier sa peine au seul de ses coassociés qui habitait Washington, le libraire McCalley. Elle lui tendit la lettre en écrasant une larme, mais la réaction du petit homme maigre aux yeux clignotants ne fut pas du tout celle qu'elle imaginait.

– Nous nous sommes fait rouler !

– Mais vous n'avez pas lu ce que dit Marcellus ?

– Aucun être sensé ne peut croire une chose pareille. Je vais porter plainte...

Le FBI retrouva Josuah Barney dans le port de Mobile (Alabama). Il se livrait à son travail de peintre de panneaux publicitaires, sa profession d'origine, et il était en train d'exécuter une réclame pour un marchand d'œufs et fromages de Mobile, un concurrent des Fromagers réunis de Milwaukee, en quelque sorte. On était revenu au point de départ. La boucle était bouclée, la grande escapade intersidérale était terminée...

Josuah Barney fut condamné à cinq ans de prison pour escroquerie. Il avait empoché en tout près de cent mille dollars, qu'il avait dépensés presque aussitôt sur les terrains de courses. Et Paula Gobel, ayant perdu son argent et ses illusions, s'en retourna à Milwaukee, État du Wisconsin.

Chauds, les diamants !

– Regardez ceci, sir Julius.

Henri Lemoine défait l'épingle de cravate fichée dans le foulard de soie qu'il porte artistement noué autour du cou. Tout, d'ailleurs, dans son personnage, lui confère des allures d'artiste : ses cheveux blonds qui ondulent naturellement, ses favoris, sa fine moustache. Il est jeune encore, aux environs de trente ans. Il est de ceux à qui la vie semble sourire dès le départ...

– Vous n'allez pas me dire... ?

Sir Julius Wernher prend l'épingle en main et considère le superbe diamant dont elle s'orne.... Sir Julius Wernher n'est pas n'importe qui. C'est même, en ce début du xxe siècle, un des hommes les plus importants du Royaume-Uni. Il est gouverneur de la De Beers, la plus célèbre et la plus importante mine de diamants du monde, située dans la plus riche des possessions de Sa Gracieuse Majesté, l'Afrique du Sud.

Julius Wernher ne ressemble pas à son vis-à-vis, c'est le moins qu'on puisse dire. Grisonnant, raide comme la justice dans sa redingote, il incarne de manière presque caricaturale l'homme d'affaires britannique. Mais s'il a pris l'initiative de donner rendez-vous, en ce 5 mai 1905, à Henri Lemoine au siège londonien de la De Beers, ce n'est pas par hasard. Sir Julius Wernher ne fait rien par hasard.

– Non, sir Julius, ce diamant n'est pas mon œuvre. Mais je vous promets la même chose grâce aux miracles de l'électricité...

Il y a un moment de silence dans l'imposant et austère bureau aux boiseries sombres. Le Britannique finit par rendre l'objet à son propriétaire.

– Combien demandez-vous pour votre installation de production de diamants artificiels ?

– Dix mille livres.

Julius Wernher sort de son bureau une grosse liasse de billets, car la somme est considérable, environ soixante-quinze mille euros.

– Quand vous mettrez-vous au travail ?

– Dès mon retour à Paris.

– Je vous propose une association. Je suis prêt à vous verser quatre-vingt mille livres supplémentaires à la production du premier diamant, pour acquérir le droit de participer pour moitié à l'exploitation. Est-ce correct ?

– Parfaitement correct. Je pense obtenir mes premiers résultats d'ici un mois.

– Seulement ?

Henri Lemoine a un sourire modeste en enfouissant les billets dans la mallette qu'il avait emportée.

– La technique n'est pas compliquée. Tout le secret est dans les deux poudres, la blanche et la noire, et dans leurs affinités avec l'électricité.

Le Français sort une enveloppe cachetée de la même mallette.

– Tenez. J'ai tout consigné ici. Le procédé est si simple que n'importe quelle personne ayant des notions de chimie pourrait le réaliser. Je vais remettre ce document à mon notaire en lui donnant consigne de vous le remettre, et à vous seul, si je venais à décéder brusquement.

– C'est fort aimable à vous, monsieur Lemoine.

– Viendrez-vous à Paris, quand je serai prêt ?

– Bien sûr, toutes affaires cessantes. Ceci est plus important que tout.

– Alors, à très bientôt, sir Julius. Je vous enverrai un télégramme.

Les deux hommes se serrent la main et le Français aux allures d'artiste quitte l'imposant bureau de la De Beers.

Sir Julius Wernher reste songeur… Cet homme réputé pour son sérieux n'a nullement perdu la raison. Il sait très bien qu'il a toutes les chances de se trouver en face d'un charlatan, d'un escroc. Mais ce n'est pas absolument certain et c'est là tout le problème.

En ce début de xxe siècle, on vient de découvrir l'électricité, source d'énergie encore mal connue et qu'on dote des pouvoirs les plus extraordinaires, comme l'énergie nucléaire il y a quelques dizaines d'années. Qui pourrait affirmer qu'une décharge électrique ne peut pas produire un diamant ? Dans *Frankenstein*, un roman encore à la mode, le savant créait un être vivant au moyen de l'électricité. Bien sûr, il s'agissait de fiction, mais on est à l'époque où les développements de la science sont fulgurants et où la croyance au progrès est absolue. Quand on dirige les plus grandes mines de diamants du monde, on ne peut pas faire la sourde oreille aux propos d'un Henri Lemoine.

C'est exactement le raisonnement que s'était tenu Henri Lemoine. Car c'est réellement un scientifique : il est diplômé de l'École des mines et est spécialiste de chimie minérale. Seulement, il a toujours moins brillé par sa moralité que par ses qualités intellectuelles. Dès sa plus tendre enfance, il s'est découvert des dons pour les tours de passe-passe. Prestidigitateur était même sa vocation. Ses parents, en l'obligeant à faire des études, en ont décidé autrement. Mais il va prendre sa revanche ! Il va unir science et prestidigitation et démontrer à quel point l'alliance des deux peut être fructueuse…

En arrivant à Paris, Henri Lemoine installe son laboratoire dans un petit deux-pièces de la rue Lecourbe, dont lui seul a la clé. La chose est d'ailleurs vite faite, son matériel étant constitué en tout et pour tout d'un four électrique. Il laisse passer le temps raisonnable pour ses essais et envoie un télégramme à Londres, à l'attention de sir Julius Wernher.

Ce dernier accourt et, le 12 juin 1905, a lieu la grande épreuve. Le Britannique a une moue de surprise en se retrouvant dans ce cadre peu engageant, mais son interlocuteur le rassure d'un sourire.

– La discrétion avant tout, sir Julius. Et n'oubliez pas que les inventions qui ont bouleversé le monde ont souvent eu lieu dans des endroits comme celui-ci.

Le gouverneur de la De Beers prend place sur une chaise après l'avoir époussetée avec son mouchoir. Henri Lemoine apporte sur la table le four électrique, branche la prise, ouvre le couvercle, puis va chercher deux boîtes de petites dimensions. Il verse le contenu de la première, annonçant d'une voix solennelle :

– La poudre blanche !

Il fait de même avec la seconde :

– La poudre noire !

Ensuite, il referme le four et presse un bouton rouge. Il y a un grésillement. Il laisse s'écouler environ une minute, puis appuie de nouveau sur le bouton.

– Si vous voulez bien ouvrir et constater par vous-même...

D'une main malgré tout un peu tremblante, Julius Wernher s'exécute et en ressort quelques petits cailloux brunâtres.

– Qu'est-ce que c'est ? On dirait du bort...

Le Français vient voir à son tour.

– Effectivement, c'est du bort. Ce n'est évidemment par encore tout à fait cela, mais c'est encourageant. Chimiquement, la formule est la même. C'est juste le tour de main qui doit me manquer.

Le gouverneur de la De Beers hoche la tête en contemplant le tas sombre qu'il a en main... Le bort est un diamant brut de qualité médiocre, impropre à la joaillerie, qui est utilisé pour le polissage des diamants eux-mêmes. C'est effectivement un résultat remarquable, bien que, sur le plan commercial, l'intérêt soit négligeable.

– J'apprécie, monsieur Lemoine. Mais je ne peux vous verser la somme convenue que contre de vrais diamants.

– Cela va sans dire, sir Julius. Je suis désolé pour le contretemps, mais je suis sûr que la prochaine fois sera la bonne. Voulez-vous revenir demain ?...

Le Britannique accepte et, le lendemain à la même heure, il se retrouve dans le deux-pièces de la rue Lecourbe... C'est volontairement qu'Henri Lemoine a commencé par ce demi-échec. Comme tous les artistes et les prestidigitateurs en particulier, il sait qu'il faut graduer ses effets. Si l'on commence par le tour le plus fort, le public n'apprécie pas à sa juste valeur, tandis que si l'on fait monter la tension...

Et la tension de sir Julius Wernher est à son comble lorsqu'il revient le lendemain. Il n'a pas dormi de la nuit et il se pose fébrilement la question : est-ce que, cette fois, c'est du bort ou de vrais diamants qui vont sortir du four ?

Henri Lemoine procède au même rituel, verse successivement les poudres blanche et noire, ouvre le couvercle...

– Venez voir. Je crois que, cette fois, ça y est !

Malgré son flegme britannique, Julius Wernher se précipite...

– Bonté divine !

Dans sa main, se trouvent, mêlés aux scories et aux cendres, une vingtaine de diamants blancs, petits, mais très purs, encore tout chauds... Sir Julius avale péniblement sa salive et tente de maîtriser les battements de son cœur. Bien sûr, il peut s'agir d'une supercherie, mais si ce n'en est pas une, c'est toute l'industrie des pierres précieuses qui est sens dessus dessous. Les sociétés comme la De Beers peuvent fermer leurs mines et mettre la clé sous la porte, à moins... à moins d'être associées au procédé Lemoine, ce qui est heureusement le cas... De toute manière, il doit rentrer immédiatement à Londres. Mais avant, chose promise, chose due. Il sort plusieurs papiers de sa poche.

– Accepterez-vous d'être payé par chèque, monsieur Lemoine ? Je n'ai pas apporté une pareille somme en liquide. D'autre part, voici notre contrat d'association, que je vous demande de signer.

Henri Lemoine accepte de bonne grâce le chèque de quatre-vingt mille livres à son ordre et signe le contrat par lequel il s'engage à partager avec la De Beers la production de ses diamants.

À Londres, sir Julius Wernher convoque immédiatement Angus MacPhresp, l'ingénieur en chef de la société. Il dépose les vingt petits objets brillants devant lui et lui explique leur provenance.

– Alors qu'en pensez-vous ?

Angus MacPhresp a un léger sourire.

– J'en pense que vous n'avez pas fait une bonne affaire, sir. Ces diamants ne valent pas quatre-vingt mille livres.

– Soyez sérieux ! Ce ne sont pas eux que j'ai payé ce prix, c'est la moitié de la production Lemoine.

L'ingénieur en chef quitte son sourire.

– Précisément, sir. J'ai moi-même mené des recherches dans ce domaine et je suis parvenu à la conclusion qu'il est impossible d'obtenir des diamants par chaleur électrique, à moins, peut-être, d'atteindre des températures de plusieurs milliers de degrés, ce qui est, à l'heure actuelle, impossible.

– Vous pensez donc qu'il y a eu supercherie ?

– Avec votre permission, sir, j'en suis certain.

– Et que me conseillez-vous ?

– Refaites-lui faire l'expérience en présence d'un professionnel.

– Entendu. Nous allons ensemble à Paris.

Angus MacPhresp se remet à sourire.

– Je ne parle pas de ma profession, sir, je parle de la sienne. Faites-vous accompagner d'un illusionniste de métier...

18 septembre 1905. Il y a de nouveau du monde dans le petit deux-pièces de la rue Lecourbe. Il y a même une personne de plus que la fois précédente : un homme au teint bronzé que Julius Wernher a présenté comme son ingénieur en chef. Celui-ci demande à observer le four et, après un rapide examen, se déclare satisfait. Nullement impressionné, Henri Lemoine se livre au même manège que précédemment. Il va chercher deux boîtes de petites dimensions et en verse le contenu dans le four, annonçant tour à tour :

– La poudre blanche !... La poudre noire !...

Il referme, appuie sur le bouton rouge et, au bout d'un court moment, déclare :

– Si vous voulez bien ouvrir et constater par vous-même. Ils sont encore chauds…

Julius Wernher plonge la main et la tourne dans sa direction pour lui en montrer le contenu.

– Vous vous êtes beaucoup amélioré depuis la dernière fois, monsieur Lemoine. À présent, vous produisez des diamants tout taillés !

Henri Lemoine réprime un juron… Au milieu des scories noirâtres, il y a une dizaine de petites pierres brillantes et une grosse, parfaitement taillée, qui brille de tous ses reflets.

– Voici Frank Gregor, qui fait en ce moment à Londres un numéro sous le nom de « Magicus ». Je lui ai demandé d'introduire cette pierre par manipulation, comme vous.

L'illusionniste hoche la tête.

– Vous-même avez opéré au moment d'ouvrir le four. Vous êtes un amateur doué, mais pas un professionnel. C'était très visible.

Henri Lemoine a totalement perdu sa belle assurance. Il retire son foulard de soie pour respirer.

– Que comptez-vous faire ?

Julius Wernher le foudroie du regard, mais se contente de répliquer :

– Je vais aviser.

Et il se retire en compagnie de l'illusionniste…

Henri Lemoine avait à sa portée une chance inouïe : l'impunité… Les jours ont passé et il n'a pas eu la moindre nouvelle de Julius Wernher et de la De Beers. Il était évident que le gouverneur de la société minière renonçait à porter plainte pour éviter le scandale. Il avait touché quatre-vingt-dix mille livres, près de cinq millions de nos francs, ce qui était assez cher payé pour un tour de passe-passe pas très au point selon l'avis d'un professionnel.

Mais Henri Lemoine n'était pas de ceux qui savent s'arrêter. Il a continué à chercher d'autres dupes pour ses diamants en produisant comme argument le contrat signé avec la De

Beers. La chose a fini par s'ébruiter dans les milieux financiers : un ingénieur français aurait trouvé le moyen de fabriquer des diamants artificiels. Du coup, les actions de la société se sont effondrées et sir Julius Wernher a été obligé de porter plainte...

Henri Lemoine est passé en jugement le 17 mars 1906. Ce fut l'occasion d'un coup de théâtre. Il s'est défendu de manière particulièrement audacieuse en accusant Julius Wernher d'avoir tout manigancé.

– Il voulait faire s'effondrer les cours des mines de diamants pour les racheter à bas prix. Moi, je n'étais que son complice. Bien sûr, ma supercherie aurait été découverte tôt ou tard, mais les gens y auraient cru assez longtemps pour qu'il arrive à ses fins...

La chose était dans le fond vraisemblable et le malheureux industriel a eu toutes les peines du monde à prouver qu'il était seulement un naïf. Quant à Henri Lemoine, escroc brillant mais trop gourmand, il a été condamné à six ans de prison.

Ah, un dernier détail ! Par décision de justice, sa recette miracle pour faire les diamants, celle contenue dans l'enveloppe scellée à ouvrir par sir Julius Wernher en cas de décès, a été saisie chez le notaire et lue au procès.

Sur ce point au moins, Henri Lemoine n'avait pas menti : elle était simple... La voici : 1) Disposer d'un four électrique. 2) Prendre de la suie et du sucre en poudre. 3) Faire chauffer le mélange à cent vingt degrés afin de le transformer en diamants. 4) Lorsque la température est atteinte, retirer les diamants encore chauds.

Les vingt-trois cercueils

Les faux-monnayeurs – et il est question des plus célèbres d'entre eux dans cet ouvrage – suscitent spontanément la sympathie. Ce n'est peut-être pas normal, mais c'est ainsi : au lieu de réprouver leur coupable industrie, on s'extasie sur leur talent ; on est de leur côté et non pas du côté des États et des Banques centrales, qui ne font, tout bien réfléchi, que défendre les honnêtes gens.

Il y a pourtant une exception. Dans le récit qui va suivre, les faussaires n'inspirent qu'horreur et dégoût. Et l'on y est dès le début dans le drame, puisque tout commence par la découverte de vingt-trois cercueils.

Il est vrai que ce faux-monnayeur-là s'appelait Hitler.

15 mai 1945. Il y a exactement une semaine que le IIIe Reich a capitulé à Berlin. Dans les troupes d'occupation alliées qui stationnent en Allemagne, la liesse de la victoire n'est pas encore retombée. Mais la joie n'est pourtant pas sans mélange. Il y a le désarroi des populations civiles, les réfugiés, les déportés. Les armes se sont tues, mais la mort est partout présente ; on fait çà et là de macabres découvertes.

Le major McNally, agent du Service secret américain, est le plus grand spécialiste de son pays en matière de lutte contre la fausse monnaie. Il est cantonné à Francfort, après s'être illustré brillamment dans les combats. C'est alors qu'au début de la matinée, une jeep avec à son bord un sous-lieutenant vient le trouver. L'homme est seul.

– Major, j'ai ordre de vous emmener avec moi.

Le major McNally ne discute pas et prend place dans le véhicule, qui effectue un long trajet dans les rues de la ville. Partout, des immeubles éventrés rappellent les tragiques événements qui viennent de se dérouler... Brusquement, la jeep stoppe devant une villa de la périphérie gardée par une petite armée. Des soldats américains et anglais montent la garde, le doigt sur la détente... Que se passe-t-il ici ? Sans doute un haut dignitaire nazi qui vient d'être arrêté. Mais en quoi cela le concerne-t-il ?

Intrigué, le major descend. Et c'est alors qu'il a une seconde surprise. Une figure bien connue vient à sa rencontre : le commandant Reeves de l'Intelligence Service ! Reeves est son homologue anglais : le spécialiste de la lutte contre la fausse monnaie. Avant-guerre, il exerçait aussi des responsabilités à Interpol dans cette spécialité.

– Ce vieux Reeves ! Qu'est-ce qui me vaut le plaisir... ?

– La découverte qu'on vient de faire, major : des cercueils.

– Je ne comprends pas...

– Ce ne sont pas des cercueils ordinaires. Vous allez voir...

L'instant d'après, ils pénètrent dans la villa. Sur le plancher du living-room reposent, côte à côte, vingt-deux cercueils. Mais, ainsi que le commandant Reeves l'avait dit, ils ne sont pas ordinaires ! Leur couvercle est enlevé et dévoile leur contenu : des liasses, des centaines, des milliers de liasses de billets de banque, précisément des livres sterling.

Le major McNally se précipite sur l'un d'entre eux.

– Bon sang ! Les voilà donc ?

– Oui, voilà la fausse monnaie d'Hitler ! Et il y en a pour vingt et un millions. Nous venons de les compter. Vingt et un millions de livres, une fortune !

Le major retrouve ses réflexes de responsable du Service secret. Il prend les billets en main, les palpe, les examine par transparence, leur cherche un défaut.

– C'est extraordinaire, stupéfiant !

– Attendez, vous n'avez pas tout vu...
– Parce qu'il y a autre chose ?
– Oui, et qui vous concerne directement : le vingt-troisième cercueil... Passons dans la pièce à côté.
Dans cette dernière, il y a effectivement encore un cercueil ouvert. Mais son contenu n'est pas de la même couleur que les autres : il est vert, uniformément vert... Le major McNally pousse un cri :
– Des faux dollars ! Ils en faisaient aussi ! Mais comment se fait-il qu'on ne l'ait pas su ?
– À mon avis, ils venaient juste de commencer la production et ils n'ont pas eu le temps de l'écouler...
L'Américain se penche sur les petits rectangles verts. Des faux dollars, il n'a vu que cela pendant toute sa carrière, mais ceux-ci sont presque parfaits, à part peut-être le papier... Il murmure :
– C'est terrifiant ! Comment ont-ils réussi ?
Le commandant Reeves lui tape amicalement sur l'épaule.
– Cela, c'est à nous de le découvrir. Nous sommes chargés tous les deux de mener l'enquête. Les cercueils étaient dans un camion trouvé par nos troupes à Redl Zipg, un village pas loin d'ici. Si vous êtes d'accord, je vous propose d'aller faire un petit tour là-bas...

La fausse monnaie d'Hitler... À part quelques responsables et spécialistes anglais et américains, il y a alors encore bien peu de personnes qui sont au courant de cet extraordinaire épisode de la guerre. Dans la jeep qui le conduit vers Redl Zipg, le commandant Reeves a tout le temps de repenser à ce qui a été sa guerre à lui, la plus étrange des guerres, mais dont l'enjeu était aussi capital qu'une bataille qui aurait mis aux prises des divisions entières...
Il était affecté aux services de contre-espionnage, lorsque, début 1943, il avait été convoqué par son supérieur.
– Commandant, vous allez reprendre vos anciennes activités : la lutte contre la fausse monnaie...
– Que se passe-t-il ?

– On signale une quantité alarmante de faux billets. Ils arrivent par paquets de cent mille livres en provenance de Suisse, de Suède, du Portugal, et d'autres pays neutres. En temps de guerre, un tel trafic est plus intolérable encore qu'en temps de paix. Vous avez carte blanche pour découvrir qui sont les faussaires et d'où ils opèrent…

Qui sont les faussaires ? C'est ce que le commandant Reeves s'est demandé pendant des mois avec une angoisse croissante. Non seulement il n'arrivait à rien, mais la situation devenait de jour en jour plus préoccupante. La qualité des billets s'améliorait constamment et il en venait de plus en plus. Profiter ainsi de la guerre pour faire de la fausse monnaie était une idée diaboliquement habile. Interpol n'existait plus et les polices étaient terriblement démunies… Et c'est alors que brusquement, la vérité s'est dévoilée.

On a arrêté à Édimbourg un espion allemand, qui venait d'être déposé par un hydravion. Il était porteur d'une valise remplie de faux billets. Et l'on a compris alors que le faussaire n'était autre que l'Allemagne elle-même…

Un État ! Quel responsable de la lutte contre la fausse monnaie s'était jamais trouvé dans une situation pareille ? Le commandant Reeves n'avait pas en face de lui un individu, ni même une bande, mais un pays, avec toute la puissance matérielle et technique que cela impliquait. Et c'était d'autant plus terrible que, dans les conditions économiques de l'époque, la monnaie anglaise était la plus forte du monde. Elle jouait un rôle de garantie, au même titre que l'or. Pour certains pays, cela risquerait d'entraîner la ruine, avec des conséquences incalculables en pleine guerre…

La catastrophe fut évitée de justesse. Et – Reeves doit bien se l'avouer – pas grâce à l'action de ses services. Simplement parce que les victoires alliées ont entraîné la désorganisation, puis l'effondrement de l'Allemagne…

À Redl Zipg, Reeves et McNally commencent sans tarder leur enquête. Les habitants parlent avec réticence. Visiblement, ils savent des choses, mais ils ont peur qu'on ne les traite comme des complices.

– On a vu des soldats du côté de la carrière. C'est tout ce qu'on peut dire...

– Conduisez-nous là-bas.

Peu après, l'Anglais et l'Américain arrivent devant d'anciennes carrières désaffectées. Ils s'engagent dans l'ouverture et ils croient rêver !... Il y a là tout un réseau de galeries et d'entrepôts. Ils sont à l'intérieur d'une véritable usine souterraine, avec des dizaines de presses à billets ! Ils découvrent également des dortoirs immenses qui indiquent assez bien le nombre d'hommes qui travaillaient là. Mais c'est tout : pas le moindre document, pas la moindre archive.

Ils retournent à Redl Zipg et, cette fois, les villageois sont interrogés avec moins de ménagements. Où sont ceux qui étaient dans l'usine souterraine ? Est-ce que c'étaient des Allemands ? des prisonniers ? Est-ce qu'ils se sont enfuis ? Est-ce qu'ils ont été exécutés ?...

Et les habitants de Redl Zipg parlent :

– C'étaient des prisonniers. Avant votre arrivée, les soldats les ont emmenés.

– Combien étaient-ils ?

– Beaucoup, plus de cent...

– Où les a-t-on conduits ?

– Ils ont pris la route d'Ebensee. Ils sont sûrement allés au camp...

Reeves et McNally se précipitent vers le sinistre camp d'extermination d'Ebensee. Son commandant, un ancien SS, est extrait de sa prison. Il est à présent aussi humble et soumis qu'il le peut.

– Oui, j'ai reçu cent quarante prisonniers en provenance de Redl Zipg. J'avais ordre de les envoyer à la chambre à gaz, mais je ne l'ai pas fait, je vous le jure !

– De qui venait cet ordre ?

– De Himmler lui-même.

Reeves et McNally échangent un regard. Si le chef de la Gestapo a donné cet ordre, c'est bien, ainsi qu'on le supposait, que l'opération avait été conçue au niveau suprême par le Führer en personne.

– Que sont devenus ces hommes ?

– Ils ont été libérés avec les autres à l'arrivée des Alliés. Mais je ne crois pas que vous les retrouverez facilement.

– Pourquoi cela ?

– J'ai vu leurs dossiers. C'étaient tous d'anciens prisonniers de droit commun. Ils ont sans doute préféré filer...

L'ancien SS ne se trompe pas. Tous les déportés du camp d'Ebensee qui ne sont pas décédés depuis sont retrouvés, sauf les cent quarante hommes en provenance de Redl Zipg. Ils ont préféré disparaître... C'est pour Reeves et McNally un véritable travail de limiers qui commence, mais leur obstination porte ses fruits. Différents témoins signalent que le chef de l'opération était un prisonnier tchèque, Oskar Skala. Ils finissent par le retrouver, à Pilsen, en Tchécoslovaquie, où il vient de s'établir comme marchand de bière.

L'homme semble terrorisé quand il les voit arriver. Mais l'Anglais et l'Américain tiennent à le rassurer.

– Quoi que vous ayez fait, nous ne vous considérons pas comme un coupable, mais comme une victime. Nous vous demandons seulement de ne rien nous cacher.

Le Tchèque se détend un peu.

– C'est vrai que je n'avais pas le choix. Au début de la guerre, j'étais en prison pour fausse monnaie. J'ai été transféré dans un camp de concentration. Bernhard Kruger est venu me trouver et m'a dit que c'était ça ou la chambre à gaz. Alors j'ai accepté.

– Qui est Bernhard Kruger ?

– Le responsable. D'ailleurs l'opération portait son nom. On l'appelait en code « opération Bernhard »... Je suis devenu son adjoint et j'ai fini par être au courant de tout.

Et, devant le major McNally et le commandant Reeves éberlués, Oskar Skala raconte l'opération Bernhard...

Dès le début de la guerre, l'opération consistant à ruiner l'Angleterre avec de la fausse monnaie avait été conçue par Himmler, sur instruction d'Hitler. Mais c'est en 1942 qu'elle commence véritablement sous la direction de Bernhard Kruger, un des bras droits du chef de la Gestapo.

Kruger se heurte dès le départ à un problème inattendu : les fonctionnaires de la Reichsbank, à qui il s'adresse tout naturellement, refusent d'imprimer de la fausse monnaie. Même en temps de guerre et pour abattre l'ennemi, cela heurte leur conscience professionnelle. Ils fabriquent des vrais billets, pas des faux. Et l'adjoint d'Himmler a beau menacer, ils n'en démordent pas. Reconnaissons qu'il fallait une certaine dose de courage pour adopter une pareille attitude dans l'Allemagne nazie de 1942. Et le plus étonnant est que Bernhard Kruger cède ! Il n'insiste pas. Il va procéder autrement.

Une idée lui est venue : recruter les faussaires parmi les prisonniers de droit commun et les interner dans un camp. Après avoir constitué son équipe, il l'installe dans un bâtiment du camp de concentration de Sachsenhausen, près de Berlin. Les imprimeurs allemands sont requis pour fournir les machines et les papiers nécessaires.

Les billets ne tardent pas à être produits en masse et sont répartis en trois catégories : 1) ceux qui sont presque parfaits, pour les achats de l'Allemagne dans les pays neutres et pour être expédiés en Angleterre ; 2) ceux de bonne qualité, pour payer les donneurs de renseignements dans les pays occupés ; 3) les moins bons, pour un plan extravagant conçu par Himmler : ils sont destinés à être largués par avion au-dessus de l'Angleterre. Les gens se jetteraient dessus et tenteraient de les utiliser, ce qui entraînerait un climat d'anarchie dans le pays. Mais la Luftwaffe ayant perdu la maîtrise du ciel, ils ont dû renoncer à ce projet... Oskar Skala précise :

– Les billets n° 1 ont fait beaucoup de victimes, notamment dans les pays neutres, chez les banquiers. Ils étaient si bien imités que certains sont revenus en Allemagne après un itinéraire compliqué, sans que les autorités allemandes s'en aperçoivent... En tout, nous avons imprimé sept cents milliards de livres sterling, parmi lesquelles cent vingt milliards de catégorie 1 ont été mises en circulation.

Intérieurement, le commandant Reeves approuve... Ces livres étaient si parfaites que les seules qu'on pouvait découvrir étaient celles qui portaient un numéro déjà existant. Jusqu'à la fin, les banques britanniques n'ont eu d'autre ressource que d'envoyer à la chaudière un double sur deux, sans savoir s'il s'agissait de l'original ou de la copie. Mais tout n'a pas été récupéré...

Le major McNally intervient.

– Et les faux dollars ?

– C'est une initiative de Kruger. Mais on a commencé beaucoup plus tard, début 1944, et c'était beaucoup plus difficile qu'avec les livres, notamment pour le papier...

Les premiers essais ne donnent, effectivement, que des copies grossières. C'est alors que les services secrets allemands découvrent dans une prison Solly Smolianoff, Russe de naissance et faussaire hors pair. Lui aussi accepte de collaborer pour sauver sa vie.

Fin 1944, Smolianoff arrive à mettre au point des billets très acceptables, mais le camp de Sachsenhausen est de plus en plus exposé aux bombardements et Bernhard Kruger obtient de se replier dans les Alpes bavaroises, à Redl Zipg. Là encore, l'avance des troupes américaines, plus rapide que prévue, contrarie les projets. Il faut même tout arrêter. Bernhard Kruger reçoit l'ordre d'Himmler de détruire les archives, d'immerger les planches ainsi que les billets dans le lac voisin de Topliz, et d'envoyer au camp d'extermination les cent quarante personnes qui ont travaillé à la fausse monnaie. Il obéit aux ordres et lui-même s'enfuit en Suisse, avec un gros paquet de billets véritables qui servaient de modèles et des passeports parfaitement imités, car la manufacture fabriquait aussi de faux papiers...

Cette fois, Oskar Skala a tout dit. Telle a été la redoutable opération Bernhard, qui a bien failli ruiner l'Angleterre... Le commandant et le major ont encore quelques questions à lui poser sur ce qui a permis, précisément, de tout découvrir.

– Comment se fait-il qu'on ait retrouvé quand même des billets ?

– Je suppose que les soldats chargés de les immerger dans le lac ont voulu en garder quelques-uns, les plus beaux.

– Et pourquoi les ont-ils mis dans des cercueils ?

– Sans doute parce qu'ils en avaient sous la main. Des cercueils, il y en avait un peu partout, à l'époque. On n'arrêtait pas d'exécuter...

Faut-il préciser que jamais Bernhard Kruger n'a été retrouvé par les Alliés ? Nanti de faux papiers et disposant d'une véritable petite fortune, il n'a sans doute eu aucun mal à finir paisiblement ses jours en Amérique du Sud ou ailleurs...

Il y a pourtant un autre épilogue à cette histoire. Après la guerre, le commandant Reeves a repris le poste qui avait été le sien à Interpol et, au début des années cinquante, il a eu à s'occuper d'une affaire de faux dollars.

Les différents services soupçonnaient Solly Smolianoff, établi à Porto Alegre, au Brésil, d'être à la tête d'un réseau de faux-monnayeurs et Reeves a été amené à enquêter sur lui.

Smolianoff était à présent âgé de cinquante ans. Il s'était marié récemment avec une Italienne qui venait de lui donner un enfant. Il vivait, effectivement, dans une aisance suspecte, mais elle pouvait provenir de la fabrique de jouets qu'il avait créée avec l'argent de sa femme et qui marchait fort bien.

Une enquête plus approfondie n'a rien révélé de suspect. Solly Smolianoff s'était définitivement rangé ; il ne s'occupait que de sa fabrique... Le commandant Reeves en a été heureux. Ce pauvre bougre avait suffisamment payé en Allemagne pour son passé malhonnête. Et puis, cette affaire qui avait commencé avec des cercueils se terminait avec des jouets : c'était la plus belle des conclusions.

La boule de neige

Au moment où débute notre histoire, à la mi-1981, Camille Moreau, trente-cinq ans, est employé par une entreprise de construction de pavillons en série, dans une grande ville du centre de la France. Camille Moreau est commercial : c'est lui qui traite avec les acheteurs. Comme il présente bien et qu'il est sympathique, il conclut souvent les ventes. Il est d'ailleurs fort consciencieux. Il sait conseiller les clients en fonction de leurs revenus, leur faire choisir un plan de financement judicieux. Lui-même s'y connaît en placements financiers. Tout naturellement, il joue à la Bourse avec ses économies, mais dans des proportions modestes.

C'est alors que sa femme le quitte. Une de ses amies lui conseille, pour éviter la dépression, de s'occuper de bonnes œuvres. Au Secours catholique, il fait la connaissance de René Degros, que tout le monde appelle dans son entourage « Monsieur René ». C'est pour le moins un personnage étrange ! Il a soixante-quatorze ans, mais garde bon pied bon œil. Il se dépense sans relâche pour l'association caritative, ce qui ne l'empêche pas de mener grand train, d'être amateur de bonne chère et de bons vins. On chuchote qu'il y a un secret à son aisance matérielle : c'est un génie de la Bourse ; nul mieux que lui ne sait réaliser des placement miracles…

Comme Camille Moreau est lui aussi intéressé par la Bourse, ils en discutent plusieurs fois ensemble et, quand ils se connaissent suffisamment, Camille s'enhardit à lui demander son secret.

Monsieur René a un sourire rassurant.

– Il n'y a pas de secret, c'est tout simple…

Et c'est vrai qu'en le voyant, on a l'impression d'être en présence de n'importe qui sauf d'un aventurier. René Degros fait plus que son âge. Avec son crâne dégarni aux rares cheveux blancs et ses grosses lunettes, il a tout du grand-père tranquille, voire de l'arrière-grand-père tranquille… Il précise :

– Je joue sur les marchés asiatiques et j'investis dans des paradis fiscaux, avec des outils très spéculatifs. Il suffit seulement de s'y connaître pour éviter les risques.

– Et vous obtenez quel rendement ?

– Dix pour cent par mois.

– Pardon ?

– Cent vingt pour cent par an, si vous préférez. Confiez-moi une somme, vous verrez bien…

Prudent, Camille Moreau remet dix mille francs à l'étonnant Monsieur René. Ce dernier lui reverse sans sourciller mille francs un mois plus tard et, par la suite, mille francs régulièrement chaque mois. Camille Moreau se met alors à lui confier des sommes plus importantes et en parle autour de lui ; bientôt, il lui apporte l'argent de son entourage…

Il vient de mettre le doigt dans l'engrenage. La suite est un mécanisme implacable bien connu des spécialistes de l'arnaque, qu'on appelle la boule de neige. Un bien joli nom pour un très vilain procédé.

Deux ans ont passé… Camille Moreau a abandonné la vente des pavillons et exerce officiellement la profession de conseil en placements. En fait, il ne s'agit que d'une couverture. Il est devenu l'associé de René Degros. C'est lui qui tient la comptabilité des comptes de leurs clients.

C'est lui également qui lui sert de rabatteur. Après avoir fait profiter ses amis et connaissances des placements miracles, il recrute à présent un peu partout. Il ne perçoit qu'une petite commission sur les placements, mais comme le bouche à oreille fonctionne avec une particulière efficacité, ce sont de très grosses sommes qui transitent par lui et il vit dans une aisance qu'il n'avait jamais connue jusqu'alors.

Camille Moreau sait bien qu'il pratique là une activité illégale, car c'est un travail de banquier et il faut être habilité pour cela. Mais il se rassure en se disant qu'il ne fait rien de mal. À la limite, il ne fait que rendre service. Il s'entoure pourtant de précautions. Les comptes sont numérotés, il y a très peu de papiers et ceux-ci sont détruits dès que possible dans un broyeur. Les sommes lui sont, bien sûr, remises en liquide. Lui-même les remet à son tour à René Degros, qui lui reverse chaque mois les intérêts.

En fait, Camille Moreau n'a qu'un souci véritable : la provenance de l'argent. Monsieur René est toujours aussi avare de renseignements. La seule chose qu'il a bien voulu lui dire est qu'il a un contact avec un investisseur étranger et qu'il possède des informateurs dans les différentes places financières mondiales.

Pour le reste, c'est toujours le même homme. Admirable de dévouement malgré son grand âge, il force le respect de tous. Il se dépense plus que jamais pour les associations caritatives. C'est une figure unanimement appréciée dans la ville…

Les mois passent et les sommes continuent d'affluer. D'importantes, elles deviennent considérables : plusieurs milliards d'anciens francs. Alors, brusquement, Camille Moreau prend peur. Il fait appel à un détective privé. Il ne lui raconte pas le mécanisme de la banque parallèle ; il se présente comme quelqu'un qui va traiter une grosse affaire avec René Degros et qui, méfiant, voudrait des renseignements sur lui.

Les résultats ne tardent pas. Ce cher vieux Monsieur n'est pas la bonne âme qu'on pourrait croire. Il a abandonné sa femme et ses enfants pour rejoindre les compagnons d'Emmaüs. Mais il a quitté ces derniers à la suite d'un différend avec l'abbé Pierre, qui l'accusait de détourner des fonds.

Curieusement, le détective ne dit rien des placements miracles à cent vingt pour cent, preuve que le secret est bien gardé ou simplement qu'il n'a pas fait assez sérieusement son travail, mais il apporte quand même des précisions dans ce domaine. René Degros n'en est pas à son coup d'essai : il a déjà été inculpé quatorze fois pour exercice illégal de la profession de banquier.

Cette fois, Camille Moreau doit impérativement agir. Mais il a beau réfléchir, retourner la situation sous tous les angles, il ne voit pas quoi faire. Il ne peut se résoudre à porter plainte, c'est-à-dire à se dénoncer lui-même : ce serait la ruine et la prison, c'est au-dessus de ses forces. S'enfuir, tout laisser là ? Cela non plus, ce n'est pas possible. Il ne peut abandonner ses clients qui lui ont fait confiance, qui lui ont confié quelquefois toute leur fortune. Sans compter que cela pourrait même être dangereux : certains sont loin d'être des enfants de chœur.

Alors, Camille Moreau reste. Il essaie de se convaincre qu'après quatorze tentatives malhonnêtes, Monsieur René a enfin trouvé le filon légal, qu'il n'y a rien de louche derrière les placements miracles, qu'il s'agit bien de spéculations sur les marchés asiatiques et les paradis fiscaux...

Nous sommes à présent en 1986 et c'est l'inverse de ce qu'avait envisagé Camille Moreau qui se produit : c'est René Degros qui le quitte. Il lui annonce un beau jour :

– Mon cher Camille, je vais avoir quatre-vingts ans et ma santé n'est plus ce qu'elle était. Je dois songer à me retirer.

Camille Moreau n'est pas surpris de cette décision. Il se demandait même comment Monsieur René pouvait avoir encore une telle activité à son âge, mais cela ne l'empêche pas d'être terrorisé. Car il ne sait toujours absolument rien des placements et il va se retrouver avec ses clients qui vont exiger leurs dix pour cent mensuels ! Mais Monsieur René le rassure aussitôt :

– Ne vous inquiétez pas. Je vais vous mettre en contact avec mon correspondant à l'étranger...

C'est ainsi que, le 4 décembre 1986, Camille Moreau rencontre dans un hôtel d'Evian Franz Ferney, citoyen suisse d'une trentaine d'années... L'homme est courtois et va droit au fait.

– Je vous propose de nous retrouver ici chaque samedi. Vous venez avec l'argent de la semaine en liquide, je passe en Suisse avec et je reviens le lundi suivant avec les intérêts.

Camille Moreau espère enfin en savoir un peu plus qu'avec René Degros. Il demande des précisions sur les fameux placements, mais la réponse est exactement la même :

– C'est simple, il s'agit de spéculation sur les marchés asiatiques et d'opérations dans les paradis fiscaux...

Tout continue donc comme avant, à une plus grande échelle encore. Camille Moreau a désormais plusieurs personnes sous ses ordres dans d'autres villes de province. Chaque semaine, il apporte deux à cinq millions de francs en espèces à Franz Ferney, qui franchit avec la frontière suisse et revient le lundi avec les intérêts.

La catastrophe n'est pas loin ; elle est même terriblement proche. Camille Moreau le devine, même s'il ne veut pas y croire. Six mois plus tard, il n'y a plus personne à l'hôtel d'Evian. Franz Ferney a disparu.

Camille Moreau reste seul avec l'argent de ses clients sur les bras. Que peut-il faire, sinon rembourser les intérêts qui sont dus avec les sommes qui viennent d'être déposées ? C'est la seule manière d'éviter l'effondrement général...

Et c'est alors enfin que Camille Moreau comprend tout. Les placements miracles avec les marchés asiatiques et les paradis fiscaux n'ont jamais existé. René Degros, puis Franz Ferney n'ont jamais rien fait d'autre que ce qu'il va faire maintenant lui-même : payer les intérêts avec l'argent apporté par les derniers clients ! La chose est possible à condition d'accroître sans cesse l'importance des fonds, mais la catastrophe est, à terme, inévitable.

C'est cela, l'arnaque à la boule de neige. Elle permet de mettre dans sa poche des sommes considérables à condition de se retirer à temps. Lorsque le système est sur le point de faire faillite, il faut s'arranger pour en reporter la responsabilité sur un gogo, qui va payer pour son prédécesseur.

Camille Moreau comprend qu'il est ce gogo. Et parce qu'il n'a pas le choix et qu'il veut malgré tout retarder l'échéance, il s'engouffre dans cette logique infernale. Il se lance dans une folle fuite en avant. Il lui faut de l'argent, toujours plus d'argent pour payer maintenant, même si cela signifie des sommes fabuleuses à verser plus tard. Il engage dix-huit rabatteurs dans toute la France. Ils se montrent efficaces. Il faut dire que, parmi eux, il y a des guichetiers de banque, des fonctionnaires et même un ex-inspecteur de police.

Camille Moreau ne craint pas que ses clients portent plainte. Ils sont bien trop compromis eux-mêmes. L'argent qu'ils versent est le plus souvent issu de bénéfices non déclarés au fisc et les intermédiaires leur ont dit que leurs placements transitaient par l'étranger avant de revenir avec les intérêts. Il y a donc exportation illégale de capitaux ou, du moins, puisque en réalité l'argent ne sort pas de France – et pour cause ! –, acceptation de ce délit.

Non, Camille Moreau craint que son trafic prenne de telles proportions qu'il finisse par être découvert et c'est effectivement ce qui se produit… Le 17 novembre 1988, la brigade financière passe à l'action et arrête dix-sept personnes. Camille Moreau est bien sûr du nombre et, sur son ordinateur, la liste des clients est saisie. Normalement, ils sont tous passibles de poursuites, mais la justice décide de se montrer clémente pour éviter un scandale…

L'aventure est finie. Elle signifie pour certains la ruine. Dans la grande ville de province, tout le monde se regarde en chiens de faïence. Seules les banques jubilent. Elles qui avaient été méprisées parce qu'elles proposaient des intérêts de six pour cent, voient revenir leurs clients la tête basse.

Si Franz Ferney, le complice suisse de René Degros, en fuite, n'est pas retrouvé, Monsieur René est arrêté à Nîmes où il se cachait. Néanmoins, à cause de son grand âge, il est laissé en liberté provisoire.

Le procès s'ouvre en décembre 1992 devant la 12e chambre correctionnelle de Paris. Bien que, selon les propres paroles de l'avocat général, « l'intérêt à porter aux victimes soit extrêmement limité », des peines sévères sont requises. Le jugement, mis en délibéré, est rendu en février 1993 : trois ans de prison, dont six mois avec sursis et un million trois cent mille francs d'amende pour Camille Moreau, trois ans de prison, dont trente mois avec sursis, plus un million d'amende à René Degros. Les comparses, les rabatteurs de Camille Moreau se voient infliger des peines de prison légères, couvertes par la préventive, et de lourdes amendes ; huit personnes reconnues comme non responsables sont acquittées…

Ainsi s'est terminée la dernière arnaque à la boule de neige connue. Mais on peut être certain qu'il y en aura d'autres, tellement sont nombreux ceux chez qui la cupidité l'emporte sur le bon sens et le sens moral.

Il faut le dire et le répéter : un placement qui rapporte dix pour cent par mois ou tout autre rendement mirifique est forcément une escroquerie. Il faut même aller plus loin : accepter de faire un tel placement, c'est, moralement du moins, une escroquerie.

L'école de la Loire

La différence entre un faussaire et un copiste est nulle au niveau du savoir-faire. Tous deux savent recréer avec le même bonheur l'œuvre de l'artiste disparu ; simplement, l'un est honnête et le dit et l'autre est malhonnête et ne le dit pas. Et entre les deux, il y a un inclassable, André Mailfert. La mystification qu'il a mise au point au cours des années trente est sans doute unique dans les annales. Certes, il a triché, il a menti, mais il l'a fait avec esprit, avec talent et c'était pour la bonne cause, alors il ne mérite, dans le fond, que notre admiration.

Natif d'Orléans, André Mailfert exerce, à la fin du XIXe siècle, la profession de peintre aquarelliste. Il a une passion, les meubles anciens, mais il est trop impécunieux pour s'en offrir ; les plus belles pièces sont hors de prix. Et c'est de là que lui vient l'idée qui va faire sa fortune. Il y a sans doute beaucoup de gens dans son cas. Pourquoi ne pas créer pour eux des copies, mais des copies dignes de ce nom, pas de médiocres imitations, des reproductions à l'identique ? Elles auraient exactement le même aspect que les originaux seraient tout aussi décoratives dans un intérieur, mais coûteraient infiniment moins cher.

André Mailfert vient de trouver un « créneau », comme on ne dit pas encore à l'époque. Il crée dans sa ville d'Orléans, en 1904, une petite fabrique de copies de meubles anciens. Et il ne s'était pas trompé : cela marche, les commandes affluent ! Tant et si bien qu'en 1913, il doit s'agrandir. Il s'installe, toujours à Orléans, dans un hôtel particulier datant de François Ier et poursuit sa production de superbes copies : bergères Régence, commodes Louis XV, miroirs vénitiens, bureaux Empire, coiffeuses Louis XVI.

Un tel succès n'est pas dû au hasard, mais à un souci du détail poussé jusqu'à la perfection. Mis à part le sciage initial des billes de bois, les techniques sont rigoureusement celles employées à chaque époque donnée ; la formule des vernis, en particulier, est scrupuleusement respectée. Le vieillissement est obtenu avec beaucoup de soin par brûlure, éclatement, coups, craquelures, addition de poussière. Il en résulte des pièces d'une qualité sans pareille qui se vendent souvent plus cher que des originaux en état médiocre. Certains antiquaires peu scrupuleux n'hésitent d'ailleurs pas à vendre ces meubles pour des pièces authentiques, mais Mailfert n'y est pour rien. Son affaire est plus que prospère et emploie bientôt deux cent cinquante personnes hautement spécialisées…

Et puis, brusquement, en 1931, c'est la crise. Les effets du krach de 1929 à la bourse de New York se font sentir en France et, tout naturellement, touchent en priorité le commerce de luxe. L'ébénisterie va mal. Mailfert va se voir obligé de licencier et cela lui brise le cœur. Les ouvriers qui travaillent dans sa fabrique – il vaudrait mieux dire les artisans, voire les artistes – sont, tout comme lui, des amoureux de leur métier. Alors il réfléchit désespérément à un moyen de s'en sortir et ce qu'il trouve est proprement génial !

Il va inventer de toutes pièces une école d'ébénisterie ayant malheureusement disparu, l'école de la Loire, et il va en faire des reproductions. Bien sûr, il s'agira de copies, mais les originaux n'existant plus, elles se vendront presque aussi cher que des meubles authentiques. À cela s'ajoutera l'attrait de la découverte et, s'il sait habilement s'y prendre, un effet de mode, voire de snobisme.

Il se met sans tarder à l'ouvrage. Sur du papier ancien d'époque Renaissance trouvé dans les combles du musée d'Orléans, il dessine avec le plus grand soin une centaine d'aquarelles, lavis et sépias reproduisant des meubles d'un style nouveau et absolument charmant – quelque chose comme du Louis XV rustique. Ils sont en bois fruitier clair, avec des pieds sobres, des portes à panneaux et des motifs décoratifs en marqueterie représentant exclusivement des bateaux ou des châteaux.

André Mailfert contemple son œuvre avec un intense sentiment de bonheur. C'est ce qu'il aurait créé comme ameu blement si on lui avait donné le choix parmi tous les styles. Ce qu'il vient de faire, c'est du Mailfert ! Après avoir copié ses illustres prédécesseurs disparus, il va se copier lui-même... Il enduit ces documents de poussière et les enferme dans une malle d'époque en peau de truie. Maintenant, la mystification qui va sauver ses employés du chômage peut commencer.

À cette « école de la Loire », il faut un chef, un créateur. Comme le coup qu'il va tenter est passablement hardi, il choisit de l'appeler justement « Hardy ». André Mailfert n'a plus qu'à mettre au point la biographie de Jean-François Hardy, maître ébéniste du XVIIIe siècle, puis il se jette à l'eau.

Fin 1931, il publie une luxueuse plaquette : *L'école de la Loire*, qui attire immédiatement l'attention des amateurs et des spécialistes. En voici quelques extraits : « Il nous semble nécessaire d'expliquer le pourquoi de l'engouement subit du public pour le style de l'école de la Loire, encore presque ignorée il y a quelques mois. Peut-être serait-il temps de dire qui est ce Jean-François Hardy, dont beaucoup entendent parler pour la première fois...

« En 1715, Jean-François Hardy, l'élève préféré du maître ébéniste Germain Landrin, fournisseur de la cour de France, dans les ateliers duquel il avait conquis successivement l'apprentissage, le compagnonnage et la maîtrise au bout de dix ans, entreprit un voyage en Hollande pour se perfectionner dans son état. Jean-François Hardy s'arrêta en route à Lille où son passage est signalé par divers travaux d'art exécutés au château de Fournes-en-Weppes.

« De là, il gagna Bruxelles pour y travailler quelque temps

sous la direction de maître Jan Hort, puis il arriva en Hollande où il se fixa à Rotterdam, dans une maison près du port. Il se maria en 1719 avec la fille d'un riche bourgmestre, Cornélia Van der Breught, dont il eut trois enfants : Pétrus et Bernard, qui continuèrent son œuvre en France, et Marguerite, qui épousa un ébéniste de Nantes.

« Son fils aîné Pétrus s'établit à Orléans pour y poursuivre l'œuvre de son père, en association avec Gaillard, rue du Bœuf ; son autre fils s'installa à Angers où il s'illustra dans les meubles et boiseries de l'évêché. On signale également à Gien, Saumur et Ancenis des ateliers plus modestes où d'anciens élèves continuèrent la tradition de Jean-François Hardy en reproduisant plus ou moins habilement ses modèles.

Il est curieux de constater que de tous ces noms aucun ne soit cité par les auteurs des ouvrages sur les ébénistes du XVIIIe siècle. *L'Almanach général des marchands* parlait cependant de lui comme d'un maître vers la fin du XVIIIe et les *Tablettes de la renommée* de 1770 font également mention de ses ouvrages… »

Après tous ces détails qui ne s'inventent pas, suit la reproduction de dessins de meubles du maître, dans ce style Louis XV campagnard si particulier, notamment une bibliothèque, un secrétaire et une chambre à coucher.

La plaquette est illustrée en outre d'un portrait montrant l'ébéniste en pied devant un paysage de mer avec un naufrage dans le lointain. Ce motif curieux s'explique par un événement de la vie de Jean-François Hardy. Rentrant de Hollande pour se fixer en France, son navire, touché par la foudre, a coulé près de Nantes. Mais il a pu survivre, ainsi que toute sa famille, en s'accrochant à une bille de citronnier.

Et le texte précise encore un détail qui est l'ultime trait de génie de Mailfert. En arrivant en France, Jean-François Hardy a trouvé le pays ruiné par la banqueroute de Law. Comme aujourd'hui, les gens de la bonne société n'avaient pas d'argent pour ce qui n'était pas indispensable. Aussi, il a choisi de faire des meubles simples, avec des bois peu coûteux, mais de bon goût. La production du maître méconnu du XVIIIe siècle se trouve miraculeusement adaptée au marché issu de la crise de 1929. Les acheteurs n'ont plus qu'à se précipiter !...

En attendant, André Mailfert est assailli de questions sur sa découverte. Comment se fait-il que les dessins de Jean-François Hardy soient en sa possession et qu'il les ait rendus publics précisément maintenant ? Il s'en explique lors de la réception qu'il donne peu après et qui attire non seulement les notabilités d'Orléans, mais les amateurs de toute la France.

– Le 1er août 1914, j'ai offert le champagne à ceux de mes employés qui allaient partir pour le front. Un de mes ouvriers ébénistes, Simon Hardy, m'a laissé une vieille malle ayant appartenu à son aïeul. Il m'a dit que je pouvais l'ouvrir s'il ne revenait pas.

– Et il a été tué à la guerre, ce Simon Hardy ?

– Oui. Au piton de Vauquois, en 1916.

– Pourquoi n'avez-vous pas ouvert la malle à ce moment-là ?

– Je n'ai appris sa mort qu'après. J'avais laissé cette malle dans mon grenier et je dois avouer que je l'avais complètement oubliée. C'est au début de cette année, en allant faire un peu de rangement, que je suis tombé dessus par hasard...

C'est le succès, c'est même un véritable triomphe ! Du jour au lendemain, tous les milieux spécialisés ne jurent plus que par Jean-François Hardy. Un magazine d'art lui consacre son numéro de Noël. Un fabricant de cartes postales gagne une somme rondelette en reproduisant le portrait de l'ébéniste, avec le naufrage dans le lointain. André Mailfert fait une conférence radiophonique, privilège très rare à l'époque, au Poste National, sous le haut patronage du ministère des Beaux-Arts.

Et surtout, il se met au travail ! Car les affaires reprennent de manière miraculeuse : il a trois millions de commandes après la publication de sa plaquette. Et les « copies » d'après les dessins retrouvés dans son coffre commencent à sortir de ses ateliers. Comme il l'avait prévu, il les vend plus cher que des copies ordinaires, car elles n'ont pas d'originaux. Et ses employés, bien loin d'avoir à redouter le chômage, sont contraints de faire des heures supplémentaires !

Tout le monde marche dans la mystification. Un expert

attaque Mailfert dans une revue spécialisée, lui reprochant de ne pas avoir copié avec assez de rigueur les dessins du maître. Il s'exclame dans son article : « Vous avez tué l'œuvre de Jean-François Hardy ! » Un journaliste du *Figaro* découvre la maison natale de Jean-François Hardy à Tours, rue de la Sellerie, et une plaque commémorative est commandée. Le même journaliste accepte de prendre la tête d'un « Comité Jean-François Hardy ». Le musée de Blois réserve une salle pour abriter sa production...

Mais si vous vous promenez rue de la Sellerie, à Tours, vous n'y trouverez pas de plaque de marbre au nom de l'ébéniste et le musée de Blois a pu sauver à temps sa réputation. En 1935, André Mailfert, ayant définitivement mis à l'abri son personnel, a décidé de prendre un repos bien mérité. Il a vendu sa maison et, une fois à la retraite, a écrit ses Mémoires, qui ont paru sous le titre : *Au pays des antiquaires.*

Il y racontait comment il avait réussi le tour de force de se copier lui-même par « école de la Loire » interposée. Il précisait en terminant que le pseudo-portrait de Jean-François Hardy, celui-là même qui avait fait la couverture des magazines d'art et avait été reproduit en carte postale, n'était qu'une vieille croûte achetée vingt francs aux puces d'Orléans. Il représentait un curé du XIXe siècle, auquel il avait ajouté lui-même une perruque. Quant au naufrage figurant en arrière-plan, il n'avait pas la moindre idée de ce qu'il pouvait bien signifier !

En fait, c'est un peu injustement qu'André Mailfert a sa place dans ce livre consacré aux arnaques. Qu'a-t-il fait d'autre que sauver du chômage ses employés, grâce à son imagination et à son talent ? Et puis, il a créé un style : le Louis XV rustique en bois clair, décoré de marines et de châteaux. Les clients qui ont acquis ses meubles n'ont jamais regretté leurs achats et, aujourd'hui encore, ils restent très honorablement cotés.

André Mailfert n'était pas seulement un mystificateur au grand cœur. C'était aussi un authentique maître ébéniste.

La planche spirite

Dans l'Allemagne de 1952, c'est encore la crise du logement due aux destructions de la guerre. Aussi, lorsque Dora Jung acquiert un grand pavillon près de Munich, elle craint fort qu'on ne lui impose des locataires.

C'est pourquoi elle demande à son amie de toujours, Ingrid Strauss, de venir habiter avec elle. La peur d'être obligée de loger sous son toit quelqu'un qu'elle ne connaît pas n'est pas la seule raison qui a poussé Dora Jung à faire venir son amie Ingrid. Elle vient de perdre son mari, âgé de cinquante ans comme elle. C'est d'ailleurs avec son assurance-vie qu'elle a pu acheter le pavillon, mais la perspective de la solitude la terrifie. Elle est sûre qu'avec Ingrid, de dix ans sa cadette, toujours gaie et pleine de vie, il y aura de l'animation dans son existence.

Et elle ne se trompe pas : de l'animation, il va y en avoir !

Trois mois ont passé... Dora Jung se félicite un peu plus chaque jour d'avoir fait venir Ingrid. Celle-ci a tout pris en main dans la maison et elle-même n'a plus qu'à se laisser porter. Dora retrouve ainsi la situation qui était la sienne avec son mari : c'était lui, en homme autoritaire qu'il était, qui décidait de chaque chose... Pour rien au monde elle ne voudrait que cela change, aussi est-elle vivement inquiète quand Ingrid lui déclare :

– Je me suis renseignée. Deux personnes dans un pavillon de

six pièces, ce n'est pas assez. On va sans doute nous imposer un autre locataire.

– Mon Dieu ! Qu'est-ce que nous allons devenir ?

– Rassure-toi. J'ai quelqu'un de très bien à te proposer. Il s'appelle Franz Weber. J'ai fait sa connaissance il n'y a pas longtemps. Un homme à la maison, cela peut être utile.

– Qu'est-ce qu'il fait dans la vie ?

– Justement, il est maçon. Il pourra faire des travaux d'embellissement dans le pavillon...

Dora Jung ne discute pas et Franz Weber vient s'installer à son tour. Cela fait à présent deux personnes qu'elle héberge gratuitement sous son toit, car il n'est pas question de leur demander un loyer.

Dès les premières semaines de cohabitation, elle constate que, malgré son métier de maçon, Franz Weber ne rend guère de services à la maison. Mais elle ne lui en veut pas. Il a tellement de travail, avec toutes ces reconstructions, que quand il rentre, il est épuisé. C'est elle, au contraire, qui se donne beaucoup de mal pour lui préparer de bons petits plats, car Franz aime bien manger et bien boire aussi... Pour la nourriture non plus, elle ne leur fait rien payer ni à l'un ni à l'autre. Elle est trop heureuse d'avoir de la compagnie. C'est elle qui devrait les remercier d'être là !

Il y a pourtant une ombre persistante dans la vie de Dora Jung, une ombre à tous les sens du mot : son mari. Elle ne se console pas de l'avoir perdu. Bien sûr, Ingrid et Franz lui changent les idées, mais s'il était là, ce serait tellement mieux ! Or, Dora ne pense pas que ce soit tout à fait impossible. Elle a toujours été attirée par le spiritisme ; elle croit à la communication avec les esprits, mais elle ne se sent pas elle-même les dons suffisants.

Un jour, elle s'en ouvre à table à ses amis.

– Quel dommage que je ne connaisse pas de médium ! Je suis sûre que mon pauvre mari a tant de choses à me dire...

Franz Weber arrête de dévorer sa gigantesque assiette de choucroute.

– Mais il n'y a rien de plus simple : il suffit d'avoir une planche spirite !

– Une planche spirite ?

– Vous n'en avez jamais vu ?

Dora Jung avoue, un peu honteuse, son ignorance. Le maçon la rassure :

– Je vais vous en fabriquer une pour demain.

Ingrid Strauss intervient à son tour :

– Et pour le médium, tu ne pouvais pas mieux tomber. On m'a toujours dit que j'avais des dons.

Franz Weber, qui n'avait rien fait de ses dix doigts depuis qu'il avait franchi le seuil du pavillon, travaille pour une fois de bon cœur et, le lendemain, la planche spirite est là...

Si vous êtes dans le cas de Dora Jung et n'en avez encore jamais vu, voici à quoi ressemble l'objet. Il s'agit d'une planche de cinquante centimètres sur cinquante ; à l'intérieur est tracé un grand cercle avec toutes les lettres de l'alphabet, puis un cercle plus petit où figurent les chiffres de 0 à 9 et enfin, les mots « oui » et « non » inscrits dans deux carrés en haut de la planche. Au centre, on place une tasse à café retournée. Les participants doivent poser le doigt sur elle et l'esprit la déplace vers « oui » ou « non », s'il s'agit d'une simple réponse, ou vers les lettres s'il s'agit de faire une phrase.

Dora, très impressionnée, pose en tremblant son doigt sur la tasse en compagnie de son amie de toujours et du maçon, et le dialogue d'outre-tombe commence. C'est Ingrid Strauss, en tant que médium, qui pose les questions.

– Qui est là ?

Mue par une force invisible, la tasse se promène sur les lettres du grand cercle.

– M-A-R-I.

– Où es-tu ?

Même manège...

– P-U-R-G-A-T-O-I-R-E.

Dora Jung est au comble de l'émotion. Elle est partagée entre la joie et la déception. Elle espérait que son époux défunt serait au paradis, du moins n'est-il pas en enfer, c'est déjà cela !... Coupant la parole à Ingrid, elle s'empresse de lui demander :

– Qu'est-ce qui te ferait plaisir ?

Cette fois, la réponse est plus inattendue :

– C-H-A-M-P-A-G-N-E.

Dora est même franchement surprise, car son mari n'avait jamais bu une goutte d'alcool de sa vie. Toujours par le même moyen, elle lui fait préciser comment il veut qu'elle procède. Il lui répond qu'elle doit déposer le soir la bouteille bien fraîche dans la salle de bains et surtout ne pas essayer d'entrer dans la pièce pendant la nuit...

En cette période d'après-guerre, l'Allemagne est soumise aux restrictions et les produits de luxe coûtent une fortune. Mais Dora Jung n'a pas la moindre hésitation, elle a toujours obéi à son mari et, venant d'outre-tombe, ses désirs sont plus que jamais des ordres. Elle fait comme il a dit et, au matin, constate que la bouteille est vide... Tout émue, elle vient la montrer à Ingrid et Franz.

– Vous avez vu ? Il l'a bue ! C'est bien la preuve que c'était vrai...

À partir de ce moment, la vie dans le pavillon est rythmée par les séances de planche spirite. Le défunt se montre extrêmement disert et fait part de ses moindres désirs à sa femme. Il manifeste un goût marqué pour les produits de luxe : principalement le champagne, mais aussi le cognac et divers spiritueux, les chocolats fins, les cigares et même, une fois, il demande du parfum ! Un parfum français fort cher, qui est d'ailleurs celui d'Ingrid.

Cette fois, Dora Jung s'étonne, elle s'inquiète même.

– Qu'est-ce qui se passe ? Tu es devenu comme ça au purgatoire ?

Heureusement, par tasse à café interposée, il la rassure. Il s'agit d'un cadeau pour la Sainte Vierge, afin qu'elle hâte son passage au paradis...

Mais, après s'être beaucoup amusés et constatant que la crédulité de la veuve est décidément absolue, Ingrid Strauss et Franz Weber décident de passer à l'escroquerie proprement dite… Après avoir demandé à son mari, comme tous les jours, de quoi il avait envie, Dora Jung s'entend brusquement répondre :

– Rien.

Elle blêmit et elle a raison, car les révélations de la planche spirite ne sont pas du tout rassurantes.

– Tu vas avoir de gros ennuis venant du fisc à cause de la maison.

– Mon Dieu ! Qu'est-ce qu'il faut que je fasse ?

– Remets provisoirement le pavillon à Franz Weber. Tu le récupéreras quand tes ennuis seront passés.

Aussitôt dit, aussitôt fait. Dora Jung vend devant notaire le pavillon à Franz Weber pour cent mille marks. Bien entendu, il s'agit d'une vente fictive et le maçon devient officiellement propriétaire mais ne verse pas l'argent. Quant à Dora, elle pousse un profond soupir de soulagement. Elle est sauvée !

Les jours passent… La vie, dans la maison qui est désormais celle de Franz Weber, reste toujours la même, mais il se produit alors quelque chose de totalement imprévu : Dora Jung a des soupçons. Un soir, au dessert, elle déclare brusquement à ses amis :

– Je me demande si c'est bien vrai, cette histoire de planche spirite.

Franz Weber en laisse tomber sa troisième part de tarte.

– Comment cela ?

– Oui, mon mari m'avait prédit des ennuis avec le fisc, mais le fisc ne se manifeste pas…

Poussant intérieurement un soupir de soulagement, les deux complices décident de passer immédiatement à l'action. Dora leur avait avoué qu'elle ne déclarait pas la totalité de sa pension de veuve. Ils écrivent une lettre anonyme de dénonciation aux impôts et le résultat ne tarde pas.

Dora Jung est aux anges quand elle voit débarquer le contrôleur chez elle. Et c'est avec un large sourire qu'elle paie un redressement de cinq mille marks pour les cinq années précédentes. Tout était vrai, elle communiquait bien avec son mari. Elle est heureuse !

Les séances de planche spirite se poursuivent donc avec plus d'ardeur que jamais. Dora Jung ne manque pas de demander à son mari quand elle va récupérer sa maison. La réponse est laconique et toujours identique :

– Patience...

De même, elle s'étonne auprès de lui des disparitions d'argent et de bijoux qui sont de plus en plus fréquentes. L'esprit lui répond invariablement :

– C'est moi qui les ai pris pour aller plus vite au paradis.

Et il explique à qui il les a donnés pour obtenir un tour de faveur. Tous les saints et les saintes y passent, même Jésus-Christ et Dieu le Père. Dans le cas de ce dernier, c'est juste après la disparition de boucles d'oreilles. Dora Jung aimerait bien demander à son mari ce que Dieu le Père va faire de ses boucles d'oreilles, mais elle n'a pas cette audace...

Ses dialogues avec son époux n'ont pas lieu que par planche spirite interposée. Elle se rend souvent au cimetière et lui parle longuement sur sa tombe. C'est cela qui va la sauver et causer la perte des deux escrocs...

Le jour de la Toussaint 1955, elle se retrouve nez à nez avec Hilda Weber, venue déposer des fleurs. Hilda Weber est la fille d'un premier lit de son mari, avec laquelle elle n'a plus de relations depuis longtemps, mais l'envie de confier son extraordinaire aventure est la plus forte.

– Vous savez que votre père va quitter le purgatoire pour le paradis ? Il ne lui manquait plus que cinq cents marks et je les lui ai donnés hier !

– Qu'est-ce que c'est que cette histoire ?

– La planche spirite ! Vous ne connaissez pas la planche spirite ?...

Non seulement Hilda Weber ne connaît pas la planche spirite, mais elle n'y croit pas davantage... Bien qu'elle n'ait jamais eu de particulière sympathie pour la seconde femme de son père, le comportement des deux escrocs la révolte trop pour qu'elle se taise. Quand Dora a enfin terminé son histoire, elle lui déclare :

– Vous allez immédiatement porter plainte !

– Vous êtes folle ?
– Si vous ne le faites pas, c'est moi qui le ferai…

C'est ce qui s'est produit. Prévenue par Hilda Weber, la police a arrêté Ingrid Strauss et Franz Weber, qui se retrouvèrent devant les juges. Le tribunal les a condamnés à un an de prison chacun. Bien que la vente du pavillon ait été faite dans les formes légales, elle a été cassée et Dora Jung a pu récupérer son bien.

Il n'en a pas été de même de son argent, qui avait été dépensé, et de ses bijoux, qui avaient été vendus, à quelques exceptions près. Parmi celles-ci figuraient les boucles d'oreilles. Cette fois, il n'y avait plus de doute, la planche spirite avait menti : ce n'était pas Dieu le Père qui les avait !

Les quatorze mille cousins

Il y a schématiquement deux types d'arnaques : la plus courante consiste à s'emparer d'une grosse somme au détriment d'une personne, d'une société ou d'un organisme quelconque ; la seconde, moins fréquente, consiste à prendre très peu, mais à un très grand nombre d'individus, ce qui permet d'arriver à une somme rondelette. Reste à trouver un prétexte pour faire tomber toute une cohorte de victimes dans le même panneau. Celui dont il est question dans cette histoire est aussi simple qu'ingénieux...

Dans la région de Limoges, une légende circule depuis le Second Empire : un certain Mallet a émigré au XVIIIe siècle aux Amériques et y a fait fortune, mais personne n'en a hérité. On se transmet le récit à la veillée. De vagues recherches effectuées par des familles Mallet n'ont donné aucun résultat.

Nous sommes en juillet 1961, ce qui constitue pour Gisèle Youbi un tournant dans son existence. Après avoir été institutrice toute sa vie, elle vient de prendre sa retraite. Elle se demande à quoi elle va occuper ses loisirs. Et comme de plus elle est seule – née Favier, elle avait épousé un certain Ahmed Youbi dont elle est veuve –, ce n'est pas le temps qui lui manque.

Durant ces jours de désœuvrement, Gisèle pense, entre autres choses, à l'histoire du Mallet d'Amérique et c'est alors que l'idée lui vient. Elle lui vient à cause du nom. Mallet est un des patronymes français les plus courants : consultez l'annuaire ou tapez le nom sur un moteur de recherche, vous en aurez confirmation… C'est d'ailleurs ce que fait Gisèle Youbi : elle ouvre l'annuaire de la Haute-Vienne. Rien que pour le département, il y en a plus d'une centaine – alors pour la France entière !…

Et c'est ainsi que, peu à peu, dans son esprit son plan se précise. Si l'on disait à ces gens-là qu'ils vont peut-être entrer en possession d'un héritage fabuleux, en échange d'une cotisation modeste, combien seraient-ils à mordre à l'hameçon ?

Le meilleur moyen d'avoir la réponse, c'est de se mettre à l'ouvrage. Gisèle Youbi écrit à tous les Mallet de France, et même aux Malet avec un seul « l » pour ne pas faire de jaloux. Cela représente plusieurs dizaines de milliers de lettres. C'est l'inconvénient de la chose : la mise de départ. Il y en a pour une petite fortune en timbres. Mais si elle ne s'est pas trompée, elle devrait rapidement rentrer dans ses frais. De toute manière, les dés sont jetés. Elle n'a plus qu'à attendre.

– D'après mes estimations, la fortune de votre ancêtre doit s'élever à deux cent cinquante-neuf milliards d'anciens francs !

Un « Oh ! » de stupeur retentit parmi l'assistance rassemblée dans un cinéma de Limoges. Il faut dire que la somme annoncée est fabuleuse et même difficilement concevable, de l'ordre de quatre cents millions d'euros.

Gisèle Youbi laisse passer un moment pour ménager son effet. Il faudrait plutôt dire la princesse Ayoubi, car elle a décidé de prendre un nom à la fois plus harmonieux et plus prestigieux. Elle se prétend donc la princesse Ayoubi, veuve d'un émir du Turkestan qui s'est fait tuer en duel pour ses beaux yeux…

Du haut de l'estrade où elle est installée, elle contemple les visages tournés vers elle. Il y a là trois cents personnes, formant un public des plus divers. On peut y voir des jeunes et des moins jeunes, y compris des couples qui sont venus avec leurs enfants et des mamans portant leur bébé, des riches et des moins riches, des paysans et des gens de la ville. Tous ont pourtant un point commun : leur nom. Ils s'appellent Mallet.

Gisèle Youbi a tout lieu d'être satisfaite. Ils sont trois cents à s'être déplacés de toute la France pour assister à sa conférence et ils sont plusieurs milliers à avoir répondu à sa circulaire. Elle ne s'était pas trompée. Son idée était bonne...

Sentant les Mallet suspendus à ses lèvres, Gisèle Youbi, pardon... la « princesse Ayoubi » commence le récit qu'ils attendent tous.

– Votre ancêtre Joseph, Jean-Pierre Mallet, est né à Saint-Victurnien, dans la Haute-Vienne, le 22 janvier 1759. Étant le cadet d'une famille de onze enfants, il est envoyé par son père, procureur royal, au séminaire de Limoges. Mais être prêtre ne lui dit rien, aussi il s'enfuit et s'embarque comme passager clandestin à La Rochelle. Il a la chance de ne pas se faire prendre pendant le voyage et il arrive en Amérique. Là, il a plus de chance encore : la chance de sa vie. En Louisiane, il sauve une riche héritière créole dans son palais en flammes et l'épouse. Comme toute la famille de la jeune fille a péri dans l'incendie, ils se retrouvent fabuleusement riches et achètent des terres dans le Maine et le Vermont. Ils meurent tous deux en 1816. Peu avant sa mort, Joseph, Jean-Pierre Mallet, écrit à ses frères pour qu'ils viennent prendre possession de leur héritage ; mais soit par incrédulité, soit par manque d'argent, ceux-ci ne font pas le voyage... Actuellement, les propriétés Mallet aux États-Unis ont environ la taille de six départements français. Mais ce n'est pas tout, car, outre ses biens fonciers, Jean-Pierre possédait des puits de pétrole et des mines d'or. Tout cela est à portée de votre main, si vous le voulez...

Ces mots sont accueillis par une ovation dans le cinéma de Limoges. Les Mallet applaudissent avec un bel ensemble. L'un d'eux, plus hardi que les autres, prend la parole.

– Est-ce que la princesse Ayoubi accepterait de prendre la tête d'un « Syndicat de défense des Mallet » ?

– Je ne sais pas si je suis digne d'une telle responsabilité...

– Acceptez, princesse. Tout le monde vous le demande.

Après s'être fait mollement prier, la princesse Ayoubi accepte et l'on passe à la rédaction des statuts du syndicat. Elle propose qu'on fasse appel aux compétences d'un avocat, Me Barbeau, dont elle s'est assuré les services, omettant seulement de préciser qu'il a été radié du barreau de Paris.

Le premier point, le montant de la cotisation, ne soulève pas la moindre difficulté. Elle est fixée à dix mille anciens francs par an, soit un peu moins de quinze euros. De l'avis général, cette somme est très raisonnable et chacun, d'ailleurs, s'empresse d'aller s'en acquitter auprès de la nouvelle présidente.

Ensuite, on discute de la répartition de l'héritage, ce qui se fait dans une atmosphère bon enfant. Personne ne cherche à avoir plus que son voisin. Mais il est décidé qu'on établira des arbres généalogiques, pour savoir s'il n'y aurait pas un descendant plus proche que les autres de Joseph, Jean-Pierre. Certains ont même des idées on ne peut plus originales.

– Et si l'on créait une mutuelle ?

– Pour quoi faire ?

– Les Mallet auraient droit à des réductions dans les transports et les grands magasins...

– Il faut se revoir pour un grand banquet.

– Où cela ?

– À Saint-Victurnien, évidemment, le village de naissance de Joseph, Jean-Pierre.

– Et puis après, il y aura un bal.

– Et l'élection de Miss Mallet !...

Gisèle Youbi n'en revient pas. Il n'y a pas une question ou presque sur la réalité de son histoire, qu'elle a pourtant inventée de toutes pièces. Ces gens sont si heureux d'avoir appris l'existence de leur fabuleux ancêtre qu'ils ne la mettent pas en doute. Et d'ailleurs, c'est moins l'appât du gain qui les occupe que le plaisir d'être ensemble. Ils viennent de tous les coins de la France, ils appartiennent à toutes les classes sociales et pourtant, ils sont unis par un lien très fort, ils sont cousins, presque frères : ils sont tous des Mallet !

Et cela continue à marcher... Fin 1961, le syndicat compte trois mille adhérents, ayant tous acquitté leur cotisation de dix mille francs. La princesse Ayoubi est largement rentrée dans ses frais de timbres. Fin 1962, ils sont huit mille et c'est alors qu'a lieu le plus beau moment de cette aventure : le grand banquet qui avait été évoqué lors de la réunion inaugurale.

Pour Noël, les Mallet se rendent en pèlerinage sur la colline de Saint-Victurnien où s'élevait la maison natale de Joseph, Jean-Pierre, leur ancêtre. Ils ne sont pas loin de mille. C'est un événement non seulement dans le village, mais dans la région. Et le soir, dans la nuit du 24 au 25 novembre 1962, c'est le repas de fête, suivi, ainsi qu'il avait été prévu, de l'élection d'une Miss Mallet.

Celle-ci, toute rougissante, avoue son plus secret désir :

– Ne pas changer de nom : épouser un jeune et beau Mallet...

Des représentants de la presse locale et même nationale se sont déplacés et la princesse Ayoubi répond avec beaucoup d'aisance à leurs questions.

– Pourquoi n'y a-t-il aucune trace à Saint-Victurnien de la naissance d'un Mallet en 1759 ?

– Pour une raison simple. En 1880, le consul Giffils est venu des États-Unis à Saint-Victurnien pour faire disparaître toute trace du milliardaire français. Dans les journaux de l'époque, on peut voir qu'en 1888, le député Labussière a protesté contre cette intrusion américaine.

– En Amérique, on prétend, dans les milieux bien informés, qu'il n'existe aucun Mallet parmi les plus grosses fortunes.

– Évidemment, les Américains cherchent à garder l'argent chez eux. C'est pour cela que nous avons fondé le Syndicat de défense des Mallet. Quand nous aurons les preuves légales, ils seront bien obligés de payer...

Le temps passe... Le syndicat est maintenant rodé et fonctionne bien. La princesse Ayoubi fait les choses très sérieusement : démarches auprès des pouvoirs publics, campagnes de presse, lettres aux magistrats et au président de la République. En 1965, plus de quatorze mille Mallet, exactement 14 817, paient régulièrement la cotisation.

Contrairement à ce qu'on pourrait penser, ils n'habitent pas qu'en France · ils appartiennent à soixante-treize pays différents ! Il faut croire qu'à l'instar de Joseph, Jean-Pierre, les Mallet avaient la bougeotte ; en tout cas, ils ont essaimé dans le monde entier. Parmi les adhérents du syndicat, il y a de tout, y compris des représentants de la meilleure société, jusqu'à un lord anglais ! La princesse Ayoubi en a même rajouté pour rehausser encore le niveau. Elle n'a pas hésité à inscrire à leur insu des Mallet haut placés. C'est ainsi qu'un médecin réputé est inscrit comme trésorier en second de l'association et sa signature – un faux – est déposée à la préfecture avec les statuts.

C'est le succès, et peut-être bientôt la gloire ! Il est question de tourner un film sur la vie de Joseph, Jean-Pierre Mallet avec Jean Marais et Marpessa Dawn…

Mais le premier tour de manivelle de cette œuvre admirable ne sera jamais donné et le rêve, comme tous les rêves, s'arrête pour faire place à la réalité. Un généalogiste de la Haute-Vienne parvient à retrouver la trace d'un Joseph, dit Jean-Pierre Mallet, à peu près contemporain de celui de l'histoire, mais c'est pour établir qu'il exerçait la profession de cantonnier, qu'il n'a jamais franchi les limites du département et qu'il est mort en laissant à ses héritiers mille trois cent trente-quatre francs et quelques centimes.

Du coup, plusieurs Mallet portent plainte et Gisèle Youbi, inculpée d'escroquerie et de faux, est arrêtée le 19 janvier 1966. Elle reconnaît ne détenir aucun document prouvant l'existence de l'ancêtre Mallet. Mais elle proteste de sa bonne foi :

– Si j'ai créé ce syndicat, qui est devenu maintenant mondial, c'est justement pour rechercher des preuves de l'existence de cet héritier.

Elle reconnaît avoir touché de l'argent en distribuant des cartes d'adhésion, mais elle ajoute :

– Le syndicat me doit trente mille francs…

Elle n'a pas entièrement tort. Vérifications faites, son arnaque n'a jamais pris de grandes proportions. Pendant les cinq ans qu'elle a duré, elle est parvenue tout juste à vivoter avec l'argent de ses dupes, qui, de leur côté, n'ont pas perdu grand-chose dans l'aventure. Dans le fond, l'héritage Mallet aura été pour Gisèle Youbi une manière peu ordinaire d'occuper sa retraite.

Alors, laissons-la en paix et terminons sur un souhait : que, faute d'héritage fabuleux, Miss Mallet ait trouvé le bonheur avec un autre Mallet et qu'ils aient eu ensemble beaucoup de petits Mallet.

Table

Dans le sens de l'épaisseur 9
Rue de Paradis 19
Le clown qui devint roi 27
Un sou est un sou, ou le voleur de centimes 38
La femme de Martin Guerre 43
Malheureux en amour… 57
Madame la conseillère 65
La valise noire 75
Signé « Attila » 84
Le roi des antipodes 96
Les Mémoires d'Howard Hughes 107
Le miraculé 116
Le faux trésor de Rennes-le-Château 125
Meegeren de Delft 133
Le coffre de Thérèse Humbert 140
Le collier de la reine 153
L'affaire Stavisky 169
Le faux Utrillo 179
La bonbonne d'uranium 185
1+1 = 3 195
Les vrais faux billets de mille 200
Bons baisers de Vénus 208
Chauds, les diamants ! 216
Les vingt-trois cercueils 224

La boule de neige.. 233
L'école de la Loire.. 240
La planche spirite.. 246
Les quatorze mille cousins 253

(Suite de la page 4)

Survivront-ils ?
45 suspenses où la vie se joue à pile ou face

Crimes dans la soie
30 histoires de milliardaires assassins

Ils ont osé
40 exploits incroyables

Complots
Quand ils s'entendent pour tuer

Mort ou vif
Les chasses à l'homme les plus extraordinaires

26 dossiers qui défient la raison

La terrible vérité
26 grandes énigmes de l'Histoire enfin résolues

Sur le fil du rasoir
Quand la science traque le crime

Kidnappings
25 rendez-vous avec l'angoisse

Ils ont marché sur la tête
450 faits divers inouïs, impayables et désopilants

Instinct mortel
70 histoires vraies

Instant crucial
Les stupéfiants rendez-vous du hasard

Sans laisser d'adresse
Enquêtes sur des disparitions et des réapparitions extraordinaires

www.pierre-bellemare.com

Composition : Nord Compo
Impression : CPI Firmin-Didot en mai 2014
Éditions Albin Michel
22, rue Huyghens, 75014 Paris
www.albin-michel.fr

ISBN : 978-2-226-25685-0
N° d'édition : 09675/04 – N° d'impression : 122936
Dépôt légal : juin 2014
Imprimé en France